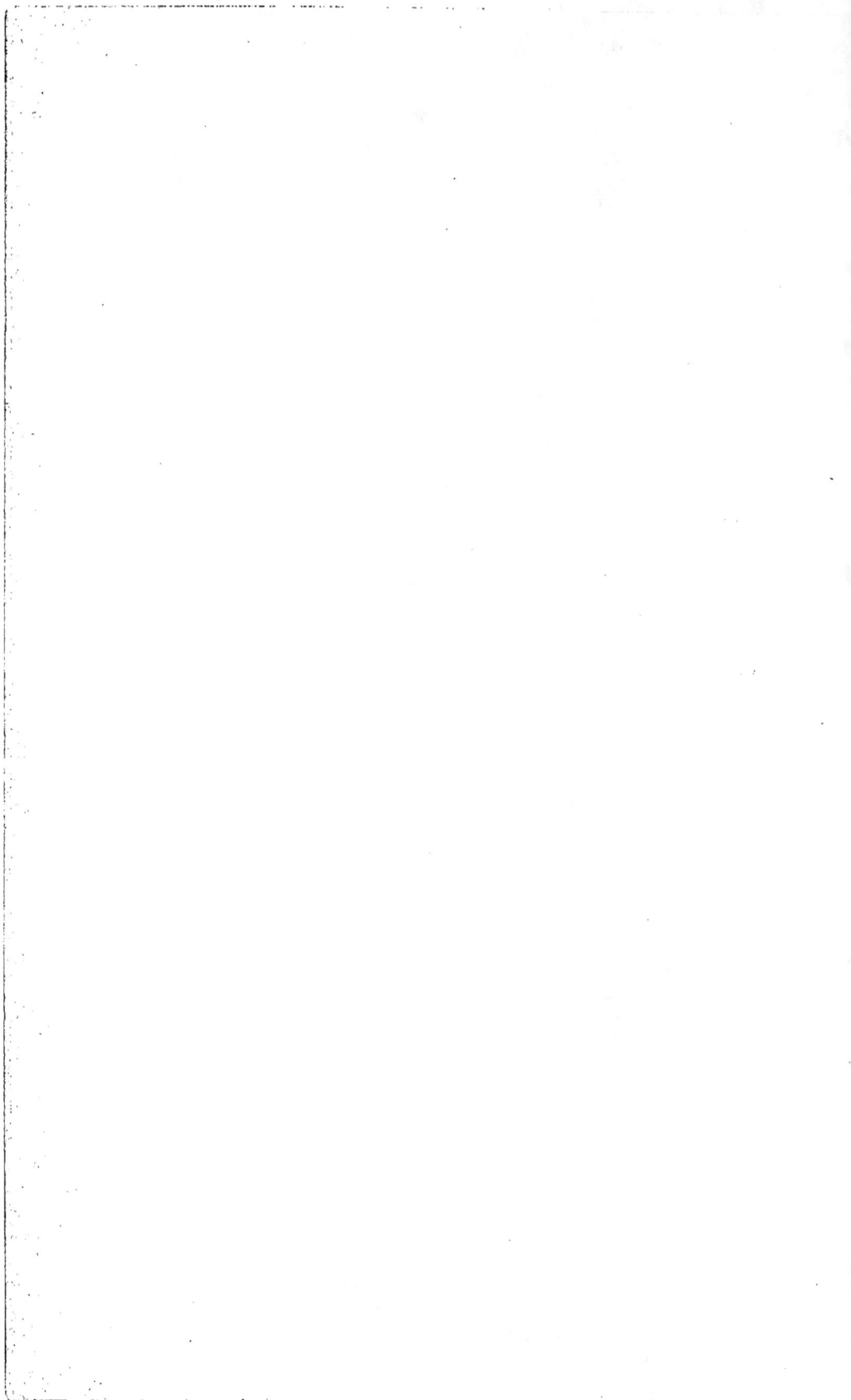

RÉPUBLIQUE FRANÇAISE

DOCUMENTS RELATIFS À LA GUERRE
1914-1915

RAPPORTS

ET

PROCÈS-VERBAUX D'ENQUÊTE

DE LA COMMISSION

INSTITUÉE

EN VUE DE CONSTATER LES ACTES COMMIS

PAR L'ENNEMI

EN VIOLATION DU DROIT DES GENS

(DÉCRET DU 23 SEPTEMBRE 1914)

I

PARIS

IMPRIMERIE NATIONALE

MDCCCCXV

DOCUMENTS RELATIFS À LA GUERRE

1914-1915

COMMISSION

INSTITUÉE

EN VUE DE CONSTATER LES ACTES COMMIS

PAR L'ENNEMI

EN VIOLATION DU DROIT DES GENS

RAPPORTS

ET

PROCÈS-VERBAUX D'ENQUÊTE

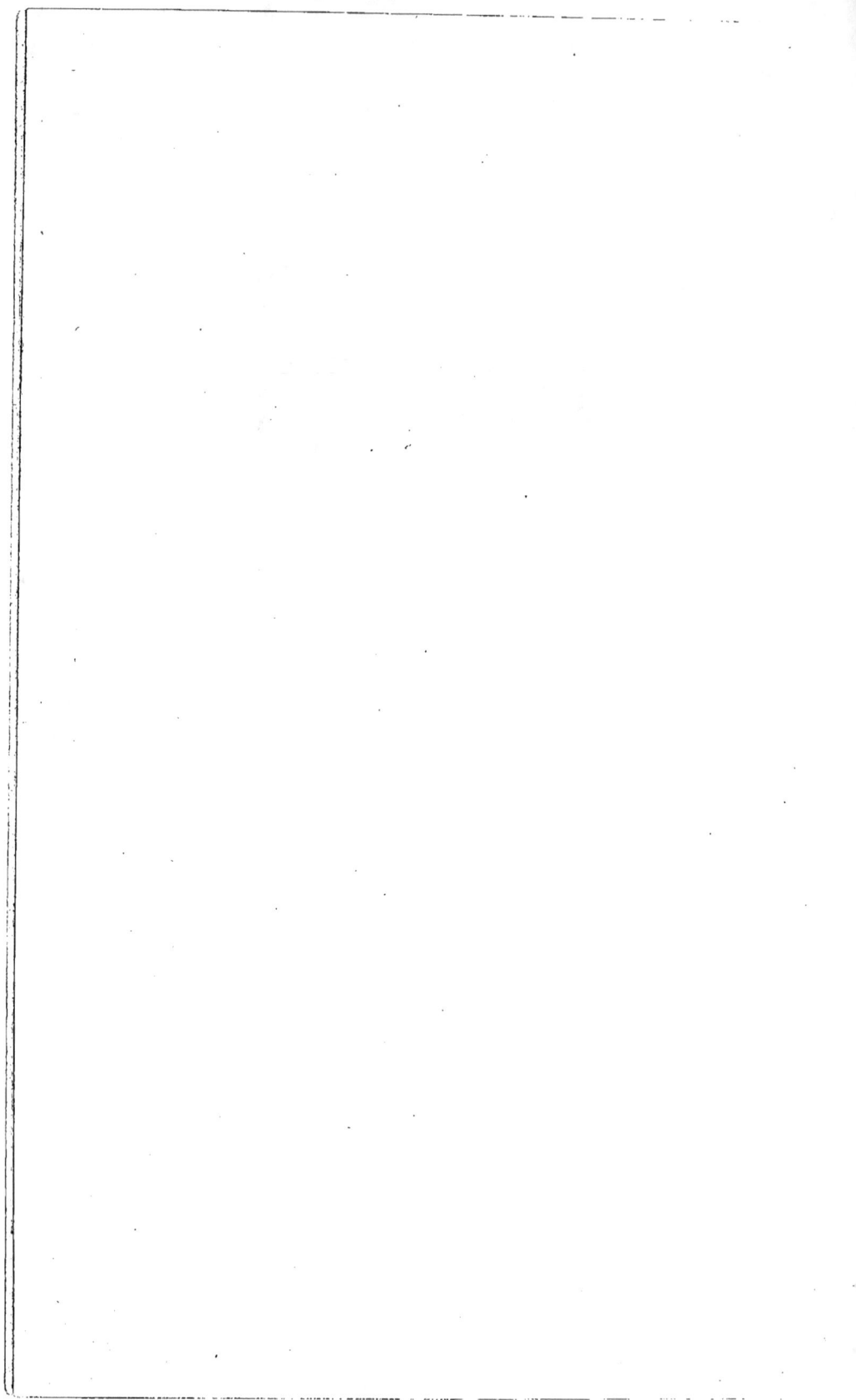

RÉPUBLIQUE FRANÇAISE

DOCUMENTS RELATIFS À LA GUERRE

1914-1915

RAPPORTS

ET

PROCÈS-VERBAUX D'ENQUÊTE

DE LA COMMISSION

INSTITUÉE

EN VUE DE CONSTATER LES ACTES COMMIS

PAR L'ENNEMI

EN VIOLATION DU DROIT DES GENS

(DÉCRET DU 23 SEPTEMBRE 1914)

I

PARIS

IMPRIMERIE NATIONALE

MDCCCCXV

RAPPORT

PRÉSENTÉ PAR LA COMMISSION

À M. LE PRÉSIDENT DU CONSEIL

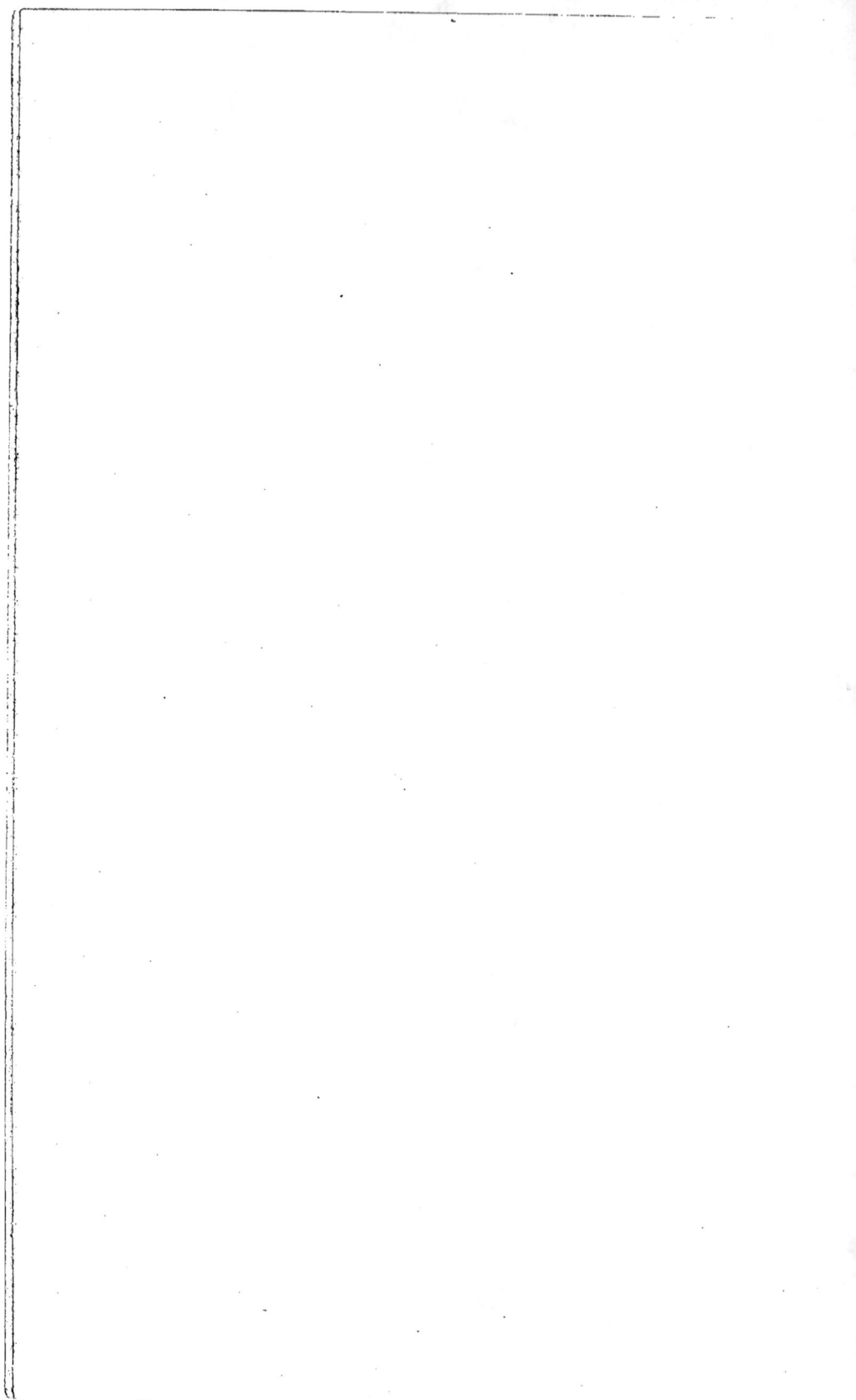

RAPPORT

PRÉSENTÉ

À M. LE PRÉSIDENT DU CONSEIL

PAR LA COMMISSION

INSTITUÉE

EN VUE DE CONSTATER LES ACTES COMMIS

PAR L'ENNEMI

EN VIOLATION DU DROIT DES GENS

(DÉCRET DU 23 SEPTEMBRE 1914)

MM. Georges PAYELLE, Premier Président de la Cour des Comptes; Armand MOLLARD, Ministre plénipotentiaire; Georges MARINGER, Conseiller d'État, et Edmond PAILLOT, Conseiller à la Cour de Cassation, à M. le PRÉSIDENT DU CONSEIL DES MINISTRES.

MONSIEUR LE PRÉSIDENT DU CONSEIL,

Chargés, en vertu d'un décret du 23 septembre dernier, d'aller procéder sur place à une enquête, relativement aux actes commis en violation du droit des gens dans les parties du territoire français que l'ennemi a occupées et qui ont été reconquises par les armées de la République, nous avons l'honneur de vous rendre compte des premiers résultats de notre mission.

Nous vous apportons déjà, Monsieur le Président, une ample moisson de renseignements. Elle ne comprend, cependant, qu'une part assez restreinte des constatations que nous aurions pu faire, si nous n'avions soumis à une critique sévère et à un contrôle rigoureux chacun des éléments d'information qui se sont présentés à notre examen. Nous n'avons cru devoir, en effet, retenir que les faits qui, irréfragablement établis, constituaient d'une façon certaine des abus criminels nettement caractérisés, négligeant ceux dont les preuves étaient insuffisantes à nos yeux, ou qui, si dommageables et si cruels qu'ils fussent, pouvaient avoir été la conséquence d'actes de guerre proprement dits, plutôt que d'excès volontaires, imputables à l'ennemi.

Dans ces conditions, nous avons la ferme assurance qu'aucun des incidents dont nous avons fait état ne saurait être discuté de bonne foi. La preuve de chacun d'eux, d'ailleurs, ne résulte pas seulement de nos observations personnelles; elle se fonde principalement sur des documents photographiques et sur de nombreux témoignages reçus en la forme judiciaire, avec la garantie du serment.

La tâche à laquelle nous nous sommes appliqués tous les quatre, dans une étroite communauté d'impressions et de sentiments, nous a paru souvent pénible, devant les spectacles lamentables que nous avons eus sous les yeux. Elle eût été vraiment trop

1...

douloureuse, si nous n'avions trouvé un puissant réconfort dans la vue des troupes merveilleuses que nous avons rencontrées sur le front, dans l'accueil des chefs militaires, dont le bienveillant concours ne nous a jamais fait défaut, et dans l'aspect des populations admirables qui supportent avec la résignation la plus digne des calamités sans précédent. Dans les régions que nous avons traversées, et notamment dans ce pays de Lorraine qui fut si fréquemment victime des fléaux de la guerre, nous n'avons entendu ni une sollicitation, ni une plainte; et pourtant, les misères affreuses dont nous avons été les témoins dépassent en étendue et en horreur ce que l'imagination peut concevoir. De tous côtés, le regard se pose sur des décombres; des villages entiers ont été détruits par la canonnade ou par le feu; des villes autrefois pleines de vie ne sont plus que des déserts remplis de ruines; et quand on visite les lieux désolés où la torche de l'envahisseur a fait son œuvre, on a continuellement l'illusion de marcher parmi les vestiges d'une de ces cités antiques que les grands cataclysmes de la nature ont anéanties.

On peut dire, en effet, que jamais une guerre entre nations civilisées n'a eu le caractère sauvage et féroce de celle qui est en ce moment portée sur notre sol par un adversaire implacable. Le pillage, le viol, l'incendie et le meurtre sont de pratique courante chez nos ennemis; et les faits qui nous ont été journellement révélés, en même temps qu'ils constituent de véritables crimes de droit commun, punis par les codes de tous les pays des peines les plus sévères et les plus infamantes, accusent, dans la mentalité allemande, depuis 1870, une étonnante régression.

Les attentats contre les femmes et les jeunes filles ont été d'une fréquence inouïe. Nous en avons établi un grand nombre, qui ne représente qu'une quantité infime auprès de ceux que nous aurions pu relever; mais, par un sentiment très respectable, les victimes de ces actes odieux se refusent généralement à les révéler. Il en aurait été moins commis, sans doute, si les chefs d'une armée dont la discipline est des plus rigoureuses s'étaient inquiétés de les prévenir; on peut toutefois, à la rigueur, ne les considérer que comme les actes individuels et spontanés de brutes déchaînées; mais il n'en est pas de même de l'incendie, du vol et de l'assassinat; le commandement, jusque dans ses personnifications les plus hautes, en portera, devant l'humanité, la responsabilité écrasante.

Dans la plupart des endroits où nous avons fait notre enquête, nous avons pu nous rendre compte que l'armée allemande professe d'une façon constante le mépris le plus complet de la vie humaine, que ses soldats et même ses chefs ne se font pas faute d'achever les blessés, qu'ils tuent sans pitié les habitants inoffensifs des territoires qu'ils envahissent, et qu'ils n'épargnent, dans leur rage homicide, ni les femmes, ni les vieillards, ni les enfants. Les fusillades de Lunéville, de Gerbéviller, de Nomeny et de Senlis en sont des exemples terrifiants; et vous lirez, au cours de ce rapport, le récit de scènes de carnage auxquelles des officiers eux-mêmes n'ont pas eu honte de prendre part.

L'esprit se refuse à croire que toutes ces tueries aient eu lieu sans raison. Il en est pourtant ainsi. Les Allemands, il est vrai, en ont toujours donné le même prétexte, en prétendant que des civils avaient commencé par tirer sur eux. Cette allégation est mensongère, et ceux qui l'ont produite ont été impuissants à la rendre vraisemblable, même en tirant des coups de fusil dans le voisinage des habitations, comme ils ont l'habitude de le faire pour pouvoir affirmer qu'ils ont été attaqués par les populations innocentes dont ils ont résolu la ruine ou le massacre. Nous en avons maintes fois recueilli les preuves; en voici une, entre bien d'autres : un soir, une détonation ayant retenti pendant que M. l'abbé Colin, curé de Croismare, se trouvait auprès d'un officier, celui-ci s'écria : « Monsieur le curé, en voilà assez pour vous faire fusiller ainsi que le bourgmestre, et pour faire brûler une ferme. Tenez, en voici une qui brûle. » — « Monsieur l'officier, répondit le prêtre, vous êtes trop intelligent pour ne pas reconnaître le bruit sec de votre fusil. Pour moi, je le reconnais. » L'Allemand n'insista pas.

De même que la vie humaine, la liberté des gens est, de la part de l'autorité militaire allemande, l'objet d'un absolu dédain. Presque partout, des citoyens de tout âge ont été arrachés à leurs foyers et emmenés en captivité. Beaucoup sont morts ou ont été tués en route.

Plus encore que le meurtre, l'incendie est un des procédés usuels de nos adversaires. Il est couramment employé par eux, soit comme élément de dévastation systématique, soit comme moyen d'intimidation. L'armée allemande, pour y pourvoir, possède un véritable matériel, qui comprend des torches, des grenades, des fusées, des pompes à pétrole, des baguettes de matière fusante, enfin des sachets contenant des pastilles composées d'une poudre comprimée très inflammable. Sa fureur incendiaire s'affirme principalement contre les églises et contre les monuments qui présentent un intérêt d'art ou de souvenir.

Dans les départements que nous avons parcourus, des milliers de maisons ont été brûlées; mais nous n'avons constaté par nos procès-verbaux d'enquête que les incendies allumés dans une intention exclusivement criminelle, et nous n'avons pas cru devoir mentionner ceux qui, comme à Villotte-devant-Louppy, à Rembercourt, à Mognéville, à Amblaincourt, à Pretz, à Louppy-le-Château, etc., ont été occasionnés par les obus, au cours de combats violents, ou sont dus à des causes qu'il n'a pas été possible de déterminer d'une façon tout à fait certaine. Les quelques habitants qui sont restés au milieu des ruines nous ont fait, d'ailleurs, à cet égard, des déclarations pleines de loyauté.

En ce qui concerne le vol, nos constatations ont été incessantes, et nous n'hésitons pas à dire que partout où une troupe ennemie a passé, elle s'est livrée, en présence de ses chefs, et souvent même avec leur participation, à un pillage méthodiquement organisé. Les caves ont été vidées jusqu'à la dernière bouteille, des coffres-forts ont été éventrés, des sommes considérables ont été dérobées ou extorquées; une grande quantité d'argenterie et de bijoux, ainsi que des tableaux, des meubles, des objets d'art, du linge, des bicyclettes, des robes de femme, des machines à coudre et jusqu'à des jouets d'enfants, après avoir été enlevés, ont été placés sur des voitures, pour être dirigés vers la frontière.

Contre toutes les exactions, de même que contre tous les crimes, il n'y avait aucun recours; et si quelque malheureux habitant osait supplier un officier de vouloir bien intervenir pour épargner une vie ou pour protéger des biens, il ne recevait d'autre réponse, quand il n'était pas accueilli par des menaces, qu'une invariable formule, accompagnée d'un sourire, et mettant sur le compte des fatalités inévitables de la guerre les abominations les plus cruelles.

SEINE-ET-MARNE.

Ainsi que vous l'a appris déjà la lecture des procès-verbaux dont nous vous avons remis antérieurement des copies, c'est dans le département de Seine-et-Marne que nous nous sommes transportés en premier lieu. Nous y avons recueilli, à la charge de l'armée ennemie, les preuves de nombreux abus des droits de la guerre, et de crimes de droit commun dont certains présentent un caractère de gravité considérable.

A Chauconin, les Allemands ont mis le feu à cinq maisons d'habitation et à six bâtiments d'exploitation agricole, à l'aide de grenades qu'ils jetaient sur les toits, et de bâtons de résine qu'ils plaçaient sous les portes. Au sieur Lagrange, qui lui demandait la raison de pareils actes, un officier répondit simplement : « C'est la guerre »; puis il enjoignit à cet homme de lui indiquer l'emplacement d'une propriété connue sous le nom de ferme Proffit. Quelques instants après, les bâtiments de cette ferme étaient en flammes.

A Congis, une troupe ennemie s'apprêtait à brûler une vingtaine de maisons dans lesquelles elle avait jeté de la paille et répandu du pétrole, quand l'arrivée d'un détachement français l'empêcha d'exécuter ce projet.

A Penchard, où trois maisons ont été incendiées, la dame Marius René a vu un soldat muni d'une torche qui, engagée dans son ceinturon, paraissait faire partie de son fourniment.

A Barcy, un officier et un soldat ont pénétré dans la mairie et, après avoir pris toutes les couvertures de l'instituteur, ont mis le feu à la salle des archives.

A Douy-la-Ramée, les Allemands ont incendié un moulin sur la situation duquel ils avaient demandé des renseignements dans les environs. Un ouvrier âgé de soixante-six ans faillit être précipité dans le brasier. En se débattant violemment et en se cramponnant à un mur, il put éviter le sort dont il était menacé. Enfin, à Courtacon, l'ennemi, après avoir exigé que les habitants lui fournissent des allumettes et des fagots, a arrosé de pétrole un grand nombre de maisons et allumé l'incendie. Le village, dont une grande partie est en ruines, présente un aspect lamentable.

A côté de ces attentats contre les propriétés, nous avons eu à relever en Seine-et-Marne plusieurs actes graves contre les personnes.

Au commencement de septembre, un cavalier allemand se présenta un jour, vers cinq heures de l'après-midi, chez le sieur Laforest, à May-en-Multien, et lui demanda à boire. Celui-ci s'empressa d'aller tirer du vin à son tonneau, mais le soldat, mécontent sans doute de n'être pas servi assez vite, déchargea son fusil sur la femme de son hôte, qui fut grièvement blessée. Conduite à Lizy-sur-Ourcq, Mme Laforest y reçut les soins d'un médecin allemand et dut subir l'amputation du bras gauche. Elle est morte récemment à l'hôpital de Meaux.

Le 8 septembre, dix-huit habitants de Varreddes, parmi lesquels se trouvait le curé, ont été arrêtés sans motif et emmenés par l'ennemi. Trois d'entre eux ont pu s'évader. Aucun des autres n'était encore revenu le 30 septembre, jour de notre transport. D'après les renseignements recueillis, trois de ces hommes auraient été massacrés. En tout cas, la mort de l'un des plus âgés, le sieur Jourdaine, vieillard de soixante-treize ans, est certaine. Traîné jusqu'au village de Coulombs et ne pouvant plus marcher, le malheureux fut frappé d'un coup de baïonnette au front et d'un coup de revolver au cœur.

Vers la même époque, un homme de soixante-six ans, nommé Dalissier, et demeurant à Congis, a été sommé par des Allemands de leur remettre son porte-monnaie. Comme il ne pouvait donner d'argent, il fut ligoté avec une longe de bestiaux, et impitoyablement fusillé. On a constaté sur son cadavre les traces d'une quinzaine de balles.

Le 3 septembre, à Mary-sur-Marne, le sieur Mathe, effrayé par l'arrivée des troupes allemandes, alla se dissimuler sous le comptoir d'un débit de boissons. Découvert dans sa cachette, il fut tué d'un coup de couteau ou de baïonnette à la poitrine.

A Sancy-les-Provins, le 6 septembre, vers neuf heures du soir, quatre-vingts personnes environ furent arbitrairement arrêtées et enfermées dans une bergerie. Le lendemain, sur l'ordre d'un officier, on en conduisit une trentaine, parmi lesquelles le maire et le curé, à 5 kilomètres du village, à la grange de Pierrelez, où était installée une ambulance de la Croix-Rouge allemande. Là, un médecin-major ayant adressé quelques paroles à ses blessés, ceux-ci chargèrent aussitôt quatre fusils et deux revolvers, dans une intention qui n'était pas douteuse; d'ailleurs, un hussard français, blessé au bras et prisonnier, dit au prêtre, en lui demandant l'absolution : « Je vais être fusillé, puis ce sera votre tour. » Après avoir déféré au désir de ce soldat, le curé, déboutonnant sa soutane, alla se placer entre le maire et un autre de ses concitoyens, contre le mur le long duquel étaient alignés les otages; mais à ce moment survinrent tout à coup deux chasseurs à cheval de l'armée française, et les médecins, avec le personnel de leur ambulance, se rendirent à ces cavaliers, auprès desquels le hussard avait couru se ranger.

Pour démontrer dans cette affaire la responsabilité du haut commandement, il est intéressant de mentionner que l'instituteur de Sancy, alors qu'on allait l'emmener avec les autres, avait obtenu du général qui était logé chez lui la faveur d'être laissé en liberté.

Le 6 du même mois, après avoir incendié une partie des maisons de Courtacon, une troupe qu'on croit appartenir à la garde impériale emmena cinq hommes et un enfant de treize ans au milieu des champs et, pendant toute la durée d'un engagement, les exposa au feu des Français. Sur le territoire de la même commune, un conscrit de la classe 1914, Edmond Rousseau, qui avait été arrêté pour l'unique motif que son âge le désignait comme devant être appelé prochainement sous les drapeaux, fut assassiné dans des conditions tragiques.

Interrogé sur la situation de ce jeune homme au point de vue militaire, le maire, qui se trouvait au nombre des otages, répondit que Rousseau avait passé au conseil de revision et qu'il avait été reconnu bon pour le service, mais que sa classe n'était pas encore appelée. Les Allemands firent alors déshabiller le prisonnier, pour se rendre compte de son état physique, puis ils lui remirent son pantalon et le fusillèrent à 50 mètres de ses compatriotes.

La ville de Coulommiers a été amplement pillée. De l'argenterie, du linge, des chaussures ont été enlevés, principalement dans les maisons abandonnées, et de nombreuses bicyclettes volées ont été chargées sur des camions automobiles. L'occupation a duré du 5 au 7 septembre. La veille de leur départ, les Allemands ont arrêté, sans aucun motif, le maire et le procureur de la République, qu'un officier a grossièrement insultés. Les deux magistrats ont été retenus jusqu'au lendemain matin avec le secrétaire de mairie. Auprès du procureur furent placés pendant la nuit des gardiens qui s'évertuèrent à lui persuader, par des propos échangés entre eux, que son exécution était imminente.

On est généralement persuadé, à Coulommiers, que plusieurs femmes de la ville ont été l'objet d'entreprises criminelles, mais un seul attentat de ce genre a été établi de manière certaine. Une femme de ménage, la dame X..., en a été la victime. Un soldat s'étant présenté chez elle, le 6 septembre, vers neuf heures et demie du soir, a éloigné le mari en lui demandant d'aller chercher dans la rue un de ses camarades; puis, malgré la présence de deux petits enfants, il a essayé de violenter la jeune femme. En entendant les cris de celle-ci, X... rentra précipitamment, mais il fut poussé à coups de crosse dans une chambre contiguë, dont la porte resta ouverte, et sa femme dut subir les derniers outrages. Le viol fut consommé presque sous les yeux du mari qui, terrorisé, n'osait intervenir et s'efforçait seulement de calmer la frayeur de ses enfants.

La dame X..., à Sancy-les-Provins, et la dame Z..., à Beton-Bazoches, ont été également l'objet de pareilles violences. La première, le revolver sur la gorge, a dû se soumettre aux volontés d'un soldat; la seconde, malgré sa résistance, a été jetée sur un lit et outragée en présence de sa fillette, âgée de trois ans. Les maris de ces deux femmes sont mobilisés depuis le commencement de la guerre.

Le 6 septembre, à Guérard, où deux ouvriers, les nommés Maîtrias et Didelot, ont été tués aux avant-postes, l'ennemi s'est emparé de six otages. Un seul a pu s'échapper et revenir dans le pays.

A Mauperthuis, le même jour, quatre Allemands, qui étaient déjà venus dans la matinée chez le sieur Roger, s'y présentèrent de nouveau, à deux heures de l'après-midi. « Vous étiez trois ce matin, vous n'êtes plus que deux, sortez! », dit l'un d'eux. Immédiatement, Roger et un émigré, le sieur Denet, auquel il donnait l'hospitalité, furent saisis et emmenés. Le lendemain, à une extrémité du village, la dame Roger trouva le corps de son mari percé de deux balles. Denet avait été, lui aussi, fusillé. Son cadavre fut découvert, quelque temps après, dans un état de décomposition tel qu'on ne put faire le relevé des blessures que le malheureux avait reçues.

Dans une dépendance de la même commune, le gardien de la ferme de Champbrisset, le sieur Fournier, fut arrêté avec un citoyen suisse nommé Knell. Les Allemands les conduisirent tous deux sur un camion jusqu'à Vaudoy et les massacrèrent. Un habitant de Voinsles, nommé Cartier, subit le même sort. Passant à bicyclette sur une route, à peu de distance de Vaudoy, il fut arrêté par des Allemands qui palpèrent sa musette, dans laquelle était placé un revolver. Cartier, sans aucune résistance, leur remit de lui-même son arme. On lui banda les yeux et on le fusilla séance tenante.

Le 8 septembre, à Sablonnières, où le pillage fut général, le sieur Delaitre, ayant quitté sa maison pendant la bataille pour se réfugier sous un ponceau, fut découvert dans sa cachette par un soldat allemand qui lui tira cinq coups de fusil. Il succomba dans la journée.

Au même lieu, un sieur Griffaut (Jules), âgé de soixante-six ans, gardait paisiblement ses vaches dans un clos, quand un détachement ennemi passa à 150 mètres de lui. Un soldat qui se trouvait seul en arrière de la colonne le mit en joue et lui envoya une balle au visage. Il est juste d'ajouter qu'un officier allemand s'occupa de faire panser le blessé par un médecin de son armée, et que Griffaut s'est assez rapidement rétabli.

A Rebais, le 4 septembre, à onze heures du soir, les Allemands, après avoir pillé la bijouterie du sieur Pantereau et avoir chargé sur un camion les marchandises dont ils s'étaient emparés, mirent le feu à la maison. Ils incendièrent également trois immeubles de la rue de l'Étang, en y jetant de la paille enflammée.

Dans cette petite ville, de graves violences ont été commises. Un sieur Griffaut (Auguste), âgé de soixante-dix-neuf ans, a été odieusement brutalisé. Il a reçu de multiples coups de poing sur la tête, et un coup de revolver lui a éraflé le front. On lui a volé sur lui sa montre et son porte-monnaie contenant 800 francs.

Le même jour, des soldats allemands maltraitèrent la dame X..., âgée de vingt-neuf ans, débitante de boissons, sous prétexte qu'elle devait cacher des militaires anglais. L'ayant déshabillée, ils la gardèrent au milieu d'eux, complètement nue, pendant une heure et demie, puis ils l'attachèrent à son comptoir, en lui faisant entendre qu'ils allaient la fusiller. Mais ayant été appelés au dehors, sur ces entrefaites, ils se retirèrent en confiant leur victime à la garde d'un soldat alsacien, qui la détacha et lui rendit la liberté.

Le 4 septembre également, d'autres soldats tentèrent de violer la dame Z..., âgée de trente-quatre ans, après avoir pillé sa boutique d'épicerie. Irrités de sa résistance, ils essayèrent de la pendre, mais elle put couper la corde avec son couteau qu'elle trouva ouvert dans sa poche. Elle fut alors rouée de coups jusqu'à l'arrivée d'un officier, qu'un témoin de la scène était allé appeler.

A Saint-Denis-les-Rebais, le 7 septembre, un uhlan obligea la dame X... à se déshabiller, en la menaçant de son fusil, puis il la jeta sur un matelas et la viola, tandis qu'impuissante à intervenir, la belle-mère de la victime s'efforçait de soustraire son petit-fils, âgé de huit ans, à la vue de cet ignoble spectacle.

Le même jour, au hameau de Marais, commune de Jouy-sur-Morin, les trois filles du sieur X..., âgées de dix-huit ans, de quinze ans et de treize ans, étaient auprès de leur mère malade, quand survinrent deux soldats allemands qui se saisirent de l'aînée, l'entraînèrent dans une pièce voisine et la violèrent successivement. Pendant que l'un commettait son attentat, l'autre gardait la porte et, avec ses armes, tenait en respect la mère affolée.

Le château de ..., sur le territoire de la Ferté-Gaucher, a été le théâtre de faits épouvantables. Là vivait un vieux rentier, M. X..., avec sa domestique, la demoiselle Y..., âgée de cinquante-quatre ans. Le 5 septembre, plusieurs Allemands, parmi lesquels se trouvait un sous-officier, occupèrent cette propriété. Après s'être fait servir des aliments, le sous-officier proposa à une réfugiée, la femme Z..., de coucher avec lui. Elle s'y refusa, et M. X..., pour la soustraire aux entreprises dont elle était l'objet, l'envoya à sa ferme, située à proximité. L'Allemand courut l'y chercher, la ramena au château et la conduisit au grenier, puis, l'ayant complètement déshabillée, essaya de la posséder. A ce moment, M. X..., voulant la protéger, tira des coups de revolver dans l'escalier. Il fut immédiatement fusillé.

Le sous-officier fit alors sortir la femme Z... du grenier, la contraignit à enjamber le cadavre du vieillard et la mena dans un réduit où il se livra encore vainement sur elle à deux tentatives. L'abandonnant enfin pour aller se jeter sur la demoiselle Y..., il la remit entre les mains de deux soldats qui, après l'avoir violée, l'un une fois, l'autre deux fois, dans la chambre du mort, lui firent passer la nuit auprès d'eux, dans une grange, où l'un d'eux eut encore, à deux reprises, des rapports sexuels avec elle.

Quant à Mlle Y..., obligée, sous la menace d'un fusil, de se mettre entièrement nue, elle fut violée sur un matelas par le sous-officier, qui la garda jusqu'au matin.

Nous avons noté enfin, d'après les déclarations d'un conseiller municipal de Rebais, que deux cavaliers anglais, surpris et blessés dans cette commune, ont été achevés à coups de fusil par les Allemands, alors qu'ils étaient désarçonnés et que l'un d'eux levait les bras, montrant ainsi qu'il était désarmé.

MARNE.

Dans le département de la Marne, comme partout d'ailleurs, les troupes allemandes se sont livrées à un pillage général, effectué toujours dans des conditions identiques, avec la complicité des chefs. A ce point de vue, les communes d'Heiltz-le-Maurupt, de Suippes, de Marfaux, de Fromentières et d'Esternay ont particulièrement souffert. Tout ce que l'envahisseur enlevait des maisons était placé sur des camions automobiles ou sur des voitures. A Suippes, notamment, il a emporté de cette manière quantité d'objets divers, entre autres des machines à coudre et des jouets.

Un grand nombre de villages, ainsi que des bourgs importants, ont été incendiés sans motif. Il n'est pas douteux que ces crimes aient été commis par ordre, les détachements s'étant présentés dans les communes avec leurs torches, leurs grenades et leurs engins habituels.

A Lépine, le cultivateur Caqué, qui logeait chez lui deux cyclistes, leur a demandé si les grenades dont il les voyait munis étaient destinées à sa demeure. « Non, lui fut-il répondu. Fini pour Lépine. » A ce moment, neuf maisons du village étaient consumées.

A Marfaux, dix-neuf immeubles ont été la proie des flammes.

Au Gault-la-Forêt, sept ou huit maisons ont été détruites. La commune de Glannes n'existe pour ainsi dire plus. A Somme-Tourbe, tout le village a été brûlé, à l'exception de la mairie, de l'église et de deux bâtiments privés.

A Auve, la presque totalité du bourg a été anéantie. A Etrepy, soixante-trois ménages, sur soixante-dix, sont sans abri. A Huiron, toutes les maisons, sauf cinq, ont été incendiées. A Sermaize-les-Bains, il n'en reste qu'une quarantaine sur neuf cents. A Bignicourt-sur-Saulx, trente bâtiments sur trente-trois sont en ruines.

Dans le gros bourg de Suippes, dont une grande partie a été brûlée, on a vu passer des soldats porteurs de paille et de bidons de pétrole. Pendant que la maison du maire flambait, six sentinelles, baïonnette au canon, avaient la consigne d'en défendre l'accès et de s'opposer à tout secours.

Tous ces incendies, qui ne représentent qu'une faible partie des faits de même nature dont la Marne a été le théâtre, ont été allumés sans qu'on pût imputer aux habitants des localités aujourd'hui plus ou moins complètement détruites la moindre velléité de rébellion, ni le moindre acte de résistance. Dans quelques villages, les Allemands, avant de mettre le feu, faisaient tirer un coup de fusil par un de leurs soldats, pour pouvoir prétendre ensuite que la population civile les avait attaqués, prétexte d'autant plus absurde qu'il ne restait presque partout, au moment de l'arrivée de l'ennemi, que des vieillards, des infirmes ou des gens absolument dépourvus de tout moyen d'agression.

De nombreux attentats contre les personnes ont été également commis. Dans la plupart des communes, des otages ont été emmenés; beaucoup d'entre eux n'ont pas reparu. A Sermaize-les-Bains, où les Allemands en ont enlevé environ cinquante, quelques-uns ont été affublés de casques et de capotes et contraints, en cet accoutrement, de monter la garde auprès des ponts.

A Bignicourt-sur-Saulx, trente hommes et quarante-cinq femmes et enfants ont été obligés de partir avec un détachement. L'un des hommes, le nommé Pierre (Émile), n'est pas revenu et n'a pas donné de ses nouvelles. A Corfélix, le sieur Jacquet, entraîné le 7 septembre, avec onze de ses concitoyens, a été retrouvé à 500 mètres du village, la tête trouée par une balle.

A Sompuis, le curé, sa domestique et quatre autres habitants, emmenés le même jour que les otages de Corfélix, n'étaient pas encore de retour au moment de notre transport.

Au même lieu, un vieillard de soixante-dix ans, nommé Jacquemin, a été attaché sur son lit, par un officier, et laissé en cet état, sans nourriture, pendant trois jours. Il est mort peu de temps après.

A Vert-la-Gravelle, un garçon de ferme a été tué. Il a reçu des coups de bouteille sur la tête et un coup de lance à la poitrine.

Le garde champêtre Brulefer, du Gault-la-Forêt, a été assassiné à Maclaunay, où il avait été conduit par les Allemands. Son cadavre avait la tête fracassée et portait une plaie à la poitrine.

A Champguyon, commune qui a été incendiée, un nommé Verdier a été tué dans la maison de son beau-père. Ce dernier n'a pas assisté à l'exécution, mais il a entendu un coup de feu et, le lendemain, un officier lui a dit : « Fils fusillé. Il est sous les décombres. » Malgré les recherches qui ont été opérées, le corps n'a pas été retrouvé dans les ruines. Il a dû être consumé.

A Sermaize, le cantonnier Brocard fut mis au nombre des otages. Au moment où on venait de l'arrêter, ainsi que son fils, sa femme et sa belle-fille affolées allèrent se précipiter dans la Saulx. Le vieillard, ayant pu un instant se dégager, courut en toute hâte derrière elles et fit plusieurs tentatives pour les sauver; mais les Allemands l'entraînèrent impitoyablement, laissant les deux malheureuses femmes se débattre dans la rivière. Quand, rendus à la liberté, au bout de quatre jours, Brocard et son fils retrouvèrent les cadavres, ils constatèrent que leurs compagnes avaient reçu l'une et l'autre des balles dans la tête.

A Montmirail s'est déroulée une scène d'une véritable sauvagerie. Le 5 septembre, comme un sous-officier s'était jeté, presque entièrement dévêtu, sur la veuve Naudé, chez laquelle il était logé, et l'avait emportée dans sa chambre, le père de cette femme, François Fontaine, accourut aux cris de sa fille. Aussitôt quinze ou vingt Allemands enfoncèrent la porte de la maison, poussèrent le vieillard dans la rue et le fusillèrent sans pitié. A ce moment, la petite Juliette Naudé, ayant ouvert sa fenêtre, fut atteinte au ventre par une balle qui lui traversa le corps. La pauvre enfant succomba, après vingt-quatre heures des plus atroces souffrances.

Le 6 septembre, à Champguyon, la dame Louvet a assisté au martyre de son mari. Ayant vu celui-ci entre les mains de dix ou quinze soldats qui l'assommaient à coups de bâton devant chez lui, elle accourut et l'embrassa à travers la grille de sa demeure; mais brutalement repoussée, elle tomba, tandis que les bourreaux entraînaient le malheureux qui, couvert de sang, les suppliait de lui laisser la vie, protestant qu'il n'avait rien fait pour être ainsi maltraité. Il fut achevé à l'extrémité du village. Quand sa femme l'y retrouva, il était horriblement défiguré. Sa tête était fracassée, un de ses yeux pendait hors de l'orbite et un de ses poignets était brisé.

A Esternay, le 6 septembre, trente-cinq ou quarante Allemands emmenaient, vers trois heures de l'après-midi, le sieur Laurenceau, lorsqu'il fit un mouvement brusque, comme pour se dégager. Il fut immédiatement massacré à coups de fusil.

Dans la même ville, les fait suivants nous ont été révélés :

Pendant la nuit du dimanche 6 septembre au lundi 7, des soldats qui se répandaient dans les maisons pour se livrer au pillage découvrirent la veuve Bouché, ses deux filles et les dames Lhomme et Macé, qui s'étaient réfugiées sous un escalier de cave. Ils ordonnèrent aux deux jeunes filles de se dévêtir, puis, comme la mère de celles-ci essayait d'intervenir, l'un deux, épaulant son fusil, fit feu dans la direction du groupe. La balle, après avoir atteint près du coude gauche Mme Lhomme, fracassa le bras droit de la demoiselle Marcelle Bouché, à la hauteur de l'aisselle. Dans la journée qui suivit, la jeune fille succomba aux suites de sa blessure, qui, d'après les déclarations des témoins, était horrible.

Notre enquête dans le département de la Marne a établi, enfin, d'autres attentats dont des femmes ont été victimes.

Le 3 septembre, à Suippes, la dame X..., âgée de soixante-douze ans, a été saisie par un soldat allemand qui, en lui mettant sous le menton le canon de son revolver, l'a jetée sur son lit avec brutalité. L'arrivée de son gendre, accouru au bruit, l'a heureusement délivrée, au moment où le viol allait être consommé.

Au même lieu et à la même époque, la petite X..., âgée de onze ans, est restée pendant trois heures en butte à la lubricité d'un soldat qui, l'ayant trouvée auprès de sa grand'mère malade, l'avait emmenée dans une maison abandonnée et lui avait enfoncé un mouchoir dans la bouche, pour l'empêcher de crier.

Le 7 septembre, à Vitry-en-Perthois, la dame X..., âgée de quarante-cinq ans, et la dame Z..., âgée de quatre-vingt-neuf ans, ont été l'une et l'autre violées. Cette dernière est morte une quinzaine de jours après.

A Jussécourt-Minecourt, le 8 septembre, vers neuf heures du soir, la demoiselle

X... a été violentée par quatre soldats qui s'étaient introduits dans sa chambre, après en avoir fracturé la porte à l'aide d'une serpe. Tous quatre se sont jetés sur cette jeune fille, âgée de vingt et un ans, et l'ont successivement possédée.

Le bombardement d'une ville ouverte constituant incontestablement une violation du droit des gens, nous avons estimé qu'il y avait lieu de nous transporter à Reims, qui était depuis vingt-quatre jours canonnée par les Allemands. Après y avoir reçu la déposition du maire, par laquelle nous avons appris qu'environ trois cents personnes de la population civile avaient déjà été tuées, nous avons constaté, dans plusieurs quartiers, la destruction de nombreux édifices et nous avons pu nous rendre compte des dégâts énormes et irréparables qui ont été infligés à la cathédrale. Depuis le 7 octobre, date de notre transport, le bombardement a continué; aussi, le nombre des victimes doit-il être maintenant très considérable. Tout le monde sait combien la malheureuse ville a souffert, et combien aussi l'attitude de sa municipalité a été au-dessus de tout éloge.

Au cours de nos opérations à l'hôtel de ville, six obus ont été envoyés dans la direction de ce monument. Le cinquième est tombé à une faible distance de la façade principale, et le sixième a éclaté à quinze ou vingt mètres des bureaux.

Le lendemain, nous étant rendus au château de Baye, nous avons constaté dans cet édifice les traces du pillage qu'il a subi. Au premier étage, une porte donnant accès dans une pièce contiguë à la galerie où le propriétaire a réuni des objets d'art de valeur, a été fracturée; quatre vitrines ont été brisées, une autre a été ouverte. D'après les déclarations de la gardienne qui, en l'absence des maîtres, n'a pu nous faire connaître l'étendue du dommage, il aurait été principalement dérobé des bijoux de provenance russe et des médailles d'or. Nous avons remarqué que des tablettes recouvertes de velours noir, qui ont dû être retirées des vitrines, étaient dégarnies d'une partie des bijoux qui s'y étaient trouvés antérieurement fix s.

La chambre du baron de Baye était dans le plus grand désordre; de nombreux objets étaient épars sur le plancher et dans les tiroirs demeurés ouverts. Un bureau plat avait été fracturé; une commode Louis XVI et un bureau à cylindre du même style avaient été fouillés.

Cette chambre avait dû être occupée par un personnage d'un très haut rang, car sur la porte était restée une inscription à la craie ainsi conçue : « I. K. Hoheit ». Personne n'a pu nous renseigner exactement sur l'identité de cette Altesse; toutefois, un général qui logeait chez M. Houllier, conseiller municipal, a dit à son hôte que le château avait abrité le duc de Brunswick et l'état-major du X° corps.

Le même jour, nous avons visité le château de Beaumont, situé à proximité de Montmirail, et appartenant au comte Alfred de la Rochefoucauld. Suivant les déclarations de la femme du gardien, cette demeure a été pillée par les Allemands, en l'absence des maîtres, pendant une occupation qui a duré du 4 septembre au 6 du même mois. Les envahisseurs l'ont laissée dans un état de désordre et de malpropreté indescriptible. Les secrétaires, les bureaux, les coffres-forts ont été fracturés; des écrins à bijoux ont été sortis des tiroirs et vidés.

Sur les portes des chambres nous avons pu lire des inscriptions à la craie, parmi lesquelles nous avons relevé les mots : « Excellenz », « Major von Ledebur », « Graf Waldersee ».

MEUSE.

Le département de la Meuse, dont les armées allemandes occupent encore une grande partie, a été cruellement éprouvé. Des communes importantes y ont été ravagées par des incendies allumés volontairement, en dehors de toute nécessité d'ordre militaire, et sans que les populations eussent aucunement provoqué par leur attitude de semblables atrocités. Tel est le cas, notamment, de Revigny, de Sommeilles, de Triaucourt, de Bulainville, de Clermont-en-Argonne et de Villers-aux-Vents.

Après avoir complètement pillé les maisons de Revigny et avoir enlevé leur butin sur des voitures, les Allemands ont incendié les deux tiers de la ville, pendant trois jours consécutifs, du 6 au 9 septembre, en arrosant de pétrole les murs, avec des pompes à main, et en jetant dans les foyers des sachets remplis de poudre comprimée en tablettes. Il nous a été remis des spécimens de ces sachets et de ces tablettes, ainsi que des baguettes d'une matière inflammable et fusante, abandonnées sur les lieux par les incendiaires.

L'église, qui était classée au nombre des monuments historiques, et la mairie, avec toutes ses archives, ont été détruites.

Plusieurs habitants, au nombre desquels étaient des enfants, ont été emmenés comme otages. Ils ont été, d'ailleurs, rendus à la liberté le lendemain, à l'exception du sieur Wladimir Thomas.

Peu de localités, dans la Meuse, ont autant souffert que la commune de Sommeilles. Elle n'est plus qu'un amas de décombres, ayant été complètement incendiée, le 6 septembre, par un régiment d'infanterie allemande qui portait le n° 51. Le feu a été mis à l'aide d'engins ressemblant à des pompes à bicyclettes et dont beaucoup de soldats étaient munis.

Ce malheureux village a été le théâtre d'un drame affreux. Au début de l'incendie, la dame X..., dont le mari est sous les drapeaux, s'était réfugiée dans la cave des époux Adnot, avec ces derniers et ses quatre enfants, respectivement âgés de onze ans, de cinq ans, de quatre ans et d'un an et demi. Quelques jours après, on y découvrit les cadavres de tous ces infortunés, au milieu d'une mare de sang. Adnot avait été fusillé, la dame X... avait le sein et le bras droit coupés, la fillette de onze ans avait un pied sectionné, le petit garçon de cinq ans avait la gorge tranchée. La femme X... et la petite fille paraissaient avoir été violées.

A Villers-aux-Vents, le 8 septembre, des officiers allemands invitèrent les habitants qui n'avaient pas encore fui à quitter leurs demeures, en les prévenant que le village allait être brûlé, parce que, prétendaient-ils, trois soldats français s'étaient habillés en civil. D'autres donnèrent comme prétexte qu'on avait trouvé dans une maison une installation de télégraphie sans fil. La menace fut si rigoureusement exécutée qu'un seul bâtiment resta debout.

A Vaubecourt, où cent six immeubles ont été incendiés par les Wurtembergeois, le feu a été mis dans une grange avec de la paille amoncelée par les soldats.

A Triaucourt, les Allemands se sont livrés aux pires excès. Irrités sans doute des observations qu'un officier avait adressées à un soldat contre lequel une jeune fille de dix-neuf ans, Mlle Hélène Procès, avait porté plainte, à raison d'entreprises inconvenantes dont elle avait été l'objet, ils incendièrent le village et organisèrent le massacre des habitants. Ils commencèrent par mettre le feu à la maison d'un paisible propriétaire, le sieur Jules Gand, et par fusiller ce malheureux, au moment où il sortait de chez lui pour échapper aux flammes; puis ils se répandirent dans les habitations et dans les rues en tirant des coups de fusil de tous côtés. Un jeune homme de dix-sept ans, Georges Lecourtier, qui essayait de se sauver, fut tué. Le sieur Alfred Lallemand subit le même sort; poursuivi jusque dans la cuisine de son concitoyen Tautelier, il y fut massacré, tandis que ce dernier recevait trois balles dans la main.

Craignant, non sans raison, pour leur vie, Mlle Procès, sa mère, sa grand'mère, âgée de soixante et onze ans, et sa vieille tante de quatre-vingt-un ans, Mlle Laure Mennehand, tentèrent de franchir, à l'aide d'une échelle, le treillage qui sépare leur jardin d'une propriété voisine. La jeune fille seule parvint à passer de l'autre côté et put éviter la mort en se cachant au milieu des choux. Quant aux trois femmes, elles furent abattues à coups de fusil. Le curé du village, après avoir ramassé sur le sol, où elle s'était répandue, la cervelle de Mlle Mennehand, fit transporter les corps dans la maison Procès. Pendant la nuit qui suivit, les Allemands jouèrent du piano auprès des cadavres.

Tandis que le carnage sévissait, l'incendie se propageait rapidement et dévorait trente-cinq maisons. Un vieillard de soixante-dix ans, Jean Lecourtier, et un enfant de deux mois trouvaient la mort dans les flammes. Le sieur Igier, qui s'efforçait de sauver son bétail, était poursuivi sur un parcours de 3oo mètres par des soldats qui ne cessaient de tirer sur lui. Cet homme eut, par miracle, la chance de n'être pas blessé; mais cinq balles traversèrent son pantalon. Comme le curé Viller s'indignait auprès du duc de Wurtemberg, logé dans le village, du traitement infligé à sa paroisse : « Que voulez-vous? répondit celui-ci, nous avons, comme chez vous, de mauvais soldats. »

Dans cette même commune, une tentative de viol qui manqua son effet, grâce à la résistance opiniâtre et courageuse de la victime, fut commise par trois Allemands sur la personne de la dame D..., âgée de quarante-sept ans; enfin, une vieille femme de soixante-quinze ans, Mme Maupoix, fut si violemment frappée à coups de botte, qu'elle en mourut quelques jours après. Pendant que des soldats la maltraitaient, d'autres dévalisaient ses armoires.

La petite ville de Clermont-en-Argonne, adossée à une colline pittoresque, au milieu d'un paysage agréable, recevait chaque année la visite de nombreux touristes. Le 4 septembre, pendant la nuit, les 121e et 122e régiments wurtembergeois y firent leur entrée, en brisant les portes des maisons et en se livrant à un pillage effréné, qui devait se continuer pendant le cours de la journée suivante. Vers midi, un soldat alluma l'incendie dans l'habitation d'un horloger, en y répandant volontairement le contenu de la lampe à alcool qui lui avait servi à préparer son café. Un habitant, M. Manternach, courut aussitôt chercher la pompe municipale, et demanda à un officier de lui fournir des hommes pour la mettre en action. Brutalement éconduit et menacé d'un revolver, il renouvela sa démarche auprès de plusieurs autres officiers sans plus de succès. Pendant ce temps, les Allemands continuaient à incendier la ville, en se servant de bâtons au bout desquels des torches étaient fixées. Tandis que les maisons flambaient, des soldats envahissaient l'église, qui est isolée sur la hauteur, y dansaient au son de l'orgue, puis, avant de se retirer, y mettaient le feu, à l'aide de grenades ainsi que de récipients garnis de mèches et remplis d'un liquide inflammable.

Après l'incendie de Clermont, on trouva deux cadavres, celui du maire de Vauquois, M. Poinsignon, complètement carbonisé, et celui d'un jeune garçon de onze ans, qui avait été fusillé à bout portant.

Quand le feu fut éteint, le pillage recommença dans les immeubles que la flamme avait épargnés. Des objets mobiliers enlevés chez le sieur Desforges et des étoffes volées dans le magasin du sieur Nordmann, marchand de nouveautés, furent entassés dans des automobiles. Un médecin-major s'empara de tous les objets de pansement de l'hospice; et un officier supérieur, après avoir inscrit sur la porte d'entrée de la maison Lebondidier une mention interdisant de piller, fit emporter sur une voiture une grande partie des meubles qui garnissaient cette habitation, les destinant, comme il s'en vanta sans vergogne, à l'ornement de sa propre villa.

A l'époque où tous ces faits se sont passés, la ville de Clermont-en-Argonne était occupée par le XIIIe corps wurtembergeois, sous les ordres du général von Urach, et par une troupe de uhlans que commandait le prince de Wittgenstein.

Le 7 septembre, une dizaine de cavaliers allemands pénétrèrent dans la ferme de Lamermont, commune de Lisle-en-Barrois et, après s'être fait servir du lait, partirent en paraissant satisfaits. Après leur départ, on entendit au loin des coups de fusil. Un peu plus tard, une seconde troupe, composée d'environ trente hommes, se présentait à son tour et accusait les gens de la ferme d'avoir tué un soldat allemand. Immédiatement saisis et emmenés dans les environs, le fermier Elly et un de ses hôtes, le sieur Javelot, étaient, malgré leurs protestations d'innocence, impitoyablement fusillés.

A Louppy-le-Château, les Allemands se sont livrés à des actes d'immoralité et de brutalité révoltants, pendant la nuit du 8 au 9 septembre, dans une cave où plusieurs femmes s'étaient réfugiées, pour se préserver du bombardement. Toutes ces malheureuses furent odieusement maltraitées; la demoiselle X..., âgée de soixante et onze ans, la femme Y..., âgée de quarante-quatre ans, ses deux filles, l'une de treize ans, l'autre de huit ans, et la dame Z..., furent violées.

Dans beaucoup de communes, des otages ont été emmenés. C'est ainsi qu'à Laimont, huit personnes ont été contraintes de suivre les troupes allemandes, au commencement du mois de septembre. Le 27 octobre, aucune d'elles n'avait reparu. Le curé de Nubécourt, enlevé le 5 septembre, n'était pas non plus rentré dans sa paroisse.

A Saint-André, au nombre des personnes arrêtées se trouvait le sieur Havette. Il obtint d'un officier la permission d'aller veiller le corps de sa femme, tuée d'un éclat d'obus le jour précédent. Dans la soirée, ordre fut donné à tous les habitants de se rassembler dans une grange. Havette, ayant cru pouvoir échapper à cette obligation, en vertu de l'autorisation qu'il avait reçue, resta à son domicile jusqu'à onze heures du soir. Quand il sortit, il fut abattu d'un coup de fusil.

D'autres villages que ceux dont nous avons relaté l'incendie, notamment Vassincourt et Brabant-le-Roi, ont été plus ou moins complètement brûlés. Il ne nous a pas été possible, jusqu'à ce jour, d'établir d'une façon précise les circonstances de leur destruction. Notre enquête, en ce qui les concerne, sera ultérieurement poursuivie.

Il a été enfin porté à notre connaissance que, dans le département de la Meuse, l'ennemi avait commis des actes de cruauté à l'égard de militaires français blessés et de prisonniers. Nous exposerons ce genre de faits à la fin du présent rapport.

MEURTHE-ET-MOSELLE.

Nous sommes arrivés le 26 octobre dans le département de Meurthe-et-Moselle, et nous avons visité un très grand nombre de communes des arrondissements de Nancy et de Lunéville.

Nancy, ville ouverte, dans laquelle l'armée allemande n'a pas pu pénétrer, a été bombardée, sans avertissement préalable, pendant la nuit du 9 au 10 septembre. Soixante obus environ sont tombés sur les quartiers du centre et dans le cimetière du Sud, c'est-à-dire en des endroits où il n'existe pas d'établissement militaire. Trois femmes, une jeune fille et une fillette ont été tuées; treize personnes ont été blessées; les dégâts matériels sont importants.

Des avions ennemis ont survolé la ville à deux reprises. Le 4 septembre, l'un d'eux a jeté deux bombes, dont l'une a tué, sur la place de la Cathédrale, un homme et une petite fille et a blessé six personnes. Le 13 octobre, trois bombes ont été lancées sur la gare des marchandises. Quatre employés de la compagnie des chemins de fer de l'Est ont été blessés.

Quand nous nous sommes rendus à Pont-à-Mousson, dans la matinée du 10 novembre, sept obus venaient d'y être envoyés par les batteries allemandes, quelques heures auparavant. C'était, depuis le 11 août, le vingt-quatrième jour de bombardement. La veille, une jeune fille de dix-neuf ans et un enfant de quatre ans avaient été tués dans leur lit par des éclats de projectiles. Le 14 août, les Allemands ont spécialement pris pour objectif l'hôpital, sur les tours duquel flottaient des drapeaux de la Croix-Rouge, visibles de fort loin. Cet édifice n'a pas reçu moins de soixante-dix obus. Nous avons constaté les dégâts qu'ils ont causés.

Quatre-vingts maisons environ ont été endommagées par les différents bombardements, qui tous ont eu lieu sans avertissement. Quatorze personnes de la population civile, principalement des femmes et des enfants, ont été tuées. On compte à peu près le même nombre de blessés. Or, Pont-à-Mousson n'est pas fortifié. Seul, le pont sur la Moselle avait été mis en état de défense, au début des hostilités, par le 26ᵉ bataillon de chasseurs qui tenait alors garnison dans la ville.

Nous avons éprouvé une véritable impression d'horreur quand nous nous sommes trouvés en présence des ruines lamentables de Nomeny. A part quelques rares maisons qui subsistent encore, auprès de la gare, dans un emplacement séparé par la Seille de l'agglomération principale, il ne reste de cette petite ville qu'une succession de murs ébréchés et noircis, au milieu d'un amas de décombres dans lequel se voient, çà et là, quelques ossements d'animaux en partie calcinés, et des débris carbonisés de cadavres humains. La rage d'une soldatesque en furie s'est déchaînée là implacablement.

Nomeny, à raison de sa proximité de la frontière, avait, dès le début de la guerre, reçu de temps en temps la visite de cavaliers allemands. Des escarmouches avaient eu lieu dans ses environs et, le 14 août, dans la cour de la ferme de la Borde, située à une faible distance, un soldat ennemi avait, sans aucun motif, tué d'un coup de fusil le jeune domestique Nicolas Michel, âgé de dix-sept ans.

Le 20, alors que les habitants avaient cherché dans les caves un refuge contre le bombardement, les Allemands, après s'être, par suite d'une méprise, mutuellement tiré les uns sur les autres, pénétrèrent vers midi dans la ville. D'après ce que l'un d'eux a raconté, leurs chefs leur avaient affirmé que les Français torturaient les blessés en leur arrachant les yeux et en leur coupant les membres; aussi étaient-ils dans un état de surexcitation épouvantable. Jusque dans la journée du lendemain, ils se livrèrent aux plus abominables excès, pillant, incendiant et massacrant sur leur passage. Après avoir enlevé dans les habitations tout ce qui leur avait paru digne d'être emporté et avoir envoyé à Metz le produit de leurs vols, ils mirent le feu aux maisons, avec des torches, des pastilles de poudre comprimée et aussi avec du pétrole qu'ils transportaient dans des récipients placés sur un petit chariot. De tous côtés des coups de fusil éclataient; les malheureux habitants que la crainte de l'incendie chassait de leurs caves étaient abattus comme un gibier, les uns dans leurs demeures et les autres sur la voie publique.

Les sieurs Sanson, Pierson, Lallemant, Adan (Jean-Pierre), Meunier, Schneider, Raymond, Duponcel, Hazotte père et fils sont assassinés à coups de fusil dans la rue. Le sieur Killian, se voyant menacé d'un coup de sabre, place ses mains sur son cou pour se protéger; il a trois doigts tranchés et la gorge ouverte. Un vieillard de quatre-vingt-six ans, le sieur Petitjean, assis dans son fauteuil, est frappé d'une balle qui lui fracasse le crâne, et un Allemand met en présence du cadavre la dame Bertrand, en lui disant : « Vous avez vu ce cochon-là ! » M. Chardin, conseiller municipal faisant fonctions de maire, est requis de fournir un cheval et une voiture. A peine a-t-il promis de faire tout son possible pour obéir, qu'il est tué d'un coup de feu. Le sieur Prevot, qui voit des Bavarois faire irruption dans la pharmacie dont il est le gardien, leur dit qu'il est le pharmacien et qu'il leur donnera tout ce qu'ils voudront; mais trois détonations retentissent et il tombe en poussant un grand soupir. Deux femmes qui se trouvaient avec lui se sauvent, poursuivies à coups de crosse jusqu'aux abords de la gare, où elles voient, dans le jardin et sur la route, de nombreux cadavres amoncelés.

Entre trois et quatre heures de l'après-midi, les Allemands pénètrent dans la boucherie de la dame François. Celle-ci sort alors de sa cave avec son garçon, Strub, et un employé nommé Contal. Dès que Strub arrive sur le seuil de la porte d'entrée, il tombe grièvement blessé d'un coup de fusil; puis Contal, qui se sauve dans la rue, est immédiatement assassiné. Cinq minutes après, comme Strub râle encore, un soldat se penche sur lui et l'achève d'un coup de hache dans le dos.

L'incident le plus tragique de ces horribles scènes s'est produit chez le sieur Vassé, qui avait recueilli dans sa cave, faubourg de Nancy, un certain nombre de personnes. Vers quatre heures, une cinquantaine de soldats envahissent la maison, en enfonçant la porte ainsi que les fenêtres, et y mettent aussitôt le feu. Les réfugiés s'efforcent alors de se sauver, mais ils sont abattus les uns après les autres à la sortie. Le sieur Mentré est assassiné le premier. Son fils Léon tombe ensuite avec sa petite sœur de huit ans dans les bras. Comme il n'est pas tué raide, on lui met l'extrémité du canon d'un fusil sur la tête et on lui fait sauter la cervelle. Puis c'est le tour de la famille Kieffer. La mère est blessée au bras et à l'épaule; le père, le petit garçon de dix ans et la fillette, âgée de trois ans, sont fusillés. Les bourreaux tirent encore sur eux quand ils sont à terre. Kieffer, étendu sur le sol, reçoit une nouvelle balle au front; son fils a le crâne enlevé d'un coup de feu. Ensuite, c'est le sieur Striffler et un des fils Vassé qui sont massacrés, tandis que la dame Mentré reçoit trois balles, une à la jambe gauche, une autre au bras du même côté et la troisième au front, qui est seulement éraflé. Le sieur Guillaume, traîné dans la rue, y trouve la mort. La jeune Simonin, âgée de dix-sept ans, sort enfin de la cave avec sa sœur Jeanne, âgée de trois ans. Cette dernière a un coude presque emporté par une balle. L'aînée se jette à terre et feint d'être morte, restant pendant cinq minutes dans une angoisse affreuse. Un soldat lui porte un coup de pied, en criant : « Kaput ! »

Un officier survient à la fin de cette tuerie. Il ordonne aux femmes qui sont encore vivantes de se relever et leur crie : « Allez en France. »

Tandis que tant de personnes étaient massacrées, d'autres, suivant l'expression d'un témoin, étaient emmenées « en troupeau » dans les champs, sous la menace d'une exécution imminente. Le curé, notamment, n'a dû qu'à des circonstances extraordinaires de n'être pas fusillé.

D'après les dépositions que nous avons reçues, toutes ces abominations ont été commises surtout par les 2e et 4e régiments d'infanterie bavaroise. Pour les expliquer, les officiers ont prétendu que des civils avaient tiré sur leurs troupes. Ainsi que l'a formellement établi notre enquête, ce prétexte est mensonger; car, au moment de l'arrivée des ennemis, toutes les armes avaient été déposées à la mairie et la partie de la population qui n'avait pas quitté le pays s'était cachée dans les caves, en proie à la plus grande terreur. D'ailleurs, la raison invoquée, fût-elle vraie, ne suffirait assurément pas pour excuser la destruction de toute une cité, le meurtre des femmes et le massacre des enfants.

Une liste des personnes qui ont trouvé la mort au cours de l'incendie et des fusillades a été dressée par M. Biévelot, conseiller d'arrondissement. Elle ne comprend pas moins de cinquante noms. Nous ne les avons pas cités tous. D'une part, en effet, parmi les personnes dont le décès a été constaté, quelques-unes sont mortes dans des circonstances mal précisées; d'autre part, la dispersion des habitants de la ville, aujourd'hui anéantie, a rendu notre information assez difficile. Nos recherches seront continuées. En tout cas, ce que nous avons déjà pu établir d'une manière incontestable suffit pour qu'on se rende compte de ce qu'a été, dans la journée du 20 août, le martyre de Nomeny.

Lunéville a été occupée par les Allemands du 22 août au 12 septembre. Pendant les premiers jours, ils se sont contentés de piller, sans molester autrement les habitants. C'est ainsi, notamment, que le 24 août, la maison de la dame Jeanmaire a été dévalisée. Les objets volés ont été chargés sur une grande voiture, dans laquelle se tenaient trois femmes, l'une vêtue de noir, les deux autres portant des costumes militaires et, nous a-t-on dit, paraissant être des cantinières.

Le 25, l'attitude des envahisseurs changea subitement. Le maire, M. Keller, s'étant rendu à l'hôpital, vers trois heures et demie de l'après-midi, vit des soldats tirer des coups de fusil dans la direction du grenier d'une maison voisine, et entendit siffler des balles, qui lui parurent venir de l'arrière. Les Allemands-lui déclarèrent que des habitants avaient tiré sur eux. Il leur offrit alors, en protestant, de faire avec eux le tour de la ville, pour leur démontrer l'inanité de cette allégation. Sa proposition fut acceptée, et comme, au début de la tournée, on trouvait dans la rue le cadavre du sieur Crombez, l'officier qui commandait l'escorte dit à M. Keller : « Vous voyez ce cadavre, c'est celui d'un civil qu'un autre civil a tué, en tirant sur nous, d'une maison voisine de la synagogue. Aussi, comme notre loi nous l'ordonne, nous avons brûlé la maison et nous en avons exécuté les habitants. » Il faisait allusion au meurtre d'un homme dont le caractère timide était connu de tous, le ministre officiant israélite Weill, qui venait d'être tué chez lui, avec sa fille, âgée de seize ans. Le même officier ajouta : « On a également brûlé la maison qui fait l'angle de la rue Castara et de la rue Girardet, parce que des civils avaient tiré de là des coups de feu. » C'est de cet immeuble que, suivant les prétentions des Allemands, on aurait tiré sur la cour de l'hôpital; or la disposition des lieux ne permet pas d'admettre l'exactitude d'une telle affirmation.

Tandis que le maire et la troupe qui l'accompagnait poursuivaient leur reconnaissance, l'incendie éclatait de différents côtés; l'hôtel de ville brûlait, ainsi que la synagogue et plusieurs maisons de la rue Castara, et le faubourg d'Einville était en flammes. En même temps commençaient les massacres qui devaient se continuer jusque dans la journée du lendemain. Sans compter le sieur Crombez, le ministre officiant Weill, et sa fille, dont nous avons déjà mentionné la mort, les victimes furent : les sieurs Hamann, Binder, Balastre père et fils, Vernier, Dujon, Méhan, le sieur Kahn et sa mère, le sieur Steiner et sa femme, le sieur Wingerstmann et son petit-fils, enfin les sieurs Sibille, Monteils et Colin.

Les meurtres furent commis dans les circonstances suivantes : le 25 août, après avoir tiré deux coups de fusil à l'intérieur de la tannerie Worms, pour faire croire qu'ils y étaient attaqués, des Allemands envahirent un atelier de cette usine, dans lequel travaillait l'ouvrier Goeury, en compagnie des sieurs Balastre père et fils. Goeury, traîné dans la rue, y fut dévalisé et brutalement maltraité, tandis que ses deux compagnons, découverts dans les cabinets d'aisance où ils avaient cherché un refuge, étaient tués à coups de feu.

Le même jour, des soldats vinrent appeler le sieur Steiner qui était caché dans sa cave. Sa femme, redoutant un malheur, essaya de le retenir. Comme elle le pressait dans ses bras, elle reçut une balle au cou. Quelques instants après, Steiner ayant obéi à l'injonction qui lui avait été adressée, tombait mortellement frappé dans son jardin. Le sieur Kahn fut, lui aussi, assassiné dans le jardin de sa maison. Sa mère, âgée de quatre-vingt-dix-huit ans, qui fut carbonisée dans l'incendie, avait été préalablement tuée dans son lit, d'un coup de baïonnette, d'après ce qu'a raconté un individu qui servait d'interprète à l'ennemi. Le sieur Binder, qui sortait pour échapper aux flammes, fut également abattu. L'Allemand par lequel il a été tué a reconnu avoir tiré sur lui sans motif, alors que le malheureux se tenait tranquillement devant une porte. Le sieur Vernier eut le même sort que Binder.

Vers trois heures, des Allemands firent irruption, en brisant les fenêtres et en tirant des coups de fusil, dans une maison où étaient la dame Dujon, sa fille âgée de trois ans, ses deux fils et un sieur Gaumier. La fillette faillit être tuée. Elle eut le visage brûlé par un coup de feu. A ce moment, Mme Dujon ayant vu son plus jeune fils, Lucien, âgé de quatorze ans, étendu sur le sol, l'invita à se lever pour prendre la fuite avec elle. Elle s'aperçut alors qu'il tenait à pleines mains ses entrailles qui s'échappaient. La maison était en feu; le pauvre enfant fut carbonisé, ainsi que le sieur Gaumier qui n'avait pas pu se sauver.

Le sieur Wingerstmann et son petit-fils, âgé de douze ans, qui étaient allés arracher des pommes de terre à peu de distance de Lunéville, au lieu dit les Mossus, territoire de Chanteheux, eurent le malheur de rencontrer des Allemands. Ceux-ci les placèrent tous deux contre un mur et les fusillèrent.

Enfin, vers cinq heures du soir, des soldats étant entrés chez la femme Sibille, au même lieu, s'emparèrent sans raison de son fils, l'emmenèrent à 200 mètres de la maison et le massacrèrent, ainsi qu'un sieur Vallon, au corps duquel ils l'avaient attaché. Un témoin qui avait aperçu les meurtriers au moment où ils entraînaient leur victime, les vit revenir sans elle et constata que leurs baïonnettes-scies étaient pleines de sang et de lambeaux de chair.

Ce même jour, un infirmier nommé Monteils, qui soignait à l'hospice de Lunéville un officier ennemi blessé, fut foudroyé d'une balle au front, pendant qu'il regardait par une fenêtre un soldat allemand tirant des coups de fusil.

Le lendemain 26, le sieur Hamann et son fils, âgé de vingt et un ans, furent arrêtés chez eux et traînés dehors par une bande qui était entrée en brisant la porte. Le père fut roué de coups; quant au jeune homme, comme il essayait de se débattre, un sous-officier lui cassa la tête d'un coup de revolver.

A une heure de l'après-midi, M. Riklin, pharmacien, ayant été prévenu qu'un homme était tombé à une trentaine de mètres de son magasin, se rendit à l'endroit indiqué et reconnut dans la victime son beau-frère, le sieur Colin, âgé de soixante-huit ans, qui avait été frappé d'une balle au ventre. Les Allemands ont prétendu que ce vieillard avait tiré sur eux, mais M. Riklin leur donne à cet égard un démenti formel. Colin, nous a-t-il dit, était un homme inoffensif, absolument incapable de se livrer à un acte d'agression, et ignorant complètement le maniement d'une arme à feu.

Il nous a paru utile de relever aussi, à Lunéville, des actes moins graves, mais qui jettent un jour particulier sur la mentalité de l'envahisseur. Le 25 août, le sieur Lenoir, âgé de soixante-sept ans, fut, ainsi que sa femme, emmené dans les champs, les mains liées derrière le dos. Après que tous deux eussent été cruellement maltraités, un sous-officier s'empara d'une somme de 1,800 francs en or que Lenoir portait sur lui. Le vol le plus impudent semble bien, d'ailleurs, comme nous l'avons déjà dit, être entré dans les mœurs de l'armée allemande, qui le pratique publiquement. En voici un exemple intéressant :

Pendant l'incendie d'une maison appartenant à la dame Leclerc, les coffres-forts de deux locataires avaient résisté aux flammes. L'un, appartenant à M. George, sous-inspecteur des eaux et forêts, était tombé dans les décombres; l'autre, dont M. Godchau, marchand de biens, était propriétaire, était resté scellé à un mur à la hauteur du second étage. Le sous-officier Weil, qui connaissait admirablement la ville où il avait été maintes fois bien accueilli, quand il y venait avant la guerre pour son commerce de marchand de houblon, se rendit avec des soldats sur les lieux, ordonna qu'on fît sauter à la dynamite le pan de muraille resté debout et assura le transport des deux coffres à la gare, où on les plaça sur un wagon à destination de l'Allemagne. Ce Weil jouissait auprès du commandement d'une confiance et d'une considération particulières. C'est lui qui, installé à la Kommandantur, était chargé d'administrer en quelque sorte la commune et de pourvoir aux réquisitions.

Après avoir commis de nombreux actes de pillage à Lunéville, y avoir fait brûler environ soixante-dix maisons avec des torches, du pétrole et divers engins incendiaires, après y avoir, enfin, massacré de paisibles habitants, l'autorité militaire allemande a jugé à propos d'y faire afficher la proclamation suivante, dans laquelle elle a formulé des accusations ridicules pour justifier l'extorsion, sous forme d'indemnité, d'une contribution énorme :

Avis à la Population.

« Le 25 août 1914, des habitants de Lunéville ont fait une attaque par embuscade contre les colonnes et trains allemands. Le même jour, des habitants ont tiré sur des formations sanitaires marquées par la Croix-Rouge. De plus, on a tiré sur des blessés allemands et sur l'hôpital militaire contenant une ambulance allemande. A cause de ces actes d'hostilité, une contribution de 650,000 francs est imposée à la commune de Lunéville. Ordre est donné à M. le Maire de verser cette somme en or (et en argent jusqu'à 50,000 francs) le 6 septembre, à neuf heures du matin, entre les mains du représentant de l'autorité militaire allemande. Toute réclamation sera considérée comme nulle et non arrivée. On n'accordera pas de délai. Si la commune n'exécute pas ponctuellement l'ordre de payer la somme de 650,000 francs, on saisira tous les biens exigibles. En cas de non-payement, des perquisitions domiciliaires auront lieu et tous les habitants seront fouillés. Quiconque aura dissimulé sciemment de l'argent, ou essayé de soustraire des biens à la saisie de l'autorité militaire, ou qui cherche à quitter la ville, sera fusillé. Le Maire et les otages pris par l'autorité militaire seront rendus responsables d'exécuter exactement les ordres susindiqués. Ordre est donné à M. le Maire de publier de suite ces dispositions à la commune.

« Hénaménil, le 3 septembre 1914.

« *Le Commandant en chef,*

« von Fasbender. »

Quand on a lu cet inimaginable document, on a le droit de se demander si les incendies et les meurtres commis à Lunéville, les 25 et 26 août, par une armée qui n'agissait pas dans l'excitation du combat, et qui, pendant les jours précédents, s'était abstenue de tuer, n'ont pas été ordonnés pour rendre plus vraisemblable l'allégation qui devait servir de prétexte à l'exigence d'une indemnité.

Situé tout à proximité de Lunéville, le village de Chanteheux ne fut pas plus épargné. Les Bavarois, qui l'occupèrent du 22 août au 12 septembre, y brûlèrent vingt maisons, par leurs procédés habituels, et y massacrèrent, le 25 août, neuf personnes : les sieurs Lavenne, Toussaint, Parmentier, Gérardin et Bachelair, qui furent tués, les quatre premiers à coups de fusil, le cinquième de deux coups de feu et d'un coup de baïonnette; le jeune Schneider, âgé de vingt-trois ans, qui fut assassiné dans une dépendance de la commune; le sieur Wingerstmann et son petit-fils, dont nous avons relaté plus haut la mort en exposant les crimes commis à Lunéville; enfin, le sieur Reeb, âgé de soixante-deux ans, qui est certainement décédé à la suite des mauvais traitements qu'il a subis. Cet homme avait été emmené comme otage, en même temps que quarante-deux de ses concitoyens, qui furent retenus pendant treize jours. Après avoir d'abord reçu de terribles coups de crosse au visage et un coup de baïonnette au flanc, il continuait à suivre la colonne, bien qu'il perdît beaucoup de sang et que sa face fût meurtrie au point de le rendre méconnaissable, quand un Bavarois, sans aucun motif, lui fit encore une large plaie, en lui lançant au front un seau en bois. Entre Hénaménil et Bures, ses compagnons s'aperçurent qu'il n'était plus au milieu d'eux. Il est hors de doute qu'il a succombé.

Si ce malheureux a été le plus cruellement martyrisé, tous les otages que les ennemis ont pris avec lui dans la commune ont eu aussi à subir des violences et des outrages. Avant de mettre le feu au village, on les avait adossés au parapet d'un pont, tandis que les troupes passaient en les brutalisant. Comme un officier les accusait d'avoir tiré sur les Allemands, l'instituteur lui donna sa parole d'honneur qu'il n'en était rien. « Cochon de Français, répliqua l'officier, ne parlez pas d'honneur, vous n'en avez point. »

Au moment où l'incendie de sa maison commença, la dame Cherrier, qui sortait de sa cave, pour échapper à l'asphyxie, fut inondée d'un liquide inflammable, par des soldats qui en arrosaient les murs. L'un de ces hommes lui dit : « C'est de la benzine. » Elle courut alors se cacher, avec ses parents, derrière un tas de fumier, mais les incendiaires la ramenèrent de force devant le brasier; et elle dut assister à la destruction de son immeuble.

De même que Nomeny, la jolie ville de Gerbéviller, au bord de la Mortagne, a été, dans des conditions effroyables, victime de la fureur allemande. Le 24 août, les troupes ennemies s'y heurtèrent à la résistance héroïque d'une soixantaine de chasseurs à pied qui leur infligèrent de grosses pertes. Elles s'en vengèrent durement sur la population civile. Dès leur entrée dans la ville, en effet, les Allemands se livrèrent aux pires excès, pénétrant dans les habitations en poussant des hurlements féroces, brûlant les édifices, tuant ou arrêtant les habitants, et n'épargnant ni les femmes ni les vieillards. Sur quatre cent soixante-quinze maisons, vingt au plus sont encore habitables. Plus de cent personnes ont disparu, cinquante au moins ont été massacrées. Les unes ont été conduites dans les champs pour y être fusillées, les autres ont été assassinées dans leurs demeures, ou abattues au passage dans les rues quand elles essayaient de fuir l'incendie. Trente-six cadavres ont été, jusqu'à présent, identifiés. Ce sont ceux de MM. Barthélemy, Blosse père, Robinet, Chrétien, Remy, Bourguignon, Perrin, Vuillaume, Bernasconi, Gauthier, Menu, Simon, Lingenheld père et fils, Benoît, Calais, Adam, Caille, Lhuillier, Legré, Plaid, âgé de quatorze ans, Leroi, Bozzolo, Gentil, Dehan (Victor), Dehan (Charles), Dehan fils, Brennwald, Parisse, Yong, François, secrétaire de mairie; de Mmes Finot, Courtois et Guillaume, et des demoiselles Perrin et Miquel.

Quinze de ces pauvres gens ont été exécutés au lieu dit la Prèle. Ils ont été enterrés par leurs concitoyens, le 12 ou le 15 septembre. Presque tous avaient les mains liées derrière le dos; quelques-uns avaient les yeux bandés; les pantalons de la plupart étaient déboutonnés et rabattus jusque sur les pieds. Cette dernière circonstance, ainsi que l'aspect des cadavres, ont fait penser à des témoins que les victimes avaient subi une mutilation. Nous ne croyons pas devoir nous approprier cette opinion, l'état de décomposition très avancée des corps ayant pu causer une erreur. Il est d'ailleurs possible que les meurtriers aient déboutonné les pantalons de leurs prisonniers pour mettre ceux-ci dans l'impossibilité de s'enfuir, en leur entravant les jambes.

Le 16 octobre, au lieu dit le Haut-de-Vormont, on a découvert, enfouis sous quinze ou vingt centimètres de terre, dix cadavres de civils portant des traces de balles et ayant tous les yeux bandés. On a trouvé sur l'un deux un laissez-passer au nom de Seyer (Édouard), de Badonviller. Les neuf autres victimes sont inconnues. On croit que ce sont des habitants de Badonviller qui ont été amenés par les Allemands sur le territoire de Gerbéviller pour y être fusillés.

Dans les rues et dans les maisons, pendant la journée de carnage, les scènes les plus tragiques se sont produites.

Dans la matinée, les ennemis pénètrent chez les époux Lingenheld, se saisissent du fils, âgé de trente-six ans, qui portait le brassard de la Croix-Rouge, lui lient les mains derrière le dos et le traînent dans la rue où ils le fusillent; puis ils reviennent chercher le père, un vieillard de soixante-dix ans. La dame Lingenheld prend alors la fuite. En se sauvant, elle voit son fils étendu sur le sol. Comme le malheureux remue encore, des Allemands l'arrosent de pétrole auquel ils mettent le feu, en présence de la mère terrifiée. Pendant ce temps, on conduit Lingenheld père à la Prèle, où il est exécuté.

Au même moment, des soldats frappent à la porte d'une maison occupée par le sieur Dehan, sa femme et sa belle-mère, la veuve Guillaume, âgée de soixante-dix-huit ans. Celle-ci, qui va leur ouvrir, est fusillée à bout portant et tombe dans les bras de son gendre qui accourt derrière elle. « Ils m'ont tuée, s'écrie-t-elle, portez-moi dans le jardin. » Ses enfants lui obéissent, l'installent au fond du jardin, avec un oreiller sous la tête et une couverture sur les jambes, puis vont eux-mêmes s'étendre le long d'un mur pour éviter les projectiles. Au bout d'une heure, quand la dame Guillaume est morte, sa fille l'enveloppe dans sa couverture et lui place un mouchoir sur le visage. Presque aussitôt, les Allemands font irruption dans le jardin. Ils emmènent Dehan, pour le fusiller, à la Prèle et conduisent sa femme sur la route de Fraimbois, où elle trouve une quarantaine de personnes, principalement des femmes et des enfants, entre les mains de l'ennemi, et où elle entend un officier d'un grade élevé crier : « Il faut fusiller ces enfants et ces femmes. Tout cela doit disparaître. » La menace ne fut pourtant pas suivie d'effet. Rendue le lendemain à la liberté, Mme Dehan put rentrer à Gerbéviller vingt et un jours plus tard. Elle est convaincue, et tous ceux qui ont vu le cadavre partagent cette opinion, que le corps de sa mère a été profané.

Elle l'a, en effet, retrouvé étendu sur le dos, les jupes relevées, les jambes écartées et le ventre ouvert.

A l'arrivée des Allemands, le sieur Perrin et ses deux filles, Louise et Eugénie, étaient allés se réfugier dans leur écurie. Des soldats y pénètrent, et l'un d'eux, apercevant la jeune Louise, lui tire à bout portant un coup de fusil à la tête. Eugénie parvient à s'échapper; mais son père est arrêté dans sa fuite, placé parmi les victimes qu'on conduit à la Prêle et fusillé avec elles.

Le sieur Yong, qui sort pour mettre son cheval au manège, est abattu devant chez lui. Les Allemands, dans leur fureur, tuent le cheval après le maître et mettent le feu à la maison. D'autres soulèvent la trappe d'une cave dans laquelle sont cachées plusieurs personnes et tirent des coups de fusil dans la direction de celles-ci. La dame Denis Bernard et le jeune Parmentier, âgé de sept ans, sont blessés.

Vers cinq heures du soir, la dame Rozier a entendu une voix suppliante crier : « Pitié! pitié! » Ces cris venaient de l'une des deux granges voisines appartenant aux sieurs Poinsard et Barbier. Or, un individu qui servait d'interprète aux Allemands a déclaré à une dame Thiébaut que ceux-ci s'étaient vantés d'avoir brûlé vif, dans l'une de ces granges, un père de famille de cinq enfants, malgré ses supplications et ses appels à leur pitié. Cette déclaration est d'autant plus impressionnante qu'on a trouvé dans la grange Poinsard les débris d'un corps humain carbonisé.

A côté de ce carnage, d'innombrables actes de violence ont été commis. La femme d'un mobilisé, la dame X..., a été violée par un soldat, dans le corridor de ses parents, tandis que sa mère, sous la menace d'une baïonnette, était obligée de se sauver.

Le 29 août, la supérieure de l'hospice, sœur Julie, dont le dévouement a été admirable, s'étant transportée à l'église paroissiale, pour se rendre compte, avec un prêtre mobilisé, de l'état intérieur de l'édifice, constata que la porte en acier du tabernacle avait été l'objet d'une tentative d'effraction. Les Allemands, pour parvenir à s'emparer d'un vase sacré, avaient tiré des coups de fusil autour de la serrure. La porte était traversée en plusieurs endroits, et le passage des balles y avait formé des trous presque symétriques, ce qui prouvait qu'on avait tiré à bout portant. Quand la religieuse l'ouvrit, elle trouva le ciboire perforé.

Les excès et les crimes qui ont été commis à Gerbéviller sont principalement l'œuvre des Bavarois. Les troupes qui s'y sont livrées étaient sous le commandement du général Clauss, dont la brutalité nous a aussi été signalée ailleurs.

Le 22 août, les Allemands incendièrent une partie du village de Crévic, à l'aide de torches et de fusées. Soixante-seize maisons furent brûlées, notamment celle de M. le général Lyautey, que les incendiaires, sous la conduite d'un officier, avaient envahie, en réclamant à grands cris Madame et Mademoiselle Lyautey, « pour leur couper le cou! » Un capitaine menaça le sieur Vogin, en lui mettant son revolver sur la gorge, de le fusiller et de le jeter dans les flammes, avec un habitant auquel, disait-il, « on avait déjà fait sauter la cervelle ». Il faisait ainsi allusion à la mort d'un vieux rentier, M. Liégey, âgé de soixante-dix-huit ans, qui fut retrouvé dans les décombres, avec une balle sous le menton. « Venez voir, ajouta l'officier, la propriété du général Lyautey, qui est au Maroc, qui brûle. » Pendant ce temps, un ouvrier, nommé Gérard, était contraint, baïonnette au dos, de monter dans son grenier. Là, les Allemands mettaient le feu à un tas de fourrage et obligeaient le sieur Gérard à rester auprès du brasier. Quand les soldats, chassés par la chaleur intolérable, se furent retirés, il put s'échapper par une petite ouverture, mais il avait déjà une joue fortement brûlée.

A Deuxville, où l'ennemi incendia volontairement quinze maisons, le maire Bajolet et le curé Thiriet furent arrêtés. L'abbé Marchal, curé de Crion, les ayant vus tous deux, dans sa paroisse, aux mains des Allemands, s'approcha de son confrère et lui demanda la raison de son arrestation. Celui-ci répondit : « J'ai fait des signes. » Après lui avoir donné un peu de pain, l'abbé Marchal se retira; mais à peine avait-il fait une trentaine de pas qu'il entendait une fusillade. C'étaient les deux prisonniers qu'on venait d'exécuter. Le lendemain, un officier, qui parlait parfaitement notre langue et qui disait avoir été, pendant huit ans, attaché à l'ambassade d'Allemagne à Paris, déclara à l'abbé Marchal que le curé de Deuxville avait fait des signes et l'avait avoué. « Quant au maire, ajouta-t-il, le pauvre diable, je crois bien qu'il n'avait rien fait. »

A Maixe, les Allemands ont incendié trente-six maisons et ont massacré, toujours sous le prétexte qu'on avait tiré sur eux, les sieurs Gauçon, Demange, Jacques, Thomas, Marchal, Chaudre, Simonin, Vaconet, de Grand (Vosges) et la dame Beurton. Gauçon, arraché de chez lui, fut précipité sur un tas de fumier, où un soldat le tua d'un coup de fusil au ventre. Demange, blessé aux deux genoux, dans sa cave, parvint à se traîner jusqu'à sa cuisine. Les Allemands mirent le feu à la maison, empêchèrent la dame Demange de porter secours à son mari et laissèrent brûler leur victime dans l'immeuble incendié.

Mme Beurton était, elle aussi, dans sa cave, avec sa famille, quand deux soldats, dont l'un portait une lanterne et l'autre un fusil, y descendirent. Le second tira au hasard sur le groupe et abattit la malheureuse femme. Vaconet fut frappé d'une balle au côté, au pied de l'escalier du sieur Rediger; quant à Simonin, il fut emmené dans la direction de Drouville. Quelques jours après, une note faisant connaître qu'il avait été fusillé et que ses dernières volontés étaient consignées dans un document placé entre les mains du commandant général de la 3e division bavaroise, fut remise par un officier allemand à M. Thouvenin, conseiller municipal de la commune. Cette note, dont une copie nous a été délivrée, porte la signature d'un officier du 3e régiment de chevau-légers. Les autres victimes de Maixe ont reçu la mort dans des circonstances qu'il ne nous a pas été possible de préciser.

Dans le même village, la demoiselle X..., âgée de vingt-trois ans, a été violée par neuf Allemands pendant la nuit du 23 au 24 août, sans qu'un officier, qui couchait au-dessus de la chambre dans laquelle se passait cette ignoble scène, jugeât à propos d'intervenir, bien qu'il entendît certainement les cris de la jeune fille et le bruit fait par les soldats.

Le château de Bauzemont a été envahi le 22 août. Vers le quinzième jour de l'occupation, sont arrivées des automobiles dans lesquelles étaient installées plusieurs femmes d'officiers de l'état-major allemand. On y a chargé tout ce qui avait été volé dans le château, notamment de l'argenterie, des chapeaux et des robes de soie. Le 21 octobre, le lieutenant-colonel commandant le ...{e} régiment d'infanterie française a pris possession de cet édifice. Il l'a trouvé dans un état de désordre et de saleté repoussant. Les meubles étaient ouverts et fracturés, le plancher de la salle de billard était couvert de matière fécale. Dans la chambre à coucher, qui avait été habitée par le général allemand, chef de la 7ᵉ division de réserve, régnait une odeur infecte. Le placard placé à la tête du lit contenait du linge de toilette et des rideaux de mousseline remplis d'excréments.

A Baccarat, l'armée ennemie n'a massacré personne, mais elle a effectué, le 25 août, un pillage général, après avoir, pour pouvoir opérer plus tranquillement, donné l'ordre à la population de se rassembler à la gare. Ce pillage a été dirigé par les officiers. Des pendules, des meubles divers et des objets d'art furent enlevés ; puis, quand les habitants furent rentrés chez eux, on leur enjoignit de nouveau d'en sortir au bout d'une heure, en les prévenant qu'on allait procéder à l'incendie de la ville. En effet, tout le centre de l'agglomération fut la proie des flammes. Le feu, qui fut mis à l'aide de torches et de pastilles, dévora cent douze immeubles. Quatre ou cinq seulement furent incendiés par les obus. Après le sinistre, des sentinelles empêchèrent les propriétaires d'approcher des ruines de leurs habitations et, quand les décombres furent refroidis, les Allemands les fouillèrent eux-mêmes pour dégager les entrées de caves. Après cette opération, le général Fabarius, commandant l'artillerie du XIVᵉ corps badois, dit à M. Renaud, qui faisait fonctions de maire : « Je ne croyais pas qu'il y avait autant de vins fins à Baccarat. Nous en avons pris plus de cent mille bouteilles. » Il est juste d'ajouter qu'à la cristallerie, nos ennemis ont bien voulu faire preuve d'une certaine probité relative, car ils se sont bornés, tout en jouant avec leurs revolvers, à exiger sur le prix des marchandises dont ils se sont rendus acquéreurs, des réductions de 50 à 75 pour 100.

A Jolivet, le 22 août, le sieur Villemin sortait de la maison de M. Cohan, avec celui-ci et un sieur Richard, quand des soldats assaillirent ce dernier. Atteint d'un coup de crosse à la tête, Richard tomba, tandis que Cohan rentrait précipitamment chez lui. Après avoir suivi pendant un instant Richard, que ses agresseurs emmenaient, Villemin alla soigner son bétail. Vers cinq heures du soir, il sortit pour se rendre chez un voisin, mais il fut immédiatement arrêté et fusillé. Les assassins lancèrent son corps dans un jardin, par-dessus une palissade.

Le 25, dans la même commune, le logis de Mᵐᵉ Morin, rentière, a été pillé. Les Allemands y ont dérobé du linge, de l'argenterie, des fourrures et des chapeaux. Le surlendemain, ils ont incendié la maison en allumant des fragments de bois provenant de caisses d'emballage.

A Bonviller, les 21, 23 et 25 août, ils ont mis le feu à vingt-six immeubles, en se servant de pétards et de bougies.

A Einville, le 22 août, jour de leur arrivée, ils ont fusillé un conseiller municipal, M. Pierson, qu'ils accusaient mensongèrement d'avoir tiré sur eux. Ils ont également exécuté sans motif les sieurs Bouvier et Barbelin, qu'ils avaient emmenés à proximité de la commune. Ils ont aussi massacré un braconnier nommé Pierrat, qu'ils avaient trouvé porteur d'un sac contenant un épervier et un fusil démonté. Le malheureux a été, par eux, odieusement martyrisé. Après l'avoir traîné hors du village, ils l'ont ramené devant chez la dame Famose. Cette femme l'a vu passer au milieu d'eux. Il avait le nez presque tranché, ses yeux étaient hagards et, selon l'expression du témoin, il semblait avoir vieilli de dix ans en un quart d'heure. A ce moment, un officier a donné un ordre; huit soldats sont partis avec le prisonnier, et quand ils sont revenus sans lui, dix minutes après, l'un d'eux a dit, en français : « Il était mort avant. »

M. Dieudonné, maire d'Einville, a été emmené comme otage, avec son adjoint et un autre de ses concitoyens, le 12 septembre, par les troupes ennemies, au moment où elles ont battu en retraite. Elles l'ont envoyé en Alsace, puis en Allemagne, où on l'a gardé jusqu'au 24 octobre, ainsi que ses compagnons. Avant son arrestation, et pendant un combat qui avait lieu autour de sa commune, M. Dieudonné avait été obligé, malgré ses protestations, de requérir plusieurs de ses administrés pour procéder à l'inhumation des morts. Trois des habitants d'Einville, employés de force à cette besogne, ont été blessés par des balles; un autre, le sieur Noël, a été tué par un éclat d'obus.

La ferme de Remonville, située sur le territoire du même village, a été incendiée. Les femmes ont pu se sauver. Quant aux quatre hommes qui travaillaient dans ce domaine, ils ont dû être tous assassinés. Les cadavres de deux d'entre eux, Victor Chaudre et Thomas Prosper, ont été retrouvés, deux mois plus tard, enterrés ensemble à proximité des bâtiments brûlés. Tous deux étaient décapités et la tête de Thomas était broyée.

A Sommerviller, le passage de l'ennemi, le 23 août, a été marqué par le pillage des cafés, des épiceries, ainsi que de plusieurs maisons particulières, et par le meurtre des sieurs Robert, âgé de soixante-dix ans, et Harau, âgé de soixante-cinq ans, qui ont été tués à coups de fusil. Le second, au moment où il a reçu la mort, était tranquillement en train de manger un morceau de pain.

A Rehainviller, le 26 août, les Allemands ont empoigné dans la rue le curé Barbot ainsi que le sieur Noircler. Les cadavres de ces deux hommes ont été retrouvés longtemps après, enterrés dans les champs, à quelques centaines de mètres du village. Leurs corps étaient en pleine décomposition. On n'a pas pu, pour cette raison, relever les blessures que le curé avait reçues ; quant à Noircler, sa tête était placée dans la fosse à côté du reste de son corps, à la hauteur de la hanche.

Dans cette commune, vingt-sept maisons ont été brûlées. On n'a pas vu mettre le feu, mais on a ramassé, après le sinistre, un certain nombre de baguettes fusantes dont les Allemands se servent fréquemment pour allumer l'incendie, et que les paysans appellent des « macaronis ».

A Lamath, le 24 août, les Bavarois ont fusillé un vieillard de soixante-dix ans, le sieur Louis, qui était sorti devant sa porte pour satisfaire un besoin naturel. Le malheureux a reçu au moins dix balles dans la poitrine. Son gendre, qui est atteint d'une tuberculose avancée, a été pris et emmené. On n'a de lui aucune nouvelle. Deux autres habitants de la commune, qui ont été faits prisonniers en même temps que lui, sont actuellement retenus en Bavière.

M. l'abbé Mathieu, curé de Fraimbois, a été arrêté, le 29 août, sous le prétexte faux qu'on avait tiré sur les Allemands dans sa paroisse. Au cours de sa captivité, qui a duré seize jours, il a assisté à l'assassinat de deux de nos compatriotes, M. Poissonnier, de Gerbéviller, et M. Victor Meyer, de Fraimbois. Le premier, un infirme qui se tenait à peine sur ses jambes, était accusé d'avoir suivi les armées pour se livrer à l'espionnage ; le second avait été arrêté parce que sa fillette avait ramassé un morceau de fil téléphonique brisé par des shrapnells. Un matin, vers six heures, les officiers bavarois procédèrent à un simulacre de jugement, en lisant un document rédigé en allemand et en faisant voter huit ou neufs jeunes lieutenants auxquels on avait remis des bulletins. Condamnés à l'unanimité, les deux hommes furent avertis qu'ils allaient mourir, et le prêtre fut invité à leur donner les secours de la religion. Ils protestèrent de leur innocence, en suppliant et en pleurant, mais on les contraignit à s'agenouiller contre un talus de la route, et un peloton de vingt-quatre soldats, placés sur deux rangs, fit feu sur eux par deux fois.

Le village de Fraimbois a été pillé et les objets volés ont été chargés sur des voitures. L'abbé Mathieu, s'étant plaint aux généraux Danner et Clauss de l'incendie de son rucher, reçut du premier cette simple réponse : « Que voulez-vous ? C'est la guerre ! » Le second ne lui répondit même pas.

A Mont, trois maisons ont été brûlées avec du pétrole. A Hériménil, le 29 août, l'ennemi, qui y était arrivé le 24, s'est rendu coupable de faits monstrueux. Les habitants ont été invités à se rendre dans l'église et y ont été maintenus pendant quatre jours, tandis que leurs maisons étaient pillées et que les Français bombardaient le village. Vingt-quatre personnes ont été tuées par un obus à l'intérieur de l'édifice. Comme une femme qui avait pu à grand'peine sortir un instant revenait avec un peu de lait pour les enfants, un capitaine, furieux de voir qu'on avait laissé passer cette prisonnière, s'écria : « Je ne voulais pas qu'on ouvrît la porte. Je voulais que les Français tirassent sur leur propre peuple. » Ce même capitaine venait d'ailleurs de commettre, peu de temps auparavant, un acte de cruauté révoltant. Ayant assisté, le monocle à l'œil, à la sortie jugée par lui trop lente de Mme Winger, jeune femme de vingt-trois ans, qui, pour obéir à l'ordre général, se dirigeait vers l'église avec ses domestiques, une fille et deux jeunes hommes âgés tous trois de dix-huit ans, il avait, par un mot bref, commandé à ses soldats de faire feu, et les quatre victimes s'étaient abattues mortellement frappées. Les Allemands laissèrent les cadavres dans la rue pendant deux jours.

Le lendemain, ils fusillèrent le sieur Boquel, qui, ignorant les instructions données, était resté dans sa maison. Ils tuèrent également chez lui M. Florentin, âgé de soixante-dix-sept ans. Ce vieillard, qui reçut plusieurs balles dans la poitrine, fut probablement massacré à cause de sa surdité qui l'empêcha de comprendre les exigences de l'ennemi.

Dans cette commune, vingt-deux maisons ont été brûlées avec du pétrole. Avant de mettre le feu à celle de la dame Combeau, des soldats, en piochant le sol de la cave, ont déterré une somme de 600 francs, qu'ils se sont appropriée.

Le 23 août, le jeune Simonin, âgé de quinze ans et demi, demeurant à Hudiviller, revenait de Dombasle, quand les Allemands, après l'avoir mis en joue, s'emparèrent de sa personne. Ils commencèrent par le rouer de coups, puis il fut emmené par un soldat, sur l'ordre d'un officier. Chemin faisant, il aperçut à une cinquantaine de mètres de lui son père qui l'appelait. Son gardien l'attacha alors à un poteau télégraphique et fit feu sur Simonin père qui tomba en vomissant le sang et expira presque sur-le-champ. Le jeune homme put pendant ce temps se dégager de ses liens et parvint à prendre la fuite, non sans avoir essuyé plusieurs coups de fusil, dont l'un lui déchira sa veste.

A Magnières, où vingt-sept maisons ont été détruites, mais où un seul immeuble paraît avoir été brûlé volontairement, un Allemand armé de son fusil pénétra, vers la fin du mois d'août, chez le sieur Laurent, et obligea la jeune ..., âgée de douze ans, qui y était réfugiée, à l'accompagner dans une chambre. A deux reprises il la viola, malgré les plaintes et les cris qu'elle ne cessait de faire entendre. La pauvre petite était absolument terrorisée. Le soldat, du reste, était si menaçant que le sieur Laurent n'osa pas intervenir.

A Croismare, le 25 août, quand les Allemands durent battre en retraite, furieux de leur échec, ils se mirent à tirer sur toutes les personnes qu'ils rencontrèrent. Un officier de uhlans, après avoir tué d'un coup de revolver, dans les champs, le sieur Kriegel qui était allé arracher des pommes de terre, aperçut MM. Matton et Barbier revenant de leur travail. S'étant approché d'eux, sur son cheval, il leur ordonna de s'arrêter et de se placer contre un talus. Les deux paysans pensèrent d'abord qu'il voulait ainsi les mettre à l'abri des coups de fusil qui éclataient de divers côtés, mais leur illusion se dissipa quand ils le virent charger son revolver. Au cours de cette opération, trois cartouches tombèrent et le uhlan donna à Matton et à Barbier l'ordre de les ramasser. Ce dernier, en lui en remettant une, lui dit : « Ne nous faites pas de mal, nous venons de travailler dans les champs. » — « Nicht pardon, cochon de Franzose, répondit l'officier, kaput ! » et il fit feu à deux reprises. Matton, qui s'était brusquement effacé, ne fut, grâce à ce mouvement, atteint qu'à l'épaule droite, au lieu de l'être en pleine poitrine. Quant à Barbier, une balle lui traversa les deux pouces et lui laboura l'index gauche.

A Réméréville, le 7 septembre, l'ennemi, prétendant faussement que du clocher les habitants avaient tiré sur lui, a mis le feu aux maisons à l'aide de fusées. Quelques immeubles seulement ont échappé aux flammes. Avant d'être incendié, le village a été bombardé par les Allemands, qui ont pris particulièrement pour objectif une ambulance dont ils voyaient parfaitement le drapeau.

La commune de Drouville, occupée deux fois, a été fortement pillée. Le 5 septembre, l'envahisseur y a brûlé trente-cinq maisons à l'aide de torches et sans doute aussi avec du pétrole, car il a abandonné sur les lieux un bidon qui en contenait vingt-cinq ou trente litres.

A Courbesseaux, il y eut également, le 5 septembre, incendie et pillage. Dix-neuf maisons ont été brûlées. Le sieur Alix, qui s'efforçait d'éteindre le feu allumé chez lui dans un amas de luzerne, essuya plusieurs coups de fusil et fut obligé de se sauver.

Enfin, le 23 août, à Erbéviller, un capitaine saxon trouva un moyen très pratique de se procurer de l'argent. Ayant fait rassembler tous les hommes du village, il tenta vainement, d'abord en les menaçant de les faire fusiller, d'obtenir de quelqu'un d'entre eux la déclaration qu'on avait tiré sur ses sentinelles, bien qu'il sût pertinemment que le fait n'était pas exact; puis il les enferma dans une grange. Dans la soirée, il fit venir la femme du sieur Jacques, ancien instituteur, l'un des prisonniers, et lui dit : « Je ne suis pas certain que ce soient ces hommes qui aient tiré. Ils seront libres demain matin, si vous pouvez me verser 1,000 francs dans quelques instants. » Mᵐᵉ Jacques donna la somme. Sur sa demande, il lui en fut délivré un reçu, et les otages furent mis en liberté.

Le récépissé rédigé par l'officier est ainsi conçu : « Erbéviller, 23 août 1914.

Quittance. *Pour pénitence d'être suspect* d'avoir tiré sur des sentinelles allemandes, dans la nuit du 22-23 août, j'ai reçu de la commune Erhéviller 1,000 francs (mille francs). « Baron . . . . . (*illisible*) haupt. reit. regim. »

Dans une commune du département de Meurthe-et-Moselle, deux religieuses ont été, pendant plusieurs heures, exposées sans défense à la lubricité d'un soldat qui, en les terrorisant, les a obligées à se dévêtir, et, après avoir contraint la plus âgée à lui enlever ses bottes, s'est livré sur la plus jeune à des pratiques obscènes. Les engagements que nous avons pris ne nous permettent pas de faire connaître les noms des victimes de cette scène abominable, ni celui du village dans lequel elle a eu lieu, mais les faits nous ont été révélés sous la foi du serment, par des témoins dignes de la plus entière confiance, et nous prenons la responsabilité d'en certifier l'exactitude.

Pendant nos séjours à Nancy et à Lunéville, nous avons eu l'occasion de recevoir plusieurs témoignages relatifs à des crimes commis par les Allemands dans des localités que leurs troupes occupaient encore et que la plupart des habitants avaient dû évacuer. Les plus cruels de ces faits ont eu pour théâtre le village d'Emberménil. A la fin d'octobre ou au commencement de novembre, une patrouille ennemie ayant rencontré dans les environs de cette commune une jeune femme, Mme Masson, dont l'état de grossesse était très apparent, l'interrogea sur le point de savoir s'il n'y avait pas de soldats français à Emberménil. Elle répondit qu'elle l'ignorait, ce qui était vrai. Les Allemands étant alors entrés dans le village, y furent reçus à coups de fusil par les nôtres. Le 5 novembre, un détachement du 4e régiment bavarois arriva et rassembla tous les habitants devant l'église, puis un officier demanda quelle était la personne qui avait trahi. Soupçonnant qu'il pouvait s'agir de la rencontre qu'elle avait faite quelques jours auparavant, et se rendant compte du danger que couraient ses compatriotes, Mme Masson, très courageusement, s'avança, répéta ce qu'elle avait dit, et affirma qu'en le disant elle avait été de bonne foi. Immédiatement saisie, elle fut contrainte de s'asseoir sur un banc, à côté du jeune Dime, âgé de vingt-quatre ans, qui avait été pris au hasard comme seconde victime. Toute la population demandait grâce pour l'infortunée, mais les Allemands furent inflexibles. « Un homme et une femme, dirent-ils, doivent être fusillés. Tel est l'ordre du colonel. Que voulez-vous ? C'est la guerre. » Huit soldats, placés sur deux rangs, firent alors feu à trois reprises sur les deux martyrs, en présence de tout le village. La maison du beau-père de Mme Masson fut ensuite livrée aux flammes. Celle du sieur Blanchin avait été incendiée quelques instants auparavant.

La dame Millot, de Domèvre-sur-Vezouze, nous a fait le récit du meurtre qui a été commis sur la personne de son neveu, Maurice Claude, âgé de dix-sept ans, et dont elle a été le témoin oculaire. Le 24 août, au moment de l'arrivée des Allemands à Domèvre, ce jeune garçon se trouvait, avec sa famille, au bas d'un escalier, dans la maison de ses parents, quand il s'aperçut que des soldats le mettaient en joue, de la rue. Il fit quelques pas pour se garer, mais il ne put se mettre à l'abri, et fut atteint de trois balles. Blessé au ventre, à la fesse et à la cuisse, il succomba trois jours plus tard, après avoir fait preuve d'une admirable résignation. Quand il se sentit perdu, il dit à sa mère désolée : « Je puis bien mourir pour mon pays ».

Le même jour, les sieurs Auguste Claude et Adolphe Claude, ce dernier âgé de soixante-quinze ans, furent également tués, et cent trente-six maisons du village furent brûlées au moyen de cartouches incendiaires. Enfin, deux habitants, les sieurs Breton et Labort, furent pris comme otages. On ne sait ce qu'ils sont devenus depuis.

M. Véron, ancien instituteur à Audun-le-Roman, arrondissement de Briey, a déposé devant nous dans les termes suivants :

« Le 21 août, vers cinq heures du soir, les Allemands, qui occupaient depuis dix-sept jours le village d'Audun-le-Roman, se mirent, sans motif, à tirer sur les maisons des coups de fusil et de mitrailleuse. Quatre femmes, Mlle Roux, Mlle Tréfel, Mme Zapolli et Mme Giglio, ont été blessées. Mlle Tréfel a été atteinte pendant qu'elle donnait à boire à un soldat allemand. Trois hommes ont été tués : M. Martin, cultivateur, âgé de soixante-huit ans, dont la maison a été brûlée, a été emmené hors de chez lui et fusillé dans la rue, en présence de sa femme et de ses enfants. M. Chary, âgé de cinquante-cinq ans, chef cantonnier, fuyait devant l'incendie en tenant sa femme par la main, quand il a été tué à coups de fusil. J'ai vu son cadavre, qui était criblé de blessures. M. Somen (Ernest) a reçu cinq balles de revolver au moment où il était en train de fermer la porte de sa remise.

« J'ai vu l'ennemi mettre le feu au café Matte, avec du pétrole. Mme Matte étant sortie, ayant à la main un petit sac qui contenait ses économies, environ 2,000 francs, a été dévalisée par un officier allemand, qui lui a arraché son sac. »

Le témoin a ajouté que le maire avait dû être enlevé par une patrouille, qu'en tout cas il avait disparu.

A Arracourt, le sieur Maillard a été tué dans les champs, par une balle qui l'a traversé de part en part, et cinq maisons ont été incendiées.

Le village de Brin-sur-Seille a été presque entièrement détruit par le feu allumé avec des cartouches et des rondelles fusantes. Enfin, la femme d'un mobilisé de Raucourt, la dame X..., nous a déclaré qu'elle avait été violée chez elle, en présence de son petit garçon, âgé de trois ans et demi, par un soldat qui lui avait mis la pointe de sa baïonnette sur la poitrine, pour vaincre la résistance qu'elle lui opposait.

OISE.

Dans le département de l'Oise, nous avons relevé les faits suivants :

Quand les Allemands pénétrèrent, le 31 août, dans le village de Monchy-Humières, un groupe d'une quinzaine de personnes se tenait dans la rue et les regardait arriver. Aucun acte de provocation ne fut tenté à l'égard de l'envahisseur, mais un officier crut entendre quelqu'un prononcer le mot « Prussien ». Aussitôt, il fit sortir trois dragons de la colonne et leur ordonna de tirer. Le jeune Gaston Dupuis fut tué, le sieur Grandvalet eut l'épaule droite traversée par une balle, et une petite fille de quatre ans, appartenant à une famille de réfugiés originaire de Verdun, fut légèrement blessée au cou.

Le lendemain, la commune de Ravenel fut pillée, et les objets volés furent emportés dans une voiture. Le nommé Villette, qui passait à bicyclette sur une route, à proximité du village, rencontra une automobile montée par plusieurs Allemands. Ceux-ci se mirent à tirer sur lui, sans raison. Il sauta alors à bas de sa machine et prit la fuite à travers champs, mais une balle l'arrêta dans sa course. Il est mort quelques heures après, laissant une veuve et deux enfants.

Le même jour, près de Néry, l'ennemi ouvrit le feu sur des pièces d'artillerie anglaises qui étaient en batterie au lieudit le Bout de la Ville, et un combat s'engagea entre des corps de cavalerie des deux armées. A ce moment, les Allemands envahirent la sucrerie, qui est située dans une dépendance de la commune. Ils se saisirent du directeur, de sa famille, ainsi que de tout le personnel de l'usine, et pendant trois heures que dura l'engagement, les firent marcher parallèlement à eux, pour se protéger contre la fusillade qui les prenait de flanc. Parmi les vingt-cinq personnes qui furent si dangereusement exposées, se trouvaient des femmes et des enfants. Une ouvrière, Mme Janseine, fut tuée, et le contremaître Courtois reçut une balle qui lui traversa le bras gauche. A dix heures du soir, l'ennemi revint en force dans le village. Il en partit le lendemain, après avoir brûlé une maison et avoir opéré un pillage général.

Le 2 septembre, il fit son entrée à Senlis, où il fut accueilli à coups de fusil par des troupes d'Afrique. Prétendant que c'étaient des civils qui avaient tiré sur lui, il mit le feu à deux quartiers de la ville. Cent cinq maisons furent brûlées de la manière suivante : les Allemands arrivaient en colonne dans les rues ; au coup de sifflet d'un officier, certains d'entre eux sortaient des rangs pour enfoncer les portes des habitations et les devantures des magasins ; d'autres venant ensuite allumaient l'incendie avec des grenades et des fusées ; enfin, des patrouilles qui les suivaient lançaient avec leurs fusils des projectiles incendiaires dans les immeubles où le feu ne prenait pas assez vite.

Tandis que nos soldats tiraient aux abords de la ville, les otages emmenés dans les rues par les Allemands, qui suivaient prudemment les trottoirs, étaient contraints à marcher au milieu de la chaussée. Le sieur Levasseur, la dame Dauchy et sa petite fille, âgée de cinq ans, les sieurs Pinchaux, Minouflet et Leymarie, furent au nombre des personnes qu'on exposa ainsi à la mort. Près de l'hôpital, Levasseur fut tué. Bientôt Leymarie tomba à son tour, mortellement frappé. En le transportant au pied d'un mur, Minouflet fut atteint d'une balle au genou. Un officier s'approcha de lui, demanda qu'il lui fît voir sa blessure et, soudain, lui tira à bout portant un coup de revolver dans l'épaule. Au même endroit, un témoin vit un autre officier en train de martyriser un soldat français blessé, en lui portant des coups de bâton au visage.

En même temps, plusieurs meurtres sont commis. Le sieur Simon est traîné hors de chez lui et tué d'un coup de fusil au côté. Des Allemands enfoncent la porte de la maison du sieur Mégret. Celui-ci s'avance, promet de leur donner tout ce qu'ils demanderont et leur apporte dix bouteilles de vin. Il est assassiné d'un coup de feu en pleine poitrine. Les sieurs Ramu, Vilcocq, Chambellant et Gaudet, pousssés par la curiosité, sont allés regarder l'incendie du magasin à fourrages, auquel les troupes françaises ont mis le feu en se retirant. Des soldats ennemis tirent sur eux à plusieurs reprises. Ramu est blessé, Gaudet est tué raide, Chambellant reçoit deux balles, l'une à la main droite, l'autre au-dessous de l'aine, et il en meurt au bout de huit jours. Les sieurs Simon, Ecker, Chéry, Leblond, Rigault (Louis) et Momus sont également tués dans Senlis.

3..

Vers trois heures, le maire, M. Odent, est arrêté à l'hôtel de ville, sous le prétexte, contre lequel il proteste, que des civils auraient tiré sur les troupes allemandes. Pendant qu'on l'emmène, le secrétaire de mairie le rejoint auprès de l'hôtel du Grand-Cerf, et lui propose d'aller chercher les adjoints. « C'est inutile, répond-il, ce sera assez d'une victime. » Conduit à Chamant, le magistrat, pendant le trajet, est l'objet de brutalités odieuses. On lui arrache ses gants pour les lui jeter au visage, on lui prend sa canne et on l'en frappe violemment à la tête. Enfin, vers onze heures, on le fait comparaître devant trois officiers. L'un d'eux l'interroge, persiste à l'accuser d'avoir tiré ou fait tirer sur les Allemands et le prévient qu'il va mourir. M. Odent s'approche alors de ses compagnons de captivité, leur remet ses papiers et son argent, leur serre les mains et, très dignement, leur fait ses adieux. Il revient ensuite auprès des officiers. Sur l'ordre de ceux-ci, deux soldats l'entraînent à une dizaine de mètres et lui mettent deux balles dans la tête. Les meurtriers creusent ensuite légèrement le sol et jettent sur le cadavre une couche de terre si mince que les pieds n'en sont pas recouverts. Quelques heures auparavant, à 200 mètres de là, six autres habitants de Senlis, les sieurs Pommier, Barbier, Aubert, Cottrau, Rigault (Arthur) et Dewert avaient été déjà fusillés et enterrés.

Dans la même soirée, le sieur Jandin, boulanger, arrêté à trois ou quatre heures de l'après-midi sans motif, puis conduit par le 49ᵉ régiment poméranien d'infanterie à Villers-Saint-Frambourg, y était attaché à un poteau de pâture et lardé de coups de baïonnette.

Il va de soi que la ville de Senlis a été pillée. Tandis qu'il mettait à sac les maisons, l'ennemi se plaisait à exciter les mauvais instincts de la populace, en appelant des femmes de condition misérable pour leur donner une part du butin.

A Villers-Saint-Frambourg, la femme X... fut violée par un soldat qui s'était introduit chez elle. Après l'attentat, elle se réfugia chez des voisins. La précaution était utile, car de nombreux camarades de l'agresseur firent irruption dans la maison et, furieux de n'y pas rencontrer la victime qu'ils cherchaient, brisèrent les vitres et s'emparèrent des poules, des lapins et du porc qu'ils trouvèrent dans les dépendances de l'habitation.

Le 3 septembre, à Creil, sous la direction d'un capitaine qui avait voulu contraindre les sieurs Guillot et Demonts à lui indiquer les demeures des plus riches propriétaires, les Allemands se répandirent dans les maisons, en brisant portes et fenêtres et s'y livrèrent au pillage, avec la complicité de leurs chefs, auxquels ils venaient à chaque instant montrer les bijoux dont ils s'étaient emparés. Demonts et Guillot furent ensuite conduits dans la campagne, où ils rejoignirent une centaine d'habitants de Creil, de Nogent-sur-Oise et des environs. Tous ces prisonniers durent subir la honte et la douleur de travailler contre la défense de leur patrie, en coupant un champ de maïs qui pouvait gêner le tir de l'ennemi et en creusant des tranchées destinées à abriter les Allemands. Durant sept jours, on les garda sans leur donner de nourriture. Des femmes du pays purent, heureusement, les ravitailler un peu.

Pendant ce temps, dans la ville, quarante-trois maisons étaient incendiées avec des grenades et avec du pétrole, et plusieurs personnes étaient mises à mort. Le sieur Parent, qui se sauve, est tué, rue Victor-Hugo, par le coup de feu d'un uhlan. Dès qu'il est tombé, des cavaliers se précipitent sur lui pour fouiller ses vêtements. Le sieur Alexandre a le crâne défoncé au carrefour de la rue Gambetta et de la rue Carnot. Des Allemands entrent chez le sieur Brèche, débitant de boissons. Trouvant sans doute qu'il ne les sert pas assez vite, ils l'entraînent dans la cour de la dame Égasse, sa voisine, où un officier, qui l'accuse d'avoir tiré sur des soldats, ordonne, malgré ses dénégations, qu'il soit fusillé sur-le-champ. Mme Égasse essaye de fléchir les bourreaux, mais elle reçoit l'ordre brutal de se retirer. De la chambre où elle s'est rendue, elle entend les détonations et elle voit par la fenêtre le corps de Brèche étendu sur le sol. Quand elle est descendue, elle ne peut s'empêcher d'exprimer le chagrin qu'elle ressent. L'officier lui dit alors : « Un homme mort, nous n'y faisons pas attention, on en voit tant! D'ailleurs, partout où l'on tire sur nous, nous tuons et nous brûlons. »

Un jeune homme, nommé Odmer, chargé d'un sac de riz, avait été amené de Liancourt jusqu'à Creil. En arrivant sur la place de l'Église, exténué par la fatigue et par les mauvais traitements qu'il a endurés, il se débarrasse de son fardeau et tente de se sauver. Deux soldats l'ajustent, font feu et l'abattent. Un nommé Lebœuf, qui avait été son compagnon de captivité, est mort à Creil, au bout de quelques jours. à la suite d'une blessure reçue en route.

L'armée du général von Kluck est arrivée le 2 septembre à Crépy-en-Valois et y a défilé pendant quatre jours. La ville a été complètement pillée sous les yeux des officiers. Les bijouteries, notamment, ont été dévalisées.

Dans une maison où logeait un général commandant, avec une douzaine d'officiers d'état-major, des vols importants de bijoux et de linge fin ont été commis. Presque tous les coffres-forts de Crépy ont été éventrés.

C'est le 3 du même mois, à Baron, qu'un artiste de grand talent, le compositeur Albéric Magnard, tira deux coups de revolver sur une troupe qui venait envahir sa propriété. Un soldat fut tué et un autre blessé. Les Allemands qui, dans tant d'endroits, s'étaient livrés sans motif aux pires cruautés, se contentèrent de brûler la villa de leur agresseur. Celui-ci se suicida pour ne pas tomber entre leurs mains. La commune, néanmoins, fut pillée. M. Robert, notaire, volé de ses bijoux, de son linge et de quatorze cent soixante et onze bouteilles de vin, fut contraint d'ouvrir son coffre-fort et de laisser un officier s'emparer d'une somme de 8,300 francs que ce meuble contenait. Dans la soirée, il vit un autre officier qui portait aux doigts neuf bagues de femme et dont les bras étaient ornés de six bracelets. Deux soldats lui racontèrent d'ailleurs que, quand ils apportaient à leurs chefs un bijou quelconque, ils recevaient une prime de 4 marks.

Dans cette commune, Mme X..., jeune femme des plus honorables, fut violée successivement par deux soldats, en l'absence de son mari, qui est mobilisé. L'un de ces deux hommes dévalisa une armoire pendant que son camarade, après lui, consommait son attentat.

Au Mesnil-sur-Bulles, dans la soirée du 4 septembre, trois Allemands, dont deux étaient arrivés en voiture et le troisième à bicyclette, se présentèrent chez l'adjoint, le sieur Queste (Gustave). Celui-ci ne pouvant les comprendre, pria son cousin, M. Queste, professeur au lycée d'Amiens, de lui servir d'interprète. Après avoir rempli cet office, le professeur rentra chez lui. Au bout de quelques instants, ayant entendu une détonation, il sortit pour se rendre compte de ce qui se passait. Il se trouva alors en présence d'un des trois soldats auxquels il venait de parler dans la maison de son parent. Cet homme, qui était en état d'ivresse, tira sur lui et le tua.

Les trois mêmes soldats, en passant à Nourard-le-Franc, mirent le feu à sept maisons, avec des torches qu'ils avaient prises dans leur voiture. Quelques heures avant leur arrivée au Mesnil-sur-Bulles, une patrouille de uhlans avait déjà fait une reconnaissance dans cette dernière commune. Des cavaliers étaient entrés chez le sieur Queste (Amédée), en brisant une porte, y avaient fracturé des meubles et s'étaient emparés de plusieurs bijoux, ainsi que d'une somme de 60 francs.

A Choisy-au-Bac, les Allemands, qui étaient dans le village depuis le 31 août, ont incendié volontairement, le 1er et le 2 septembre, quarante-cinq maisons, sous le prétexte absolument faux qu'on avait tiré sur eux, et, avant de mettre le feu, se sont livrés, en présence de leurs officiers, à un pillage général, dont le produit a été emporté dans des voitures volées aux habitants. Deux médecins militaires, portant le brassard de la Croix-Rouge, ont pillé eux-mêmes la maison de la dame Binder.

Un sieur Morel, ouvrier menuisier, étant dans son jardin, a reçu d'un soldat qui passait sur la route un coup de fusil qui l'a atteint à l'aine. Il est mort le lendemain. Quatre jeunes gens ont été pris comme otages et emmenés le 8 septembre. L'un d'eux a pu s'échapper. Son camarade René Leclère a, dit-on, été fusillé à Besmé (Aisne); quant aux deux autres, on ne sait ce qu'ils sont devenus.

A Compiègne, où l'ennemi a séjourné du 31 août au 12 septembre, le château a été relativement épargné; les vols n'y ont pas été très importants. Mais un grand nombre d'immeubles ont été pillés. La maison du comte d'Orsetti, située en face du palais, a été littéralement mise à sac, surtout par les sous-officiers. L'argenterie, les bijoux, les objets précieux, amenés dans la cour du château, étaient vérifiés, enregistrés et emballés, puis ils étaient chargés dans deux tapissières sur lesquelles avait été placé le drapeau de la Croix-Rouge.

Le capitaine Schroeder, prié de faire cesser le cambriolage et l'orgie scandaleuse qui se déroulaient dans la villa, finit par se rendre sur les lieux; mais après avoir jeté un coup d'œil dans l'intérieur de la maison saccagée, il se retira en disant : « C'est la guerre, et d'ailleurs, je n'ai pas le temps. »

Le 4 septembre, un soldat étant allé coucher dans une propriété dont la dame X... est concierge, chassa le mari et plusieurs parents de cette femme, en les menaçant de son fusil, puis il obligea Mme X... à demeurer auprès de lui pendant toute la nuit.

A Trumilly, où ils sont restés du 2 au 4 septembre, les Allemands ont pillé la commune et emporté dans des caissons d'artillerie ainsi que dans des voitures le produit de leurs vols. Le premier jour, la dame Huet, qui logeait chez elle une partie de l'état-major du 19e régiment de dragons de Hanovre et un assez grand nombre de soldats, vit un sous-officier s'emparer d'un coffret contenant ses bijoux, d'une valeur approximative de 10,000 francs. Elle alla se plaindre au colonel, qui se contenta de lui répondre en souriant : « Je regrette, Madame, c'est la guerre. »

Le 3 septembre, les premières troupes étant parties, des traînards restèrent dans le pays. L'un d'eux, soldat au 91e régiment d'infanterie, et sur la médaille duquel était gravé le nom de Ahne, vola chez Mme Huet 115 francs aux domestiques, 300 francs à la maîtresse de maison et 400 francs au sieur Cornillet. S'étant rendu ensuite chez la dame X..., dont le mari est sous les drapeaux, il obligea cette femme à se livrer à lui, en la menaçant de son fusil.

Pendant l'occupation de la commune, M. Cornillet, la victime d'un des vols dont nous venons de parler, a logé chez lui un officier. Après le départ de cet hôte, il a constaté la disparition d'une somme de 150 francs, qui était placée dans l'armoire de la chambre où l'Allemand avait couché. Enfin, le sieur Colas, vieillard de soixante-dix ans, fouillé dans la rue par un soldat, a été dépouillé d'une trentaine de francs.

Un des faits les plus graves qui nous aient été révélés dans le département de l'Oise a été commis près de Marquéglise, par un officier d'un grade élevé. Deux jeunes gens de Saint-Quentin, nommés Charlet et Gabet, qui étaient partis de Paris pour retourner à leur lieu d'origine, dans le but de répondre à l'appel de leur classe, rencontrèrent en chemin deux sujets belges se rendant à Jemmapes, où ils demeuraient. Ceux-ci leur ayant offert des places dans leur voiture, les quatre hommes firent route ensemble jusqu'au village de Ressons, où ils furent arrêtés par une troupe allemande. Attachés, puis conduits jusque sur le territoire de Marquéglise, ils comparurent là devant un officier supérieur qui les interrogea. En apprenant que deux d'entre eux étaient originaires de la Belgique, cet officier déclara que les Belges étaient « de sales gens », puis, sans autre explication, saisissant son revolver, il fit feu successivement sur chacun des prisonniers. Les deux Belges et le jeune Gabet, atteints à la tête, furent foudroyés. Quant à Charlet, blessé à la nuque et à l'épaule droite, il feignit d'être tué, et put, après le départ de l'assassin, se traîner à quelque distance. Avant d'être transporté à Compiègne, où il est mort le lendemain, le malheureux a fait à l'abbé Boulet, curé de Marquéglise, le récit du lâche attentat dont ses compagnons et lui-même avaient été victimes.

AISNE.

Dans les communes du département de l'Aisne que nous avons pu visiter, nous avons relevé surtout des actes de pillage et de nombreux attentats contre les femmes.

A Connigis, le 8 septembre, vers neuf heures du soir, la dame X... fut l'objet de violences graves de la part de deux Allemands qui s'étaient rendus dans la maison de ses beaux-parents où elle habitait, en l'absence de son mari parti pour l'armée. L'un d'eux garda le sieur X... père devant la porte, tandis que l'autre se livrait sur la jeune femme, après l'avoir menacée de son fusil, à des actes d'une obscénité révoltante, en présence de la belle-mère. Ce dernier, son crime accompli, alla remplacer auprès de X... son camarade qui, à son tour, outragea la victime.

A Brumetz, où l'occupation a duré du 3 au 10, le village a été pillé. Une maison, ainsi que le château de M. de Maleyssie, capitaine à l'état-major du 6e corps d'armée français, ont été incendiés.

A Chierry, le château de Varolles a été brûlé avec des torches et du pétrole. Le feu a été mis également au château de Sparre, après un pillage complet de l'édifice, où des tableaux ont été enlevés de leurs cadres et où les tapisseries ont été lacérées à coups de sabre.

A Jaulgonne, du 3 au 10 septembre, la garde prussienne a pillé les caves, volé du linge, et causé pour 250,000 francs de dégâts. Elle a, en outre, brûlé une maison, sous le prétexte que le propriétaire avait tiré, alors qu'en réalité il s'était caché tout tremblant dans sa cave.

Deux habitants de cette commune ont été tués. L'un, le sieur Rempenault, âgé de quatre-vingt-sept ans, a été trouvé dans les champs, frappé d'une balle; l'autre, nommé Blanchard, âgé de soixante et un ans, avait été arrêté parce que les Prussiens l'avaient vu, dans la rue, causer avec un chasseur à pied français qui, après s'être attardé dans le village, avait pu prendre la fuite à bicyclette et échapper à une vive fusillade dirigée contre lui. Conduit dans une dépendance de Jaulgonne, Blanchard fut blessé d'un coup de baïonnette par un soldat, puis achevé par un officier, qui lui cassa la tête d'un coup de revolver.

Au Charmel, les Allemands, dès leur arrivée, se sont introduits dans les habitations en enfonçant les portes. Ils n'ont pas laissé une bouteille de vin dans les caves et ont pillé principalement les maisons abandonnées, enlevant le linge, l'argent, les bijoux et d'autres objets. Chez l'instituteur, ils ont pris la caisse de la mutualité scolaire, qui contenait 240 francs. Le 3 septembre, ils ont incendié, à onze heures du soir, le château de Mme de Rougé, et le même jour, l'un d'eux, étant entré chez la dame X..., l'a saisie à la gorge et l'a violée.

A Coincy, le 3 et le 4, ils ont vidé les caves, mis à sac les maisons inhabitées et commis des tentatives criminelles sur plusieurs femmes du village.

A Bézu-Saint-Germain, le 8 septembre, deux soldats cyclistes vinrent à la ferme de..., et y passèrent une partie de la nuit, après avoir obligé les habitants à aller se coucher, avec défense, sous peine de mort, de bouger quoi qu'ils entendissent. L'un d'eux alla trouver dans sa chambre la petite domestique, ..., âgée de treize ans, et lui mettant sa main sur la bouche, consomma sur elle un viol complet. Ayant entendu un grand cri, la fille des fermiers se sauva par la fenêtre et appela des officiers qui logeaient chez un voisin. L'un d'eux descendit, fit arrêter les deux cyclistes qui, revenant de la ferme, passaient justement devant lui, et ordonna qu'on les conduisît au quartier général; mais le lendemain, quand la victime fut invitée à reconnaître le coupable et à le désigner, celui-ci avait disparu.

Le 3 septembre, à Crézancy, des soldats firent sortir de chez lui le jeune Lesaint, âgé de dix-huit ans, et un officier le tua d'un coup de revolver. Un des camarades du meurtrier déclara plus tard que cet homicide avait été commis parce que Lesaint était soldat, et, sur les dénégations de son interlocuteur, il ajouta : « Il était pour en faire un. » Il dit aussi que le jeune homme s'était fait tuer bêtement, parce qu'il avait, dans l'intention de se sauver, éteint la chandelle qui éclairait sa chambre. Or, cette chandelle avait été non pas éteinte par le malheureux Lesaint, mais déplacée par un soldat qui avait voulu visiter la maison. L'officier, en tout cas, consentit à reconnaître que son camarade « avait tiré trop vite ».

Dans la même localité, le sieur Dupont, gérant du familistère, fut arrêté le 4 septembre, parce qu'il avait essayé de protéger sa caisse contre la cupidité d'un soldat qui était en train de la dévaliser. Coiffé d'un bonnet de cavalier qu'on lui avait enfoncé jusqu'au menton, et les deux mains liées derrière le dos, il fut le jouet des Allemands qui s'amusèrent à lui faire monter une pente très raide, en l'accablant de coups et en le piquant avec des baïonnettes chaque fois qu'il lui arrivait de tomber. Il fut transféré le 6 à Charly-sur-Marne, au milieu d'un convoi de prisonniers militaires, et le 8, dans la matinée, ses bourreaux, en se retirant, le contraignirent à suivre la colonne. Comme il ne pouvait se traîner par suite des violences qu'il avait endurées, les Allemands le frappaient à coups redoublés et le poussaient en le tenant sous les bras. A un kilomètre plus loin, ils le tuèrent d'un coup de lance ou de baïonnette au cœur.

A Château-Thierry, où les troupes allemandes ont séjourné du 2 au 9 septembre, le pillage a été effectué sous les yeux des officiers. Plus tard, des médecins militaires qui étaient restés dans la ville, après le départ de leur armée, ayant été compris dans un échange de prisonniers, on ouvrit leurs cantines. Elles contenaient des effets d'habillement provenant du sac des magasins.

Le 5 septembre, la jeune. . ., âgée de quatorze ans, rencontrée par un soldat quand elle revenait de chercher du pain pour ses parents, fut entraînée dans la boutique d'un marchand de chaussures et de là dans une chambre, où deux autres Allemands rejoignirent le premier. Menacée d'une baïonnette et jetée sur un lit, . . . fut violée par deux de ces hommes. Le troisième se disposait à faire comme ses camarades, mais il se laissa toucher par les supplications de l'enfant.

La tante de cette jeune fille, Mme X . . ., fut, elle aussi, victime de graves attentats à Verdilly, où sa famille exploite la ferme de. . . Après avoir ligoté son mari, quatre soldats, appartenant au corps de l'artillerie lourde, l'ont poursuivie jusque chez un voisin qu'ils ont terrorisé en le menaçant, et tandis que l'un d'eux la maintenait, les trois autres l'ont successivement violée.

A Hartennes-et-Taux, arrondissement de Soissons, les Allemands ont, comme partout, pillé les maisons. Au hameau de Taux, ils ont allumé de la paille avec laquelle ils avaient bouché les ouvertures d'une cave isolée où s'étaient réfugiés trois habitants qu'ils prenaient pour des soldats. Les trois hommes ont été asphyxiés par la fumée.

FAITS D'ORDRE MILITAIRE.

Les faits commis en violation des droits de la guerre, à l'égard des combattants : meurtre des blessés ou des prisonniers, ruses interdites par les conventions internationales, attaques contre les médecins et les brancardiers, ont été innombrables, dans tous les endroits où des combats ont été engagés. Il nous est impossible de constater la plupart d'entre eux, parce que les témoins en sont surtout des militaires, obligés à se déplacer continuellement. Ces actes ont été, du reste, relatés dans des rapports adressés par les chefs de corps à l'autorité militaire, qui pourra les joindre aux documents de notre enquête, si elle le juge à propos. Beaucoup sont aussi attestés par des témoignages que des magistrats ont recueillis dans les hôpitaux, et dont nous opérons en ce moment le dépouillement en vue de l'établissement d'un rapport complémentaire. Il nous en a été néanmoins révélé à nous-mêmes un certain nombre, au cours de notre information.

A Bar-le-Duc, M. le médecin principal Ferry nous a, à cet égard, rapporté des dépositions recueillies par lui, dans son service. Le sergent Lemerre, du . . .^{e} régiment d'infanterie, lui a déclaré que, blessé le 6 septembre, à Rembercourt, d'un éclat d'obus à la jambe, il avait été laissé sur le terrain, pendant huit jours, par les ambulanciers allemands qui le voyaient parfaitement. Le quatrième jour, sur l'ordre d'un officier qui parcourait le champ de bataille, son revolver à la main, ce sous-officier a été blessé de nouveau d'un coup de fusil par un soldat. Il a d'ailleurs vu, à plusieurs reprises, autour de lui, des brancardiers allemands tirer sur nos blessés.

Le soldat Dreyfus, du . . .ᵉ régiment d'infanterie, a également raconté au docteur Ferry le fait suivant : atteint d'une blessure, à Sommaisne, le 10 septembre, il se retirait du champ de bataille, quand il rencontra trois Allemands. Il leur dit, dans leur langue, qu'il venait d'être blessé, mais ces hommes lui répondirent que ce n'était pas une raison pour ne pas recevoir une nouvelle balle, et il en reçut une en effet, à bout portant, dans l'orbite.

A Vaubecourt, un sergent d'infanterie et deux soldats ont été fusillés par l'ennemi, pour le motif qu'un de ces derniers avait été capturé dans le clocher du village, d'où il aurait pu échanger des signaux avec nos troupes.

Le 22 août, un détachement allemand se présenta sur le territoire de Bonviller (Meurthe-et-Moselle), à la ferme de la Petite-Rochelle, où le propriétaire, M. Houillon, avait donné asile à des blessés français. L'officier qui le commandait ordonna à quatre de ses hommes d'aller achever neuf blessés qui étaient étendus dans la grange. Chacun de ceux-ci reçut une balle dans l'oreille. Comme la dame Houillon demandait grâce pour eux, l'officier lui enjoignit de se taire, en lui mettant le canon de son revolver sur la poitrine.

Le 25 août, M. l'abbé Denis, curé de Réméréville, a soigné, dans la soirée, le lieutenant Toussaint, sorti le premier de l'École forestière au mois de juillet dernier. Tombé blessé sur le champ de bataille, ce jeune officier avait été frappé à coups de baïonnette par tous les Allemands qui étaient passés auprès de lui. Son corps était criblé de plaies des pieds à la tête.

A l'hôpital de Nancy, nous avons vu le soldat Voyer, du . . .ᵉ régiment d'infanterie, qui portait encore les traces de la barbarie allemande. Grièvement atteint à la colonne vertébrale, en avant de la forêt de Champenoux, le 26 août, et paralysé des deux jambes, par suite de sa blessure, il était resté étendu sur le ventre, quand un soldat allemand l'avait brutalement retourné avec son fusil et lui avait porté trois coups de crosse sur la tête. D'autres, en passant auprès de lui, l'avaient également frappé à coups de crosse et à coups de pied. Enfin, l'un d'eux lui avait, d'un seul coup, fait une plaie au-dessous et à trois ou quatre centimètres de chaque œil, à l'aide d'un instrument que la victime n'a pas pu distinguer, mais qui, d'après l'opinion de M. le docteur Weiss, médecin principal et professeur à la faculté de Nancy, devait être une paire de ciseaux.

Un hussard, qui a été soigné par ce même docteur, a raconté que, s'étant fracturé la jambe en tombant de cheval et s'étant trouvé engagé sous sa monture, il avait été assailli par des uhlans qui lui avaient volé sa montre et sa chaîne, et dont l'un, lui ayant pris sa carabine, lui en avait déchargé un coup dans l'œil.

Sept soldats français, auxquels M. Weiss a aussi donné ses soins, lui ont affirmé avoir vu les ennemis achever des blessés sur le champ de bataille. Comme ils avaient feint d'être morts pour échapper au massacre, des Allemands leur avaient porté des coups de crosse, afin de reconnaître s'ils étaient encore vivants.

Au même hôpital, un soldat allemand, atteint d'une blessure au ventre, a confié à

M. le docteur Rohmer qu'elle lui avait été faite d'un coup de revolver par son officier, parce qu'il avait refusé d'achever un blessé français. Enfin, un autre Allemand, porteur d'une plaie au dos produite par un coup de feu tiré à bout portant, a déclaré au docteur Weiss que, pour obéir à l'ordre d'un officier, un soldat avait tiré sur lui, afin de le punir d'avoir transporté dans un village situé à proximité du champ de bataille, plusieurs blessés de notre armée.

Le 25 août, à Einvaux, des Allemands ont ouvert le feu à 300 mètres sur le docteur Millet, médecin-major au . .ᵉ régiment colonial, au moment où, aidé de deux brancardiers, il faisait un pansement à un homme couché sur une civière. Comme il leur présentait le côté gauche, ils voyaient parfaitement son brassard. Ils ne pouvaient, d'ailleurs, se méprendre sur la nature de la besogne à laquelle les trois hommes étaient occupés.

Le même jour, le capitaine Perraud, du même régiment, ayant remarqué que les soldats d'une section prise pour objectif par ses mitrailleuses portaient des pantalons rouges, a donné l'ordre de cesser le feu. Immédiatement, cette section a tiré sur lui et sur ses hommes. Elle était composée d'Allemands déguisés.

Veuillez agréer, Monsieur le Président, l'assurance de notre respectueux dévouement.

Paris, le 17 décembre 1914.

> G. PAYELLE, *président.*
>
> Armand MOLLARD.
>
> G. MARINGER.
>
> PAILLOT, *rapporteur.*

PROCÈS-VERBAUX D'ENQUÊTE

ET DOCUMENTS DIVERS

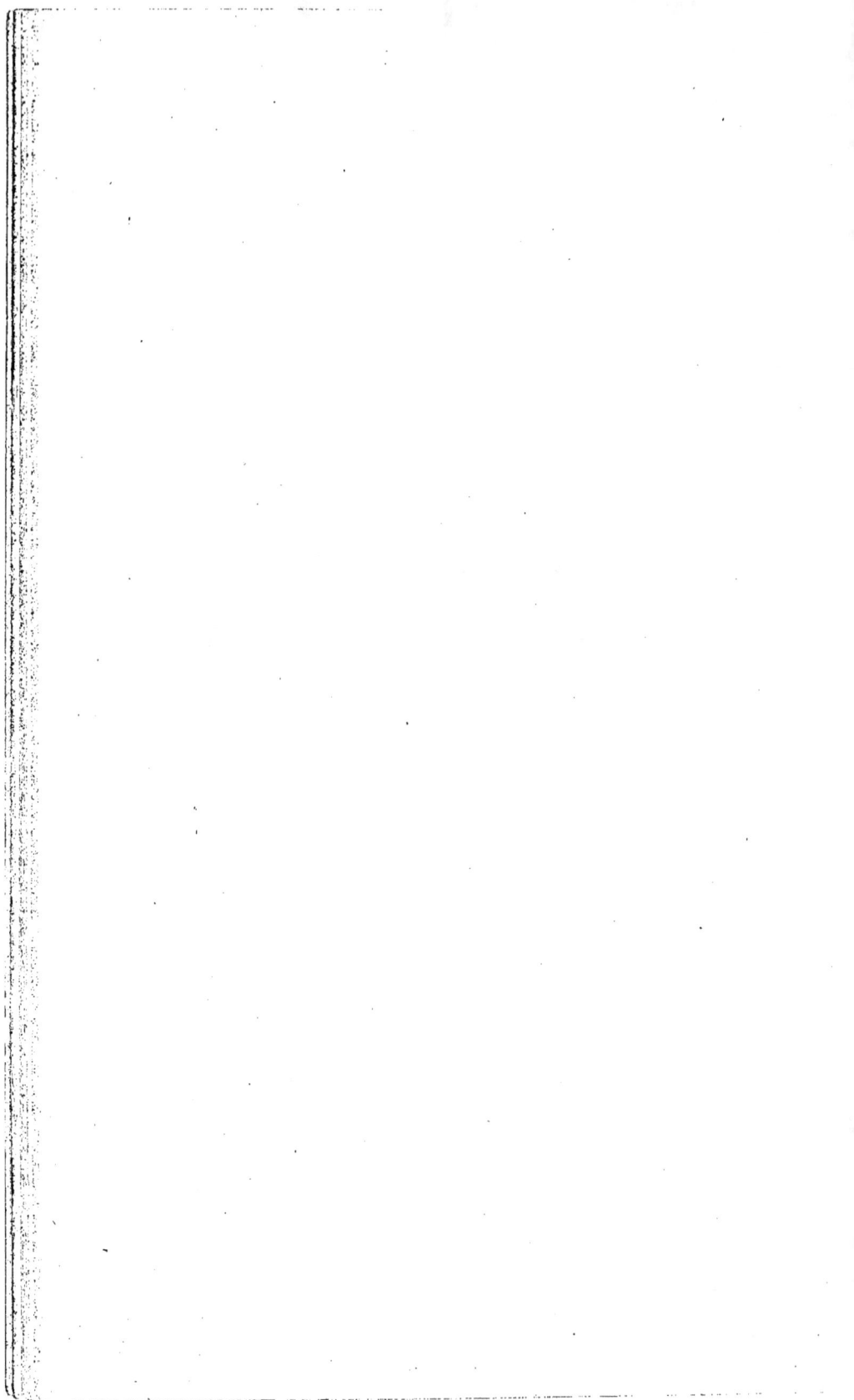

SEINE-ET-MARNE.

N°s 1, 2.

L'an mil neuf cent quatorze, le vingt-neuf septembre, à CHAUCONIN (Seine-et-Marne), devant nous, Georges PAYELLE, Premier Président de la Cour des Comptes, commandeur de la Légion d'honneur; Armand MOLLARD, Ministre plénipotentiaire, officier de la Légion d'honneur; Georges MARINGER, Conseiller d'État, commandeur de la Légion d'honneur; Edmond PAILLOT, Conseiller à la Cour de Cassation, officier de la Légion d'honneur, membres de la Commission instituée par le décret du 23 septembre 1914, ont comparu les personnes ci-après nommées; elles nous ont fait les déclarations suivantes :

OURRY (Marie-Aristide), âgé de 46 ans, instituteur et secrétaire de mairie à Chauconin :

Le samedi 5 septembre, 350 ou 400 hommes d'infanterie allemande, portant la patte d'épaulette rouge, avec le chiffre 82 en jaune, ont passé environ deux heures dans notre village. Ils y ont incendié cinq maisons d'habitation et six bâtiments d'exploitation rurale, à l'aide de grenades qu'ils jetaient sur les toits et de bâtons de résine qu'ils plaçaient sous les portes des granges.

On ne se battait pas à ce moment-là et la population était absolument paisible.

Le pillage a été presque général. Les Allemands ont emporté notamment beaucoup de linge et de vin. Ils avaient avec eux des camions automobiles dans lesquels ils entassaient les objets dont ils s'étaient emparés.

Le même jour, mon fils et deux autres jeunes gens, qui passaient ensemble à bicyclette sur la route, ont essuyé le feu d'un détachement de cavalerie qui a tiré sur eux, sans les atteindre, une soixantaine de coups de fusil.

Tel est le résultat de l'enquête faite par moi dans le village. J'étais absent quand les faits que je vous signale se sont passés.

Après lecture de sa déposition, le témoin a signé avec nous.

———

LAGRANGE (François), 52 ans, ouvrier pépiniériste au même lieu :

Le samedi 5 septembre, dans l'après-midi, un officier allemand m'a découvert dans la cachette où j'étais, chez un marchand de vin. Nous sommes sortis ensemble. J'ai vu, dans la rue, un soldat mettre le feu à la maison de Pierre Duquin. Il a jeté sous la porte de la grange un objet dont je n'ai pas distingué la nature, et la flamme s'est élevée immédiatement. J'ai demandé à l'officier pourquoi on incendiait notre village. Il a répondu : « C'est la guerre ». Après le départ du détachement, j'ai trouvé chez moi un bâton de résine abandonné par les Allemands. Je ne l'ai pas conservé.

A un certain moment, l'officier a tiré de sa poche une liste qu'il a déployée, et m'a demandé de lui indiquer la ferme Proffit. Il a ensuite rassemblé ses hommes, il s'est dirigé avec ceux-ci vers la ferme et, quelques instants après, les bâtiments étaient en feu.

Après lecture de sa déposition, le témoin a signé avec nous.

———

N° 3.

L'an mil neuf cent quatorze, le vingt-neuf septembre, à Neufmontiers (Seine-et-Marne), devant nous,... etc..

Rousseau (Armand), 61 ans, cultivateur à Neufmontiers :

Le 5 septembre, vers six heures du soir, à l'arrivée des Allemands dans la commune, j'ai vu un soldat allemand mettre le feu à trois meules appartenant à M. Hérin, avec une torche qui grésillait. Quelques instants après, j'ai constaté que la ferme Proffit, qui appartient à M. le Maire, était en flammes. La ferme n'était pas habitée, les propriétaires étant partis quelques jours auparavant.

Après lecture de sa déposition, le témoin a signé avec nous.

N° 4.

L'an mil neuf cent quatorze, le trente septembre, à Congis (Seine-et-Marne), devant nous,... etc..

Fonteny (Auguste), 66 ans, adjoint au Maire de Congis :

J'étais présent quand les Allemands sont arrivés dans ma commune, le 3 septembre. Entre le 6 et le 8, ils ont arrêté mon concitoyen Dalissier, âgé de 66 ans, au Gué-à-Tresmes, territoire de Congis. Ils l'ont saisi après lui avoir demandé son porte-monnaie. Furieux de ce qu'il n'avait pas d'argent, ils l'ont attaché avec une longe à bestiaux et l'ont fusillé. J'ai vu le corps et l'ai même enseveli; il était complètement défiguré et avait été atteint d'une quinzaine de balles.

Un autre habitant du village, Jourdaine, qui avait été arrêté à Varreddes, a subi le même sort. Il a été emmené à Coulombs. Le mercredi, il ne pouvait plus marcher; le lendemain, il a reçu un coup de baïonnette au front et un coup de revolver au cœur. C'est moi qui ai ramené le cadavre de Coulombs et qui l'ai inhumé ici. Jourdaine, qui était mon beau-frère, était âgé de 73 ans.

Au moment où les Allemands s'apprêtaient à incendier notre village, ayant bourré de paille, inondé de pétrole une vingtaine de maisons, l'arrivée des Français les a heureusement empêchés de mettre à exécution ce projet.

Après lecture, le témoin a signé avec nous.

N°ˢ 5, 6.

L'an mil neuf cent quatorze, le vingt-neuf septembre, à Penchard (Seine-et-Marne), devant nous,... etc..

Vion (Auguste), âgé de 67 ans, maire de la commune de Penchard :

Le samedi 5 septembre, le 6 ou le 7, les Allemands ont mis le feu à trois maisons dans ma commune. J'étais absent; mais Mᵐᵉ René (Marius) pourra vous fournir des indications intéressantes au sujet de ces incendies.

Après lecture, le témoin a signé avec nous.

Bonne (Eugénie), femme Marius René, 61 ans, demeurant à Penchard :

Le 7 septembre, j'ai vu un soldat allemand porteur d'une petite torche en résine engagée dans son ceinturon et qui semblait faire partie de son fourniment; une heure après, environ, la maison de Mme Jouy brûlait.

Après lecture, le témoin a signé avec nous.

N° 7.

L'an mil neuf cent quatorze, le vingt-neuf septembre, à Barcy (Seine-et-Marne), devant nous,... etc..

Bailly (Eugène), 67 ans, maire de Barcy :

Le 5 ou le 6 septembre, les Allemands, qui occupaient ma commune, l'ont quittée vers huit heures et demie du soir. Avant de partir, un officier accompagné d'un soldat a fait tenir ses chevaux près de la porte de la mairie; puis après avoir pris les couvertures de l'instituteur, a mis ou fait mettre par son soldat le feu à la salle des archives.

Les 6, 7, 8 et 9, autant que je me souviens, les Allemands ont bombardé le village. L'ambulance, sur laquelle flottait le drapeau de Genève, a reçu, le troisième jour, au moins dix bombes; dix-huit blessés français ont été tués.

Après lecture, le témoin a signé avec nous.

N°s 8, 9.

L'an mil neuf cent quatorze, le vingt-neuf septembre, à Douy-la-Ramée (Seine-et-Marne), devant nous,... etc..

Dessens (Henri), 42 ans, meunier et adjoint au maire de Douy-la-Ramée :

Ainsi que vous pouvez le constater d'ici, mon moulin et le corps de logis y attenant sont brûlés. L'incendie a été allumé par les troupes allemandes, sans autre motif, à mon avis, que de détruire une grande quantité de marchandises.

J'ai appris dans plusieurs villages qu'avant d'arriver dans ma commune, les Allemands s'étaient, à diverses reprises, inquiétés de savoir l'emplacement exact du moulin de la Ramée, ce qui semble établir la préméditation chez un ennemi renseigné.

Après lecture, le témoin a signé avec nous.

Debaile (Alfred), 64 ans, manouvrier à Douy-la-Ramée :

J'ai assisté à l'incendie du moulin. Les Allemands, après l'avoir allumé, ont même essayé de me jeter dans les flammes. Je me suis cramponné au mur et à la porte. Ils m'ont saisi à la gorge, m'ont mis deux fois le revolver au visage. C'est à grand'peine que j'ai pu m'échapper de leurs mains. Ils ont bien allumé volontairement l'incendie, alors qu'on ne se battait pas et qu'ils n'avaient été l'objet d'aucune provocation.

Après lecture, le témoin a signé avec nous.

N° 10.

L'an mil neuf cent quatorze, le trente septembre, à Lizy-sur-Ourcq (Seine-et-Marne), devant nous,... etc............................ ....

Gautheron, brigadier de gendarmerie à Lizy-sur-Ourcq :

Il résulte de nos enquêtes que toutes les communes de notre circonscription ont été l'objet d'un pillage organisé, et que le butin était emporté sur des camions automobiles et sur des voitures enlevées aux habitants.

Le témoin a signé avec nous, après lecture.

N° 11.

PROCÈS-VERBAL D'ENQUÊTE JUDICIAIRE.

DÉPOSITION DE TÉMOIN.

L'an mil neuf cent quatorze, le quatorze octobre,

Par-devant nous, Émile Caqué, juge de paix du canton de Lizy-sur-Ourcq, assisté de M. François Achin, greffier provisoire soussigné, et procédant en vertu des instructions de M. le Procureur de la République de Meaux, en date du douze de ce mois, a comparu en notre cabinet le témoin ci-après nommé.

Nous lui avons donné connaissance des faits sur lesquels sa déposition est requise.

Ce témoin, entendu après avoir représenté l'invitation à lui donnée, a prêté serment de dire toute la vérité, rien que la vérité; déclaré n'être domestique, parent ni allié des parties, et déposé ainsi qu'il suit :

Je me nomme Giraut (Achille), 51 ans, gendarme en retraite demeurant à Lizy-sur-Ourcq.

A partir du 3 septembre jusqu'au 9 septembre dernier, pendant tout le temps qu'a duré l'occupation allemande dans la commune de Lizy, de jour et de nuit les Allemands se sont livrés au pillage des habitations, surtout de celles évacuées.

Chaque fois que je suis sorti dans Lizy, j'ai constaté ces actes de pillage; je les ai vus déva- liser notamment le magasin de fers exploité par M. Magnan, sis Grande Rue; deux camions automobiles étaient arrêtés à la porte des magasins, dans lesquels ils chargeaient les marchan dises qu'ils enlevaient; devant la porte de M. Duhoux, pharmacien, il y avait une voiture attelée d'un cheval alezan, dans laquelle ils chargeaient de la pharmacie et du mobilier.

Si, lorsqu'on passait, on faisait mine de s'arrêter pour se rendre compte des opérations auxquelles ils se livraient, ils venaient vous mettre le revolver sous la gorge.

Lecture faite au témoin de sa déposition, a déclaré qu'elle contenait vérité, y a persisté et a signé avec nous et le greffier.

(*Suivent les signatures.*)

N° 12..

PROCÈS-VERBAL D'ENQUÊTE JUDICIAIRE.

DÉPOSITION DE TÉMOIN.

L'an mil neuf cent quatorze, le seize octobre,

Par-devant nous, Émile CAQUÉ, juge de paix du canton de LIZY-SUR-OURCQ, assisté de M. François ACHIN, greffier provisoire soussigné, et procédant en vertu des instructions de M. le Procureur de la République de Meaux, en date du douze de ce mois, a comparu en notre cabinet le témoin ci-après nommé.

Nous lui avons donné connaissance des faits sur lesquels sa déposition est requise.

Ce témoin, entendu après avoir représenté l'invitation à lui donnée, a prêté serment de dire toute la vérité, rien que la vérité; déclaré n'être domestique, parent ni allié des parties, et déposé ainsi qu'il suit :

Je me nomme DAGUET (Constant-Armand), 63 ans, quincaillier, demeurant à Lizy-sur-Ourcq.

Dès le premier jour de l'occupation de Lizy par les Allemands, j'ai vu ceux-ci fracturer les fermetures des maisons évacuées et se livrer au pillage qui a duré pendant toute l'occupation; je les ai vus notamment, dès leur arrivée, prendre des bicyclettes chez M. Bayard, mécanicien; les jours suivants, je les ai vus piller les pharmacies Bayard et Duhoux, ainsi que le magasin de fers de M. Magnan et tout le quartier. J'ai remarqué que, parmi les pillards, les plus acharnés étaient porteurs des insignes de la Croix-Rouge.

Ils m'ont même dérobé chez moi les ustensiles de ménage dont ils prétendaient avoir besoin.

Je les ai vus charger leurs vols dans des camions à bras ou automobiles.

Lecture faite au témoin de sa déposition, a déclaré qu'elle contenait vérité, y a persisté et a signé avec nous et le greffier.

(*Suivent les signatures.*)

N°s 13, 14, 15.

L'an mil neuf cent quatorze, le trente septembre, à MAY-EN-MULTIEN (Seine-et-Marne), devant nous, ..., membres de la Commission instituée par décret du 23 septembre 1914, ont comparu les personnes ci-après nommées; elles nous ont fait les déclarations suivantes :

CAMUS (Basile-Étienne), 63 ans, rentier, faisant fonctions de garde champêtre à May-en-Multien :

Il est à ma connaissance que Mme Laforest a été blessée au bras, dans les premiers jours de septembre, par un soldat allemand qui lui a tiré un coup de fusil.

Les Allemands ont beaucoup pillé dans le village. Ils chargeaient leur butin sur des camions automobiles. J'ai assisté personnellement à ces scènes de pillage.

Après lecture, le témoin a signé avec nous.

GARNIER (Jean), âgé de 60 ans, propriétaire et ancien maire à May-en-Multien :

Les troupes allemandes sont restées pendant sept jours dans la commune, à partir du jeudi 3 septembre. Le pillage a été continuel. Chez moi, ils ont emporté notamment des objets d'art et une garniture de cheminée d'une assez grande valeur. Mon coffre-fort a été défoncé, et le contenu en a été enlevé.

Le témoin a signé avec nous.

———

LAFOREST (Beloni), 62 ans, manouvrier à May-en-Multien :

Dans les premiers jours de ce mois, vers cinq heures et demie du soir, un cavalier allemand s'est présenté chez moi et m'a demandé du vin; je me suis mis en demeure de le servir et suis allé tirer du vin à mon tonneau. A ce moment, j'ai entendu une détonation. Le cavalier venait de tirer un coup de carabine sur ma femme. Celle-ci fut atteinte à la main; la balle sortit au coude. Ma malheureuse femme a été amputée du bras gauche par un médecin allemand. Elle est actuellement à l'hôpital de Meaux. C'est à Lizy-sur-Ourcq qu'elle a été soignée par le docteur étranger.

Après lecture, le témoin a signé avec nous.

N° 16.

ÉTAT CIVIL.

VILLE DE MEAUX.

ANNÉE 1914.

N° 301.

BULLETIN DE DÉCÈS.

Le 5 octobre 1914, est décédée la nommée LAHAY (Marie-Élisa), âgée de 50 ans, profession de journalière, demeurant à MAY-EN-MULTIEN, fille de feu Jules-Magloire LAHAY et de feue Élisa BOUVRANDES, épouse de Beloni-Éloi LAFOREST.

Délivré à MEAUX, le 15 janvier 1915.

L'officier de l'état civil,
Pour le maire empêché:
L'adjoint,
Signé : DUFOUR.

N°ˢ 17, 18, 19.

L'an mil neuf cent quatorze, le trente septembre, à VARREDDES (Seine-et-Marne), devant nous, ..., membres de la Commission instituée par décret du 23 septembre 1914, ont comparu les personnes ci-après nommées; elles nous ont fait les déclarations suivantes :

LIÉVIN (François), maire de la commune de Varreddes :

Le 8 septembre, les Allemands, sans aucune provocation, sans aucun motif, ont emmené mes concitoyens Denis, Terré, Leriche, Liévin, Fossin, curé, Milliardet, Combe, Lebel, Ménil, Jourdaine et son ouvrier, Fabre et son fils, Lacour, Croix, Vapaille et Denet. Aucun n'est encore revenu. D'après les renseignements qui nous ont été fournis, Jourdaine, Denet et Milliardet auraient été fusillés. Denet, fusillé à Mauperthuis, aurait été enterré à Saints. Je vous ferai parvenir les indications qui me seront données sur le sort des mes malheureux administrés. Le corps de Jourdaine a été retrouvé à Coulombs et enterré à Congis.

Après lecture, le témoin a signé avec nous.

Mérillon (Louis-Auguste), gendarme en retraite à Varreddes :

Le lundi 7 septembre, les Allemands m'ont saisi et m'ont emmené avec Denis (Jules) et Denis (Barthélemy). Ils nous ont obligés à enlever les morts qui se trouvaient dans le château du Gué-à-Tresmes et à nettoyer le château. Nous avons pu nous sauver le lendemain de notre arrestation.

Après lecture, le témoin a signé avec nous.

————

Liévin, maire, et Mérillon ajoutent que la commune a été pillée et que beaucoup d'objets qui n'ont pas été volés ont été détruits volontairement par les Allemands.

Après lecture, les deux témoins ont signé avec nous.

————

Nᵒˢ 20, 21.

L'an mil neuf cent quatorze, le trente septembre, à Mary-sur-Marne (Seine-et-Marne), devant nous,... etc...

Loisel (Paul), 59 ans, maire à Mary-sur-Marne :

Le 3 septembre, dans l'après-midi, le sieur Mathe, de Lizy, a été tué dans le débit de boissons de M. Noël. J'ai constaté qu'il portait à la poitrine une blessure causée soit par un coup de revolver, soit par un coup de couteau. Il avait été surpris par des cavaliers ennemis. Le village a été pillé. Les Allemands ont pris du vin, du linge, et aussi des objets d'art, des bijoux, de l'argenterie, qui ont été chargés, ainsi que des meubles, sur des voitures de ravitaillement.

Après lecture, le témoin a signé avec nous.

————

Noël (Louis), 58 ans, marchand de vins à Mary-sur-Marne :

En voyant arriver les Prussiens, Mathe s'est caché sous mon comptoir; je l'ai presque aussitôt entendu tomber; mais je n'ai entendu aucune détonation; aussi ai-je pensé que sa blessure était le résultat d'un coup de couteau. Il portait à la poitrine une large entaille. Aussitôt découvert, il a été frappé.

Après lecture, le témoin a signé avec nous.

————

Nᵒˢ 22, 23, 24, 25, 26.

L'an mil neuf cent quatorze, le premier octobre, à Sancy-les-Provins (Seine-et-Marne), devant nous,... etc...

Abbé Leteinturier, âgé de 50 ans, curé à Sancy-les-Provins :

Le dimanche 6 septembre, vers neuf heures du soir, les Allemands emportaient les dernières bouteilles de ma cave et j'allais me mettre à table, quand un gradé me dit, ainsi qu'aux personnes auxquelles je donnais l'hospitalité : « Filez tous sur la place ». J'obtempérai à cet ordre, qui fut d'ailleurs donné également dans presque toutes les maisons du village. On nous fit coucher dans une bergerie. Nous étions environ quatre-vingts. A cinq heures du matin, le lendemain, en emmena une trentaine d'entre nous jusqu'à la grange de Pierrelez. Un officier avait crié : « Jusqu'à la croix ». On nous donna un peu d'eau, et à la plupart d'entre nous on donna enfin une cuillerée de soupe. La grange de Pierrelez était occupée par une ambulance de la Croix-Rouge allemande. Un médecin major a parlé aux blessés et aussitôt ceux-ci ont chargé quatre fusils et deux revolvers. J'ai compris qu'on allait nous exécuter. Un hussard français blessé au bras et prisonnier m'a dit : « Monsieur le curé, approchez-vous et donnez-moi l'absolution. Je vais être fusillé, puis vous le serez à votre tour ». J'ai déféré à son désir, puis déboutonnant ma soutane, je suis allé me placer contre le mur entre le maire et mon paroissien Frédéric Gillet. Mais à ce moment sont arrivés deux chasseurs à cheval français qui nous ont sauvé la vie, les Allemands s'étant rendus immédiatement à eux. Tous mes compagnons et le hussard se sont alors enfuis, et nous sommes rentrés au village sans autre incident.

Après lecture, le témoin a signé avec nous.

Gérôme (Eléonore), 71 ans, garde champêtre à Sancy, qui, étant au nombre des personnes emmenées par les Allemands à la grange de Pierrelez, nous fait une déclaration confirmant la déposition de M. l'abbé Leteinturier, dont nous lui avons donné lecture.

Il a signé avec nous, après lecture de la mention ci-dessus.

Dromnel (Alfred), 15 ans, charretier à Sancy :

J'étais au nombre des personnes arrêtées ici par les Allemands et emmenées à l'ambulance de la grange de Pierrelez. Je m'attendais à être fusillé quand les chasseurs français nous ont délivrés.

Le témoin, après lecture, a signé avec nous.

Quentin (Hubert), instituteur et secrétaire de la mairie à Sancy :

M. le Maire est absent, mais je puis vous fournir les renseignements qu'il vous aurait donnés lui-même. Je dois dire d'abord que la population de notre village n'a commis aucun acte qui pût motiver les mesures dont un grand nombre de mes concitoyens, notamment le maire et le curé, ont été victimes, mesures que vous connaissez déjà par les dépositions que vous avez reçues. J'ajoute qu'on avait voulu m'emmener avec les autres, mais j'ai demandé à un général qui logeait chez moi de me protéger, et il a donné des ordres pour qu'on me laissât libre. Ce général a signé en ma présence, du nom de v. Dutag (sic), un ordre de service.

Le témoin a signé avec nous, après lecture.

Dame X..., 27 ans, à Sancy-les-Provins :

Le dimanche 6 septembre, un cycliste allemand est venu chez ma belle-mère, où je me trouvais avec mes quatre enfants, mon mari étant parti au régiment. Ce cycliste a demandé un lit et du vin. Je lui ai montré le lit dans lequel mes enfants allaient se coucher.

Il m'a saisie par le poignet et par la poitrine, m'a entraînée dans la chambre voisine et, en me menaçant de son revolver qu'il m'a placé sur la gorge, m'a contrainte à avoir avec lui des relations intimes.

Après lecture, le témoin a signé avec nous.

Nᵒˢ 27, 28, 29.

L'an mil neuf cent quatorze, le premier octobre, à COURTACON (Seine-et-Marne), devant nous,... etc. . . . .

LINSTRUMELLE (Arthur), 64 ans, maire de Courtacon :

Le 6 septembre, vers trois heures de l'après-midi, des troupes allemandes, qui devaient appartenir à la garde impériale, ont occupé notre village. Aussitôt, elles ont mis le feu à un grand nombre de maisons, après les avoir badigeonnées d'essence minérale et de pétrole. Certains habitants ont été contraints de fournir des allumettes et des fagots.

Les Prussiens ont emmené Binart, Combaz, Bon, Meunier, un jeune homme de treize ans, étranger à la commune, et moi-même, au milieu des champs; puis, pendant qu'on se battait dans les environs du village, ils nous ont placés parmi eux, nous exposant ainsi à la mitraille et aux balles françaises. Ensuite, ils nous ont fait stationner au pied d'un monticule. Nous nous attendions alors à être fusillés, quand, à notre grande surprise, ils nous ont ramenés jusqu'à Courtacon et nous ont rendu la liberté.

Le premier jour, pendant que nous étions dans les champs, nous avons vu arriver le jeune Rousseau (Edmond), conscrit de la classe 1914, les mains liées derrière le dos. Les Allemands lui ont demandé s'il était soldat. J'ai pris la parole et j'ai dit qu'il avait passé au conseil de révision et qu'il avait été reconnu bon pour le service militaire. J'ai toutefois ajouté que sa classe n'était pas encore appelée. On lui a enlevé son pantalon pour voir s'il n'avait pas d'infirmités, puis, après lui avoir remis ce vêtement, on l'a fusillé à 50 mètres de nous. Je l'ai vu tomber.

Après lecture, le témoin a signé avec nous.

COMBAZ (Julien), 59 ans, cantonnier; BON (Julien), 37 ans, maçon; MEUNIER (Pierre), 56 ans, maçon, confirment la déclaration de M. Linstrumelle, avec cette modification, qu'ils n'ont pas vu tomber le jeune Rousseau, mais qu'ils l'ont vu arriver auprès d'eux et qu'ils ont entendu les détonations, au moment où on l'a fusillé.

Après lecture, les trois témoins ont signé avec nous.

DENIZARD (Alexandrine), femme ROUSSEAU :

Le 6 septembre, vers trois heures du soir, j'étais cachée dans ma cave avec des voisins, des émigrés et mes enfants.

Des soldats allemands sont entrés chez nous et y ont tout brisé. Nous sommes alors sortis de notre cachette; j'ai été saisie à la gorge et on a dirigé vers moi des revolvers et des lances. Mon fils Edmond a été traîné par les cheveux dans l'escalier. Les Allemands lui disaient : « Vous, soldat », et comme il répondait négativement, il fut brutalement frappé à coup de crosse au visage. Les Allemands lui ont attaché les mains derrière le dos, puis ils l'ont emmené dans la plaine et l'ont fusillé. Je suis allée, le lendemain soir, chercher le corps de mon enfant, et je l'ai moi-même enseveli. Il est enterré dans le cimetière de notre village.

Après lecture, le témoin a signé avec nous.

N° 30.

EXTRAIT de la lettre adressée à la Commission par M. CHATRY, Procureur de la République à COULOMMIERS.

. . . .
. . . .

J'étais à peine de retour, dans la soirée, à l'hôtel de ville, qu'un officier d'État-Major vint me chercher d'un air grossier, dans la salle du secrétariat, en me disant : « Prenez *votre casque* et suivez-moi » ; puis il me dit : « Vous avez déclaré que vous ne saviez pas où il y avait de l'avoine, on vient d'en trouver, vous avez menti ; tu es un menteur, cochon, viens voir avec moi ». J'allai avec l'officier allemand, dans le grenier du moulin de la ville, appartenant à M. Tourneur, défoncé et mis au pillage par les Allemands; j'y vis en effet de l'avoine ; je fus encore l'objet d'injures redoublées : « cochon, tu seras fusillé ». Je protestai en déclarant que j'ignorais la présence de cette avoine ; l'officier allemand me riposta plusieurs fois : « cochon, ferme ta gueule » ; en même temps, je fus bousculé et violenté au bras et à l'épaule. L'officier me contraignit ensuite à faire le tour de la ville, pour chercher d'autre avoine. Je fus encore insulté et bousculé dans le second magasin de M. Tourneur, en présence de plusieurs personnes et notamment de M. Libersac. L'officier distribua également dans ce magasin des coups de pied au derrière à des gens qui se trouvaient autour de nous. « Si, dans une heure, tu n'as pas trouvé d'autre avoine, me dit-il, tu seras fusillé. » J'allai, avec Libersac, à la recherche d'autre avoine, notamment à un autre dépôt de M. Tourneur, chez M. Prieur, aux docks de Coulommiers, chez M. Larrivée et chez M. Permingeat. J'en trouvai un peu, mais les Allemands la connaissaient mieux que nous, pour l'avoir déjà pillée. Je revins place de l'Hôtel de ville avec Libersac, je fus de nouveau insulté par le même officier, tandis qu'à côté de lui s'en trouvait un autre grand, pâle, tête nue, un monocle à l'œil droit, qui ricanait en disant : « Vous êtes responsable, c'est vous qui êtes responsable ». Puis, le premier officier me fit des reproches de ce que la lumière du gaz tombait ; je lui expliquai en vain que nous avions été abandonnés par les ouvriers de l'usine. Il ajouta : « La ville est riche, nous le savons, on pourrait demander ici 1 million, 2 millions ; si demain matin, huit heures, tu n'as pas trouvé 100,000 francs, tu seras fusillé et la ville sera bombardée et incendiée ». Je répondis : « Vous pouvez faire de moi ce que vous voudrez, mais il m'est impossible de vous fournir cette somme, tous les habitants étant partis avec leur argent ». Alors je fus arrêté, sans dîner, et conduit entre plusieurs soldats baïonnette au canon, à l'État-Major de la maison Beslier, située rue Le Valentin. En cours de route, rue de la Pêcherie, je rencontrai le maire, qui revenait à l'hôtel de ville, et le mis au courant. Quelque temps après, le maire, M. Delsol, et le secrétaire de mairie, M. Bard, venaient me rejoindre dans la cour de la maison Beslier. On mit en face de moi, qui occupais le milieu, une table de jardin avec une lampe. En face, au premier étage, dans la salle à manger de la maison, dans l'encadrement d'une fenêtre obscure, je vis qu'on nous observait. J'aperçus une grande silhouette, et j'entendis au cours d'une conversation à mi-voix le mot « Procureur de la République » prononcé en français, et le mot allemand

« regierung » qui veut dire « gouvernement ». Il résulte de mon enquête que les Allemands avaient dit à deux bonnes de la maison Beslier que nous devions être fusillés. Au bout d'un certain temps, des soldats en armes nous conduisirent tous les trois rue de la Pêcherie, dans la maison d'un marchand de couleurs nommé Couesnon, qui avait été enfoncée par les Allemands et qui leur servait de poste. On nous emmena dans le cabinet de toilette de la maison. Au bas de l'escalier, un soldat montra un bidon d'essence de pétrole au secrétaire de mairie, en lui disant : « Si on tire sur nous, nous donnerons un coup de fusil dans ce bidon, et nous brûlerons la maison et vous avec ».

Pendant la nuit, nous fûmes gardés par des sentinelles baïonnette au canon, qui se relayaient d'heure en heure. Au début, un soldat nous apporta un fauteuil, une chaise et un matelas, pour nous permettre de nous étendre. Il chercha même à atténuer l'éclat de la bougie en mettant quelque chose devant, et apporta un oreiller pour le placer sous la tête du maire. Mais les sentinelles qui se succédèrent furent moins complaisantes. Au cours de la nuit, j'entendis en allemand textuellement la conversation suivante, entre soldats : « Le Procureur de la République sera fusillé, on est allé chercher de « joyeux frères » de la compagnie pour le tuer, on a balayé la rue pour que ce soit beau. On a trouvé des lettres dans son habitation, et à douze heures il y passera ». Un autre soldat répondait : « Tu sais, il entend l'allemand, il comprend ce que tu dis, et il est éveillé ».

Vers deux heures du matin, le peloton vint ; le chef me dit d'avancer seul ; j'avais fait mes recommandations aux autres, je leur fis mes adieux. Deux ou trois minutes après, le chef se ravisant dit : « Tous les trois ». Nous descendîmes l'escalier. En bas, dans la salle à manger, un soldat allemand nous joua la marche funèbre de Chopin et divers morceaux. Ils firent du café et nous en offrirent ; je refusai pour ma part. Je vis, je l'affirme, dans la pièce du devant, en face de moi, les soldats graisser et charger leurs fusils, et le sous-officier vérifier son revolver. On nous fit sortir dans la rue, et vers le milieu de la rue centrale, on nous fit mettre sur le trottoir, d'un côté tous les trois, tandis que le peloton, l'arme à la main, se mit en face de nous, sur le trottoir opposé. Nous attendîmes ainsi vingt bonnes minutes, puis on nous fit rejoindre le gros de l'armée, qui s'était réunie pour le départ. Rue Le Valentin, les officiers firent exécuter plusieurs fois, sous nos yeux, des mouvements aux soldats, en les leur faisant recommencer.

L'armée se mit en marche ; on nous la fit suivre ; des soldats nous poussaient. On nous fit faire ainsi à une allure rapide environ 2 kilomètres. Nous passâmes de l'arrière à l'avant de l'armée ; l'armée s'arrêta sur la route de Meaux–La Ferté-sous-Jouarre, à 300 mètres environ au delà de la côte de Montanglaust. Là, un officier supérieur de hussards de la mort nous dit : « Vous êtes libres ».

. . . .

J'affirme, sur mon honneur de magistrat, l'exactitude rigoureuse des faits énoncés dans la présente déposition, faits d'ailleurs établis un à un par une enquête complète que je tiens à la disposition de la Commission.

Coulommiers, le 16 octobre 1914.

Le Procureur de la République,

Signé P. CHATRY.

N° 31.

L'an mil neuf cent quatorze, le seize octobre, à COULOMMIERS (Seine-et-Marne), devant nous, . . ., membres de la Commission instituée par décret du 23 septembre 1914, a comparu la personne ci-après nommée; elle nous a fait les déclarations suivantes :

DELSOL (Étienne-Léon), 77 ans, maire de Coulommiers :

Je jure de dire la vérité.

Les Allemands sont arrivés ici le 5 septembre au matin, et sont partis dans la nuit du 6 au 7 ; ils étaient environ 3,000, de différentes armes. Ils n'ont commis aucun attentat contre les personnes, mais ils ont pillé et saccagé les maisons abandonnées ainsi que les magasins fermés. Ils ont pris notamment de l'argenterie, des couvertures, du linge, des chaussures et un grand nombre de bicyclettes qu'ils ont chargés sur deux wagons automobiles.

La veille de leur départ, ils m'ont arrêté ainsi que le Procureur de la République et le secrétaire de la mairie, et ils m'ont grossièrement insulté. Le lendemain, après nous avoir fait suivre une colonne, jusqu'à la limite du territoire de Coulommiers, dans la direction d'Aulnoy, ils nous ont rendu la liberté. J'ai été menacé d'être fusillé, mais je ne crois pas que ma vie ait été sérieusement en danger.

Ces incidents ont été très exagérés par les journaux.

Après lecture, le témoin a signé avec nous.

N° 32.

L'an mil neuf cent quatorze, le seize octobre, à COULOMMIERS (Seine-et-Marne), devant nous, . . . etc. . . . .

Dame X . . ., 29 ans, à Coulommiers :

Je jure de dire la vérité.

Le 6 septembre, vers neuf heures et demie du soir, un Allemand s'étant présenté chez nous, a éloigné mon mari en lui demandant d'aller chercher un camarade malade ; puis il s'est jeté sur moi, m'a saisie à l'épaule et entre les jambes. Mon mari est rentré, en entendant mes cris, mais il a été repoussé à coups de crosse dans la chambre voisine. Mon agresseur m'a alors brutalement jetée sur le carreau de la cuisine, m'a placé une de ses mains sur la bouche et m'a violée, tandis que dans la pièce contiguë, dont la porte était ouverte, mon mari terrorisé n'osait bouger, et tâchait de calmer mes deux enfants qui pleuraient. L'Allemand, après avoir accompli cet attentat sur ma personne, s'est retiré en me traitant de sale sauvage ; il est allé retrouver cinq de ses camarades qui étaient restés au bas de l'escalier.

Après lecture, le témoin a signé avec nous.

N° 33.

L'an mil neuf cent quatorze, le premier octobre, à BETON-BAZOCHES (Seine-et-Marne), devant nous, . . . etc. . . . .

Dame Z . . ., 20 ans, manouvrière à Beton-Bazoches :

Le 5 septembre, vers sept heures du soir, quatre ou cinq Allemands ayant pénétré chez moi, m'ont demandé à boire. L'un d'eux a cherché à m'embrasser. J'ai tenté de lui échapper en tournant autour de ma table ; mais il m'a poursuivie. J'ai alors appelé à mon secours ma voisine, Mme Y... Celle-ci est accourue à mon appel ; mais les soldats l'ont fait sortir et ont fermé les volets. Je me suis ainsi trouvée sans défense et mon agresseur, après m'avoir jetée sur un lit, a abusé de moi, en présence de ma fillette, âgée de trois ans.

Mon mari est mobilisé depuis le commencement de la guerre.

Le témoin a signé avec nous, après lecture.

N°s 34, 35, 36.

L'an mil neuf cent quatorze, le treize octobre, à Guérard (Seine-et-Marne), devant nous,... etc. ....

Mercier (Louis), âgé de 68 ans, maire de Guérard :

Je jure de dire la vérité.

Les Allemands sont arrivés ici le 5 septembre, au commencement de l'après-midi, et en sont partis le lendemain à onze heures du matin. Six de mes administrés, Collot (Marcel), âgé d'environ 17 ans, Massault (Georges), âgé de 19 ans, Robert Aubry, âgé de 18 ans, ont été arrêtés sur la route ; il en a été de même de Couvent (Bélisaire), d'Enguerrand (Albert) et de Vilquin, qui sont des hommes de 35 à 40 ans. Couvent seul, ayant pu s'échapper, est revenu dans la commune.

D'autre part, j'ai à signaler que deux hommes, les nommés Maitrias (Joseph), âgé de 48 ans, domicilié à Guérard, et Didelot (Léon-Lucien), âgé de 30 ans, habitant à la Chapelle-sur-Crécy, ont été tués par des balles sur le territoire de Guérard. Il est certain qu'ils ont été tués par les Allemands. Ils ont reçu la mort aux avant-postes, dans des circonstances qu'on ignore.

Après lecture, le témoin a signé avec nous.

Couvent (Bélisaire), 39 ans, menuisier à Guérard :

Je jure de dire la vérité.

Le 5 septembre, vers dix heures et demie du matin, j'ai été arrêté par des cavaliers allemands ainsi qu'Enguerrand et Vilquin, alors que nous nous rendions à bicyclette à Coulommiers. Le sixième jour de ma captivité, me trouvant près de Vierzy, j'ai pu m'échapper et rentrer à Guérard, non sans difficulté. Ni mes compagnons ni moi n'avons été maltraités, mais nous avons souffert de la faim et de la soif.

Le témoin a signé avec nous, après lecture.

Randon (Henri), 52 ans, instituteur à Guérard :

Je présente à la Commission, pour qu'elle en prenne connaissance, une lettre signée « G. Martelet, Croix-Rouge française », et adressée le 29 septembre à M. Enguerrand, père de l'un des prisonniers. Cette lettre, envoyée de Soissons, fait savoir que, vers le 10 dudit mois, Enguerrand (Albert), Vilquin, Massault, Aubry et Collot sont passés dans cette ville, en prisonniers. Une lettre analogue a été adressée au père du jeune Collot.

Après lecture, le témoin a signé avec nous.

Nᵒˢ 37, 38, 39, 40.

L'an mil neuf cent quatorze, le treize octobre, à Mauperthuis (Seine-et-Marne), devant nous,... etc...

Landry (Louis), 64 ans, maire de Mauperthuis :

Je jure de dire la vérité.

J'ignore les circonstances dans lesquelles Roger (Gustave) a été tué par les Allemands. Je sais seulement que son cadavre a été découvert le 7 septembre, dans le bas du village. Cet homme était domicilié à Saint-Augustin.

Un de mes administrés, Fournier (Charles-André), a été également mis à mort, sur le territoire de la commune de Voinsles, pour des causes qui me sont inconnues.

Après lecture, le témoin a signé avec nous.

————

Colin (Aurélie), veuve Roger, 45 ans, fermière aux Gatinots, commune de Mauperthuis :

Je jure de dire la vérité.

Le 6 septembre, vers six heures du soir, quatre militaires allemands, qui étaient venus chez moi à deux heures, et nous avaient contraints, en nous menaçant de leurs revolvers, de leur donner à manger, ont pénétré dans notre maison. S'adressant à mon mari, l'un d'eux dit : « Vous étiez trois ce matin, sortez ». Mon mari fut alors saisi, et comme je suppliais qu'on le laissât libre, je fus immédiatement mise en joue. Roger partit sans faire la moindre résistance, emmené par les Allemands avec un émigré nommé Denet, qui avait reçu asile dans notre ferme. Le lendemain, un ouvrier est venu me chercher et m'a conduite jusqu'au bas du village, où je me suis trouvée en présence du cadavre de mon malheureux mari. Il avait reçu une balle au sommet de la tête, une autre à la bouche.

J'ai appris ultérieurement que Denet avait été également fusillé et qu'on avait retrouvé son corps sur le territoire de la commune de Saints.

Après lecture, le témoin a signé avec nous.

————

Chatel (Ernest), 54 ans, conseiller municipal à Mauperthuis :

Je jure de dire la vérité.

C'est moi qui ai ramassé, avec le garde champêtre, le cadavre de Roger. J'ai remarqué sa blessure de la tête. Elle était énorme, comme si le coup avait été tiré à bout portant.

Après lecture, le témoin a signé avec nous et avec M. Achzehner (Xavier), garde champêtre à Mauperthuis, lequel a confirmé la déclaration de M. Chatel.

————

Lenoir (Victor-Camille), 57 ans, secrétaire de mairie intérimaire à Saints :

Je jure de dire la vérité.

J'étais présent quand Mᵐᵉ Denet, venue de Varreddes, a reconnu le cadavre de son mari, qui était dans un état de décomposition tel qu'on ne pouvait pas faire le relevé des blessures. On a néanmoins découvert la trace d'une balle au mollet.

Personne dans la commune de Saints ne pourrait vous donner de renseignements sur la mort de ce malheureux. Il est inutile que vous vous y transportiez.

Pour compléter ma déposition, j'ajoute que Denet était enterré auprès de la route à proximité de la ferme de Champbrisset. C'est là que son corps a été trouvé.

Après lecture, le témoin a signé avec nous.

N°s 41, 42, 43.

L'an mil neuf cent quatorze, le treize octobre, à MAUPERTHUIS (Seine-et-Marne), devant nous,... etc...

Bossus (Virginie), veuve FOURNIER, 45 ans, sans profession, à Mauperthuis :

Je jure de dire la vérité.

Je sais que, le 6 septembre, mon mari a été arrêté à la ferme de Champbrisset, qu'il gardait et où il se trouvait avec un autre ouvrier nommé Huell. Il a été conduit à Vaudoy, sur un camion. Au moment de leur arrestation par les Allemands, les deux hommes étaient seuls dans la ferme.

Le 9 septembre, un jeune homme de Saints est venu me prévenir que Fournier avait été tué et que le corps avait été retrouvé à la ferme de Montgueront, commune de Vaudoy. Je suis allée reconnaître le cadavre et j'ai constaté que mon mari avait reçu une balle au milieu du front.

Après lecture, le témoin a signé avec nous.

BORDEREAU (Abel), âgé de 61 ans, adjoint, faisant fonctions de maire à Vaudoy :

Je jure de dire la vérité.

Le 9 septembre, en rentrant dans la commune, d'où je m'étais absenté pendant deux jours, j'ai été informé par le garde champêtre que deux hommes avaient été fusillés dans la plaine par les Allemands. J'ai envoyé relever les corps qui ont été reconnus pour ceux de MM. Fournier, de Mauperthuis et Knell (non Huell), sujet suisse, tous deux gardiens à la ferme de Champbrisset.

Un autre individu, le nommé Cartier, habitant la commune de Voinsles, a été également fusillé sur le territoire de Vaudoy. J'ai entendu dire qu'il avait été trouvé par les Allemands porteur d'un revolver.

Après lecture, le témoin a signé avec nous.

BONNET (Cyrille), 40 ans, manouvrier à Vaudoy :

Je jure de dire la vérité.

Le 6 septembre, à neuf heures du matin, j'ai vu passer le sieur Cartier à bicyclette, sur la route de Paris. En apercevant les Allemands, il descendit de sa machine. Ceux-ci s'approchèrent alors de lui et palpèrent sa musette, dans laquelle se trouvait un revolver. Cartier leur remit de lui-même cette arme ; il n'en fut pas moins arrêté.

Le 9 du même mois, averti qu'un cadavre gisait au lieu dit le Prévert, j'ai de suite pensé, d'après le signalement, qu'il s'agissait de Cartier. Je ne me trompais pas, car m'étant rendu à l'endroit indiqué, j'ai trouvé le malheureux étendu à terre, les yeux bandés et une main placée sur la poitrine. Il portait notamment une blessure à la tête et une autre à la gorge.

Après lecture, le témoin a signé avec nous.

Nᵒˢ 44, 45, 46, 47.

L'an mil neuf cent quatorze, le quatorze octobre, à Sablonnières (Seine-et-Marne), devant nous,... etc. ....

Couteau (Rose), veuve Delaître, manouvrière à Sablonnières, âgée de 55 ans :

Je jure de dire la vérité.

Le 8 septembre, pendant la bataille, j'étais réfugiée dans ma cave, avec des voisins et mon mari. Ce dernier est sorti, vers onze heures du matin, parce qu'il avait entendu du bruit sur le toit. Il n'est pas revenu. Vers une heure et demie, nous sommes remontés, à l'arrivée des Anglais. A ce moment, on est venu me prévenir que mon mari, qui s'était réfugié sous un ponceau, avait été grièvement blessé et qu'il se trouvait dans une ambulance de la Croix-Rouge anglaise où on l'avait transporté. Je me suis immédiatement rendue auprès de lui ; il paraît qu'il avait reçu plusieurs blessures. J'ai constaté que son bras droit, atteint au-dessus du coude, ne tenait plus que par un lambeau de chair. Mon mari m'a dit qu'un Allemand avait tiré sur lui. Il est mort le même jour vers six heures.

Après lecture, le témoin a signé avec nous.

Bon (Yvonne), femme Thuin, 18 ans, demeurant à Sablonnières :

Je jure de dire la vérité.

C'est moi et l'ouvrier Bourron, actuellement absent, qui avons trouvé Delaître, près du petit pont du Rupt, sous lequel il avait été blessé. Il se plaignait surtout de souffrir à la poitrine. On l'a porté sur mon lit. Son bras droit était cruellement atteint et il avait aussi deux plaies au côté. Il avait reçu trois balles dans le bras. Après l'avoir pansé, les Anglais l'ont transporté à leur ambulance. Il m'a déclaré qu'un Allemand l'ayant découvert dans sa cachette, lui avait tiré cinq coups de fusil.

Après lecture, le témoin a signé avec nous.

Fournier (Jean-Oscar-Charles-Léon), âgé de 65 ans, maire de Sablonnières :

Je jure de dire la vérité.

J'ai vu Delaître au moment où il venait d'être transporté à l'ambulance. Il ne m'a pas parlé. Il est mort le soir même.

Ma commune a été fortement pillée. Une fabrique de malles en osier a été particulièrement dévalisée. Les malles enlevées servaient à emporter le reste du butin. Une maison de cycles a été également mise à sac, ainsi qu'une maison d'épicerie-rouennerie et des habitations bourgeoises.

Après lecture, le témoin a signé avec nous.

GRIFFAUT (Jules), 66 ans, cultivateur à Sablonnières :

Je jure de dire la vérité.

Le 4 septembre, à dix heures du matin, j'étais en train de garder mes vaches dans un clos, à proximité du village, quand un fantassin allemand, qui se trouvait un peu en arrière de sa colonne, se mit à genoux et me coucha en joue, à 140 mètres environ. Je me dis : « Il ne va tout de même pas tirer sur moi ». Mais à peine m'étais-je fait cette réflexion que le coup partait et que je recevais une balle à la joue gauche. Vous pouvez constater la cicatrice.

Un officier qui avait vu la scène et qui s'était rendu compte que j'étais sérieusement blessé, s'avança et me fit comprendre que je devais mettre mon mouchoir sur ma blessure. Un artilleur m'a conduit alors auprès d'un médecin allemand qui m'a pansé. J'ai été ensuite soigné, dans le courant de la journée, par deux autres docteurs de l'armée ennemie.

Après lecture, le témoin a signé avec nous.

N° 48.

L'an mil neuf cent quatorze, le quatorze octobre, à SABLONNIÈRES (Seine-et-Marne), devant nous,.... etc. . . . .

BOUGRÉAU (Prudent), 29 ans, instituteur et secrétaire de mairie à Sablonnières :

Je jure de dire la vérité.

Le 4 septembre, au moment de l'arrivée des Allemands, j'ai pu faire partir un maréchal des logis de dragons français qui se trouvait dans le village. Je lui ai donné des vêtements civils et une bicyclette ; je l'ai accompagné à bicyclette pendant une heure environ et, après l'avoir mis dans la direction de Coulommiers, je suis revenu à Sablonnières. En passant devant le cimetière, j'ai été arrêté par des cavaliers ennemis du 18e hussards. Ceux-ci m'ont emmené jusqu'aux Brodarts, où des chasseurs français ont tiré sur eux. Ils se sont repliés au galop devant cette attaque, m'obligeant à les suivre sur ma bicyclette, et comme je cherchais à ralentir, dans l'espoir de me sauver, un officier me tira un coup de revolver sans m'atteindre. A 20 mètres plus loin, un cavalier me porta un coup de lance qui ne me fit pas de blessure, mais me jeta à terre. M'étant relevé, je remontai sur ma machine et on m'emmena jusqu'aux environs de Plessier. Là on me dépouilla d'une partie de mes vêtements ; on me mit nu jusqu'à la ceinture, et au cours de quatre escarmouches, les Allemands m'obligèrent à me tenir debout au milieu d'eux, tandis qu'ils se couchaient pour éviter les balles. Je suis resté entre leurs mains depuis sept heures du matin jusqu'à cinq heures du soir.

Après lecture, le témoin a signé avec nous.

Nos 49, 50, 51, 52, 53.

L'an mil neuf cent quatorze, le quatorze octobre, à REBAIS (Seine-et-Marne), devant nous,... etc . . . .

LATTARD (Jean), 53 ans, juge de paix à Rebais :

Je jure de dire la vérité.

Le vendredi 4 septembre, à la suite d'une escarmouche avec une patrouille anglaise, les Allemands, sous prétexte qu'il y avait des Anglais cachés dans la maison de M. Rivière, menuisier, ont incendié cet immeuble; à ce moment, une femme Fary a été blessée d'une balle à la cuisse sans qu'on puisse savoir dans quelles circonstances; il est très possible que la balle ne lui ait pas été destinée. Cette femme est morte deux heures après. Dans la même journée, les Allemands se sont introduits dans la bijouterie Pantereau, vers onze heures du soir, et y ont fait des sondages dans les murs ainsi que dans le carrelage; puis, ayant fait venir un camion devant la porte, ils ont chargé sur ce véhicule toutes les marchandises qu'ils ont pu dérober. Un instant après, les voisins ont vu que le feu était à la maison du bijoutier et ils ont remarqué que les soldats jetaient dans le foyer des grenades pour activer l'incendie. J'ai moi-même entendu ces grenades crépiter d'une façon continue vers une heure et demie du matin.

Les Allemands ont pillé partout. Le coffre-fort du notaire Baudouin a été défoncé en l'absence de cet officier public.

Après lecture, le témoin a signé avec nous.

———

RAMIER (Élise), femme GAILLARD, âgée de 36 ans, sans profession, au Cremado, commune de Rebais :

Je jure de dire la vérité.

Le 4 septembre, j'ai vu le même soldat allemand mettre le feu à trois maisons successivement. Il cassait les carreaux des fenêtres et jetait dans les immeubles de la paille enflammée. Il a ainsi allumé l'incendie chez Mme Lemoine, chez Mme Pipelard et chez le menuisier Rivière. Dans la maison de ce dernier, il a jeté son allumette sur des copeaux.

Après lecture, le témoin a signé avec nous.

———

GRIFFAUT (Auguste-Alexandre), âgé de 79 ans, ancien cultivateur à Rebais :

Je jure de dire la vérité.

Le 4 septembre, les Allemands ont pillé ma maison et pendant deux heures n'ont cessé de me brutaliser ainsi que mon neveu, sans aucun motif. J'ai reçu de nombreux coups de poing sur la tête, un coup de revolver qui ne m'a fait heureusement qu'une simple éraflure au front, et on m'a pris sur moi ma montre ainsi qu'une somme de 800 francs.

Après lecture, le témoin a signé avec nous.

———

Dame X..., 29 ans, à Rebais :

Je jure de dire la vérité.

Le 4 septembre, un certain nombre d'Allemands sont arrivés dans mon débit et, sous prétexte que je devais cacher des Anglais, m'ont odieusement brutalisée, me portant des coups sur la tête et sur tout le corps. Ils m'ont dépouillée de tous mes vêtements et j'ai dû rester, pendant une heure et demie, nue au milieu d'eux. Ils m'ont enfin attachée à mon comptoir en manifestant l'intention de me fusiller. Parmi eux se trouvaient beaucoup de gradés. Au moment où ils allaient sans doute mettre leur menace à exécution, on est venu les chercher pour qu'ils se rendissent dans une autre maison. Ils m'ont alors laissée sous la garde d'un soldat qui m'a dit être Alsacien. Ce soldat m'a détachée et je me suis sauvée à l'hospice.

Après lecture, le témoin a signé avec nous.

———

Dame Z..., âgée de 34 ans, à Rebais :

Je jure de dire la vérité.

Le 5 septembre, après avoir pillé ma boutique, des Allemands ont essayé de me violenter. Comme je m'efforçais de leur résister, ils allèrent chercher une corde, me la passèrent au cou et me pendirent. Mes pieds étaient déjà à une soixantaine de centimètres du sol quand j'ai pu prendre dans ma poche mon couteau ouvert et couper la corde. Je suis alors tombée à terre; mes agresseurs m'ont aussitôt rouée de coups. Un officier, qu'un témoin de la scène était allé chercher, leur donna l'ordre de se retirer. Ils obéirent, mais ils revinrent bientôt et essayèrent de forcer mes volets sans y parvenir. Le témoin dont je viens de vous parler travaille au dehors.

Après lecture, le témoin a signé avec nous.

N°ˢ 54, 55, 56.

L'an mil neuf cent quatorze, le quatorze octobre, à SAINT-DENIS-LES-REBAIS (Seine-et-Marne), devant nous,... etc...

CHEMIN (Désiré-Félix), 59 ans, maire de Saint-Denis-les-Rebais :

Je jure de dire la vérité.

Le seul fait que j'aie à vous signaler dans ma commune est l'attentat dont a été victime Mme X..., de la part des Allemands. Elle vous en fera elle-même le récit. Cette dame a toujours eu une conduite irréprochable et sa réputation est excellente.

Après lecture, le témoin a signé avec nous.

Dame X..., 31 ans, à Saint-Denis-les-Rebais :

Je jure de dire la vérité.

Le lundi 7 septembre, j'étais chez ma belle-mère au hameau de ...... quand est survenu un uhlan. Il a fouillé toute la maison, sans cependant rien prendre; puis il m'a fait comprendre, en me menaçant de son fusil, qu'il me fallait me déshabiller. J'ai dû obéir. Il m'a alors jetée sur un matelas et m'a violée.

Après lecture, le témoin a signé avec nous.

Dame X..., 58 ans, au hameau de ....., commune de Saint-Denis-les-Rebais :

Je jure de dire la vérité.

Le 7 septembre, j'étais chez moi avec ma belle-fille, quand un uhlan, après avoir fouillé la maison et nous avoir terrorisées en faisant résonner son fusil sur le sol, a contraint ma belle-fille à se dévêtir et s'est jeté sur elle. Comme à ce moment je tenais par la main mon petit-fils âgé de 8 ans, et comme celui-ci demandait ce que l'on allait faire à sa maman je me suis surtout préoccupée de soustraire cet enfant à la vue d'une pareille scène, et je me suis retirée avec lui.

Après lecture, le témoin a signé avec nous.

N° 57.

L'an mil neuf cent quatorze, le quinze octobre, à Jouy-sur-Morin (Seine-et-Marne), devant nous,... etc..

X..., 49 ans, manouvrier au hameau de ....., commune de Jouy-sur-Morin :

Je jure de dire la vérité.

Le 7 septembre, vers quatre ou cinq heures du soir, deux Allemands qui tenaient à la main des bouteilles de champagne, sont entrés chez nous, en mon absence. Ils y ont trouvé ma femme et mes trois filles âgées de 18 ans, de 15 ans et de 13 ans. Ayant aperçu mes enfants, ils saisirent la plus grande, ..., et l'entraînèrent dans une chambre voisine de celle où ma famille se trouvait. Ma femme ayant tenté de les suivre fut brutalement repoussée. Un des soldats la tint en respect avec ses armes, en gardant la porte, tandis que l'autre jetait ma fille sur un lit et la violait. Celui-ci, son crime accompli, alla relever son camarade de sa faction, et garda la porte à son tour, tandis que le second Allemand violait, lui aussi, mon enfant.

Ma fille n'habite plus maintenant la commune; quant à ma femme, elle est malade et hors d'état de comparaître devant vous.

Après lecture, le témoin a signé avec nous.

N° 58.

L'an mil neuf cent quatorze, le quinze octobre, à La Ferté-Gaucher (Seine-et-Marne), devant nous,... etc..

Demoiselle Y..., 54 ans, domestique au château de ....., commune de La Ferté-Gaucher :

Je jure de dire la vérité.

Le 6 septembre, deux Allemands, dont l'un était un gradé, sont arrivés au château. Sur leur ordre, je leur ai donné à déjeuner. Au moment où ils terminaient leur repas, deux de leurs camarades sont survenus, et tous, après avoir pris ensemble quelques petits verres de cognac, se sont retirés. Il était environ trois heures du soir. Ils sont revenus vers sept heures et demie ou huit heures, et furieux de trouver la grille fermée, se sont mis à tirer des coups de fusil à travers les barreaux. M. X..., propriétaire du château, étant allé ouvrir, ils ont demandé à dîner et à coucher. A un certain moment, pendant que ces hommes mangeaient, mon patron m'a conseillé de me retirer, disant qu'il allait m'arriver malheur. Je me suis alors rendue à la ferme voisine. Mais une heure plus tard, le gradé est venu me chercher, après que les quatre Allemands eurent tiré des coups de feu dans les appartements de mon maître, et « mis tout en miettes ». En rentrant, il me fit voir le cadavre de M. X... qui avait été fusillé. Le corps gisant dans l'escalier portait une blessure à la tête et plusieurs autres à la poitrine. L'officier ou le sous-officier qui m'avait amenée me déclara que M. X... avait tiré des coups de revolver, et que c'était la raison de son exécution. Il m'a ensuite, en me menaçant d'un fusil, obligée à me mettre complètement nue et a abusé de moi sur une paillasse; puis il m'a ordonné de lui préparer du café, tandis qu'il enjoignait à Mme Z..., du hameau du ....., qui s'était réfugiée au château, « d'aller avec deux de ses camarades ». Ensuite, il m'a contrainte à passer toute la nuit avec lui, ayant toujours son fusil à portée de sa main et me tenant étroitement serrée pour m'empêcher de me sauver. Vers six heures du matin, j'ai dû préparer du chocolat et du café au lait pour les quatre Allemands, et ceux-ci sont partis vers huit heures et demie.

Après lecture, le témoin a signé avec nous.

N° 59.

L'an mil neuf cent quatorze, le quinze octobre, à LA FERTÉ-GAUCHER (Seine-et-Marne), devant nous,.... etc..

Dame Z..., 4o ans, demeurant au hameau de....., commune de La Ferté-Gaucher :

Je jure de dire la vérité.

Le 6 septembre, quatre Allemands sont arrivés vers sept heures et demie ou huit heures du soir au château de....., où je m'étais réfugiée avec mon fils âgé de 12 ans. Un gradé, celui qui devait ensuite commettre des attentats sur la personne de Mlle Y..., me proposa de coucher avec lui. Je refusai, et M. X... me fit sortir pour que je me sauvasse à la ferme. L'Allemand vint bientôt me chercher, me ramena au château, puis m'ayant entraînée au grenier, m'arracha tous mes vêtements et essaya de me violer sans y parvenir. Pendant ce temps, l'un des soldats me dérobait mon porte-monnaie qui contenait une trentaine de francs. A ce moment, M. X..., voulant me protéger, tira des coups de revolver dans l'escalier. Il fut aussitôt fusillé. Le gradé me fit alors sortir du grenier, me contraignit à enjamber le corps de M. X..., me conduisit dans un réduit et se livra sur moi à une nouvelle tentative d'ailleurs infructueuse. Il me porta ensuite dans une chambre, m'étendit par terre sur un matelas, me plaça trois oreillers sous la tête et s'efforça, pour la troisième fois, de me posséder. Il me laissa alors, pour se jeter sur Mlle Y... et me livra à deux de ses camarades. Ceux-ci me firent coucher dans le lit de M. X... L'un d'eux m'y viola une fois, l'autre deux fois. Sur ces entrefaites, le gradé entra dans la chambre avec....., le fermier, et le réfugié....., qu'il avait amenés de force en les maltraitant; il m'arracha à plusieurs reprises un couvre-pied dont je m'étais enveloppée et me fit voir ainsi complètement nue par les deux hommes qu'il contraignit également à regarder le cadavre de M. X... Tout le monde descendit alors au rez-de-chaussée en me laissant à peine le temps de passer un jupon et de jeter un tablier sur mes épaules. Les Allemands prirent le café. Puis le chef m'envoya coucher dans la grange avec les soldats. Là je fus violée deux fois par l'un d'eux.

Après lecture, le témoin a signé avec nous.

N° 60.

L'an mil neuf cent quatorze, le quatorze octobre, à REBAIS (Seine-et-Marne), devant nous, etc...

BELLISSANT (Énée), conseiller municipal à Rebais :

Je jure de dire la vérité.

Dans les premiers jours de septembre, j'étais à la porte de la mairie, quand sont survenus à cheval quelques soldats anglais. J'ai vu deux de ces soldats tomber sous les balles allemandes. Alors qu'ils étaient à terre et que l'un d'eux, d'ailleurs désarmé, levait les bras, les Allemands les ont achevés à coups de fusil.

Après lecture, le témoin a signé avec nous.

N° 61.

L'an mil neuf cent quatorze, le jeudi quinze octobre,

Nous, Jean LATTARD, juge de paix du canton de REBAIS, arrondissement de COULOMMIERS, département de Seine-et-Marne, assisté de M. Émile-Eugène DEVAUX, commis greffier de cette justice de paix;

Agissant en vertu d'une commission rogatoire en date à Rebais du 14 octobre 1914, délivrée par Messieurs les membres de la Commission instituée par le décret du 23 septembre 1914, aux fins d'entendre les témoins qui peuvent confirmer les déclarations de M. BELLISSANT, relativement au meurtre par les Allemands de deux soldats anglais blessés;

Étant au prétoire de la justice de paix, salle de la mairie, à Rebais, nous avons procédé à l'audition du témoin ci-après nommé, lequel, après avoir décliné ses nom, prénoms, âge, profession et domicile, nous a fait le serment de dire la vérité et a déposé en ces termes :

Je me nomme TARISIEN (Hélène), âgée de 31 ans, marchande de nouveautés, femme BOUVIER (Désiré), demeurant à Rebais, place de l'Hôtel de ville.

Le témoin a dit :

Le jour de l'entrée des Allemands à Rebais, vers cinq heures du soir, après une fusillade de ces derniers sur une patrouille de cavaliers anglais, j'ai vu tomber trois cavaliers anglais blessés; le premier est tombé devant les premières fenêtres de la mairie, le second sur le trottoir de la place, presque en face ma boutique, et le troisième sur mon trottoir; sa tête touchait presque à ma porte; j'étais alors dans mon arrière-boutique.

Aussitôt la fusillade finie, je suis venue dans ma boutique, j'ai vu que ce soldat était grièvement blessé; il avait une jambe prise dans ses étriers; son cheval avait été tué sous lui. Je lui ai vu lever la main en râlant; il n'avait pas d'armes à la main. Un soldat allemand s'est approché de lui et l'a regardé un moment; l'Anglais avait toujours la main levée; après s'être rendu compte qu'il était encore vivant, l'Allemand lui a tiré un coup de revolver à bout portant; ce coup lui a enlevé la mâchoire supérieure et le nez; il a été tué sur le coup.

Je n'ai pas vu comment a fini l'Anglais qui était tombé en face, sur le trottoir de la place.

Lecture faite, le témoin a persisté et a signé avec nous et le commis greffier.

(*Suivent les signatures.*)

N° 62.

L'an mil neuf cent quatorze, le mercredi quatorze octobre,

Nous, Jean LATTARD, juge de paix du canton de REBAIS, arrondissement de COULOMMIERS, département de Seine-et-Marne, assisté de M. Emile-Eugène DEVAUX, commis greffier de cette justice de paix;

Agissant en vertu d'une commission rogatoire en date à Rebais du 14 octobre 1914, délivrée par MM. les membres de la Commission instituée par le décret du 23 septembre 1914, aux fins d'entendre les témoins qui peuvent confirmer les déclarations de M. BELLIS-SANT, relativement au meurtre, par les Allemands, de deux soldats anglais blessés;

Etant en notre cabinet sis à Rebais, rue Margouiller, nous avons procédé à l'audition du témoin ci-après nommé, lequel, après avoir décliné ses nom, prénoms, âge, profession et domicile, nous a fait le serment de dire la vérité et a déposé en ces termes :

Je me nomme LEDUC (Paul-Lucien), âgé de 49 ans, marchand de fourrages à Rebais.

Le témoin a dit :

Le 4 septembre dernier, vers quatre heures et demie du soir, j'étais devant la mairie de Rebais avec MM. Bellissant et Royer, lorsque tout à coup une violente fusillade a éclaté : les soldats allemands tiraient sur une patrouille de cavaliers anglais qui traversaient la place; un de ces derniers a été tué sur le coup et est tombé devant le trottoir de la mairie; un second, qui se trouvait sur la place devant la maison Bouvier, a été blessé à la cuisse droite; le même projectile avait dû blesser son cheval; ils sont tombés tous les deux. Le cavalier s'est relevé aussitôt et a levé les deux bras; j'affirme qu'il n'avait pas d'armes dans les mains. Je l'ai entendu crier grâce par trois fois. Un soldat allemand est venu sur lui et lui a porté un coup de crosse de fusil à la tête qui l'a étendu par terre, et là, il l'a encore frappé plusieurs fois.

Un officier allemand est arrivé presque aussitôt avec son revolver à la main; il a repoussé le corps avec le pied, mais il n'a pas tiré sur lui voyant qu'il était mort.

Lecture faite, le témoin a persisté et a signé avec nous et le commis greffier.

(*Suivent les signatures.*)

MARNE.

N°s 63, 64, 65.

L'an mil neuf cent quatorze, le trois octobre, à LÉPINE (Marne), devant nous, ..., membres de la Commission instituée par décret du 23 septembre 1914, ont comparu les personnes ci-après nommées; elles nous ont fait les déclarations suivantes :

TACQUEZ (Noël-Albert), 48 ans, conseiller municipal à Lépine :

Le 5 septembre, vers dix heures du matin, les Allemands ont mis le feu à neuf maisons de notre commune. J'étais à ce moment occupé à soigner un blessé. Une jeune femme qui se trouvait avec moi a entendu une détonation analogue à celle d'un pneumatique qui éclate; quelques instants après, nous avons vu les flammes s'élever. Les Allemands ont prétendu qu'on avait tiré sur eux.

Après lecture, le témoin a signé avec nous.

ASSY (Aurélie), née TILLOY, ménagère à Lépine :

J'ai vu les Allemands mettre le feu au village, avec des engins longs de 30 à 40 centimètres et de couleur noire; je les ai vus aussi jeter des boules sur les toits.

Après lecture, le témoin a signé avec nous.

CAQUÉ (Charles), 46 ans, cultivateur à Lépine :

J'ai logé chez moi deux cyclistes allemands qui étaient munis de grenades incendiaires. Je leur ai demandé si ces grenades m'étaient destinées. Ils m'ont répondu : « Non, fini pour Lépine ».

Après lecture, le témoin a signé avec nous.

N° 66.

L'an mil neuf cent quatorze, le six octobre, à HEILTZ-LE-MAURUPT (Marne), devant nous, ..., etc..

PARIS (Clément), garde champêtre à Heiltz-le-Maurupt, âgé de 70 ans :

Le 6 septembre, les Allemands ont pillé et incendié notre village. Ils m'ont fait ouvrir les portes des maisons dont j'avais les clés et ont enfoncé les autres. Le pillage a été général. Les marchandises aussitôt prises étaient chargées sur des camions. Les chefs présidaient à cette opération.

Vers six heures et demie du matin, un obus a mis le feu à une maison; mais l'incendie a été alors très restreint. A onze heures et quart, les Allemands ont volontairement et systématiquement brûlé le reste de la commune.

Après lecture, le témoin a signé avec nous et avec M. Husson (Henri), âgé de 50 ans charron audit lieu, qui a confirmé la déclaration ci-dessus.

N°s 67, 68.

L'an mil neuf cent quatorze, le sept octobre, à Marfaux (Marne), devant nous, . . ., etc.

Debras (Léon), âgé de 44 ans, fermier à Marfaux :

Le 3 septembre, une troupe de la garde impériale « le régiment Elisabeth » a pillé et incendié notre village quand a pris fin le combat. L'incendie a été allumé avec du pétrole. Dix-neuf maisons sur trente-deux sont brûlées. Le pillage a été fait en règle; les objets précieux et le linge enlevés par les soldats étaient aussitôt chargés sur des camions. Quelques habitants et moi avons essayé de sauver nos bestiaux; mais on nous a immédiatement arrêtés et alignés contre un mur sur l'ordre d'un commandant. On nous a retenus jusqu'à dix heures du matin.

Un lieutenant qui était logé chez moi et qui s'appelle Kennann, m'a volé une selle de fantaisie.

Après lecture, le témoin a signé avec nous et a déclaré certifier, sous la foi du serment, l'exactitude de sa déposition.

M. Bouvry (Hippolyte), âgé de 60 ans, adjoint faisant fonctions de maire à Marfaux :

Je confirme entièrement la déposition de M. Debras relativement au pillage et à l'incendie de notre commune. J'ai entendu la lecture de cette déposition.

Le témoin a signé avec nous après lecture.

N°s 69, 70, 71, 72.

L'an mil neuf cent quatorze, le huit octobre, au Gault-la-Forêt (Marne), devant nous . . ., etc. . . . .

Hubert (Pierre-François), 83 ans, maire du Gault-la-Forêt :

Le 6 septembre, les Allemands ont incendié volontairement, à l'aide de torches, sept ou huit maisons de ma commune. Dans la soirée du même jour, j'ai été, ainsi que notre garde champêtre Brulefer, emmené par eux. Ils m'ont rendu la liberté le lendemain matin, mais ils ont conservé le garde qu'ils employaient à transporter sur une brouette un blessé prisonnier. Le lendemain matin, le maire de Maclaunay m'a fait dire par son domestique que le malheureux Brulefer avait été fusillé dans un hameau dépendant de ce village.

Après lecture, le témoin a signé avec nous.

Boissy (Edmond), 5o ans, cultivateur au Gault-la-Forêt :

Mon beau-frère, Thuvien (Louis-Eugène), âgé de 44 ans, a été tué dans les champs, à 5oo mètres environ de sa maison. Sa femme a eu la cuisse traversée par une balle; son petit garçon, âgé de 11 ans, a été blessé d'un coup de feu au mollet et, huit jours après, il est mort de la gangrène occasionnée par cette blessure. J'ignore les circonstances dans lesquelles ces événements se sont produits. Ils ont eu lieu le 6 septembre au soir, pendant les incendies.

Après lecture, le témoin a signé avec nous.

Rossignol (Emma), veuve Thuvien, 35 ans, sans profession au Gault-la-Forêt :

Le 6 septembre, mon mari, mes enfants et moi, étions sortis de notre maison, que nous nous attendions à voir brûler par les Allemands. Nous étions à peu de distance du hameau quand nous avons été frappés, mon mari, mon plus jeune fils et moi, d'une balle chacun. Mon mari a été tué, mon garçon est mort des suites de sa blessure et, après avoir passé un mois à l'hôpital, je suis encore « bien affligée ». Je ne puis pas dire comment nous avons été atteints. On tirait des coups de fusil de tous les côtés.

Après lecture, le témoin a signé avec nous.

Nous étant rendus le même jour à Maclaunay (Marne), nous avons entendu M. Leroy (Eugène), âgé de 42 ans, maire de cette commune, qui nous a déclaré :

Il est parfaitement exact que Brulefer, garde champêtre au Gault, a été tué sur le territoire de notre commune. Il y a été enterré. Personne n'a assisté à l'exécution, mais le cadavre avait la tête fracassée et portait en outre une plaie à la poitrine. Brulefer avait été amené ici par les Allemands.

Après lecture, le témoin a signé avec nous.

N° 73.

L'an mil neuf cent quatorze, le six octobre, à l'hôpital de Vitry-le-François, devant nous, ..., etc..

Mangin (Louis), 42 ans, vigneron à Glannes :

J'affirme, sous la foi du serment, que j'ai vu les Allemands, le 6 septembre, vers onze heures du matin, incendier de leurs mains le village de Glannes. Ils se servaient, pour mettre le feu, d'un liquide dont ils arrosaient les maisons à l'aide d'une petite pompe.

Après lecture, le témoin a signé avec nous.

N° 74.

L'an mil neuf cent quatorze, le quatre octobre, à Somme-Tourbe (Marne), devant nous, ..., etc...

Noailles (Louis), 57 ans, propriétaire; Robert (Ovide), 61 ans, propriétaire; Morlet (Ernest), 59 ans, conseiller municipal faisant fonctions de maire :

Les 4 et 5 septembre, un régiment d'infanterie allemande a, sans aucun motif, incendié notre village. Nous entendions dans l'intérieur des bâtiments en flammes des détonations analogues à celles que produisent les pétards de chemin de fer et, à chaque détonation, le feu redoublait d'intensité.

Tout le village est détruit, à l'exception de la mairie, de l'église, et de deux bâtiments dont l'un a été sauvé par le propriétaire qui a pu éteindre le feu.

Une vieille femme sourde, âgée de 72 ans, a été gravement brûlée dans sa maison. Les Allemands l'ont emmenée à l'hôpital de Vouziers. Depuis, on n'a reçu d'elle aucune nouvelle; mais elle a dû mourir, car ses brûlures étaient terribles.

Après lecture, les témoins ont signé avec nous.

N°⁵ 75, 76.

L'an mil neuf cent quatorze, le quatre octobre, à Auve (Marne), devant nous, ..., etc.

Collard (Eugène), 56 ans, hôtelier à Auve; Wrisez (Jean-Louis), 52 ans, aubergiste à Auve :

Le 6 septembre, une troupe de Saxons a incendié notre village et a ensuite accusé les habitants d'avoir mis le feu. Sur environ cent cinquante maisons, une vingtaine au plus sont restées debout, ainsi que vous pourrez vous en rendre compte. Les Allemands allumaient l'incendie en tirant des coups de fusil dans les maisons. Ils y mettaient aussi des boules de couleur rouge. En moins de trois heures, la presque totalité du bourg a été anéantie.

Après lecture, les témoins ont signé avec nous.

Lonson (André), 27 ans, engagé volontaire au 2ᵉ régiment d'artillerie lourde, domicilié à Paris, 41, rue des Acacias :

Le 24 septembre, je suis arrivé à Auve avec mon régiment. En parcourant les alentours du village, j'ai découvert le cadavre d'un homme pendu à une branche d'arbre dans un épais fourré. Les genoux touchaient à terre. Une chaîne à gros maillons était passée autour de son cou. La décomposition du corps était si avancée que je n'ai pu constater si la victime avait reçu des blessures. Madame Payliat a reconnu le cadavre comme étant celui de son mari.

A la manière dont la chaîne était serrée, il m'a paru de toute impossibilité que Payliat se fût suicidé.

Après lecture, le témoin a signé avec nous.

Nous, membres de la Commission, croyons devoir mentionner ici que, d'après l'impression générale des habitants, il n'est pas certain que le sieur Payliat ait été mis à mort par l'ennemi. L'hypothèse de son suicide est tout aussi vraisemblable.

(*Suivent les signatures.*)

N° 77.

L'an mil neuf cent quatorze, le six octobre, à Huiron (Marne), devant nous, ..., etc.

Pellier (Augustin-Joseph), 80 ans, propriétaire à Huiron :

Sous la foi du serment, j'affirme que les Allemands ont mis volontairement le feu à notre village, le 6 septembre, vers deux heures de l'après-midi, en ma présence, sans aucun motif et sans provocation de la part des habitants; nous n'étions d'ailleurs que trois dans la commune. Je les ai vus notamment incendier la poste en tirant sur l'édifice trois coups de fusil. Je suis persuadé que leurs armes étaient chargées de cartouches incendiaires, car aussitôt le feu a éclaté. C'est en arrivant que les ennemis ont agi ainsi. « Cela a été leur premier ouvrage. » Toutes les maisons, sauf cinq, ont été détruites.

Après lecture, le témoin a signé avec nous.

N°ˢ 78, 79, 80, 81.

L'an mil neuf cent quatorze, le cinq octobre, à Sermaize-les-Bains (Marne), devant nous, ..., etc..................... ....

Grosbois-Contant (Paul-François), 52 ans, négociant, adjoint faisant fonctions de maire à Sermaize :

Sermaize a été bombardée le 6 septembre. Un tiers à peu près de l'incendie a été allumé par le bombardement. Pour le reste, « le feu a été mis à la main ». Les Allemands, pour activer la flamme, employaient des sortes de pastilles très inflammables et fusantes. Sur huit cents maisons environ dont se composait la ville, une quarantaine sont encore debout.

L'ennemi a emmené une cinquantaine d'habitants et les a gardés, les uns pendant vingt-quatre heures, les autres pendant trois jours. Cinq ou six de ces pauvres gens ont été affublés d'une capote et d'un casque, et obligés de monter la garde auprès des ponts.

Après lecture, le témoin a signé avec nous.

Le même témoin, M. Grosbois-Contant, ajoute :

Le pillage a été général. Je tiens de personnes dignes de foi que des dames de la Croix-Rouge allemande venaient avec des voitures, sur lesquelles elles entassaient les marchandises que leur passaient les soldats en train de dévaliser le magasin d'étoffes et de nouveautés d'un négociant mobilisé, M. Mathieu. Je ne me rappelle pas en ce moment les noms de ces personnes. Je tâcherai de vous les faire connaître ultérieurement.

Le témoin a signé, après lecture.

CROMBEZ (Benoît-Jean-Baptiste), 47 ans, hôtelier à Sermaize, dépose :

Je confirme, pour ma part, en ce qui concerne l'incendie et l'enlèvement des otages, la déclaration de M. Grosbois. Je suis une des personnes qui ont été emmenées par les Allemands, et j'ai failli être habillé comme quatre de mes compatriotes, pour garder les ponts sous l'uniforme ennemi.

Après lecture, le témoin a signé avec nous.

———

BROCARD (Auguste), 64 ans, cantonnier communal à Sermaize :

Mon fils et moi, ainsi que mon petit-fils âgé de cinq ans et demi, avons été emmenés, le 6 septembre, par les Allemands, qui nous ont enfermés dans la sucrerie et gardés pendant quatre jours. Au moment où ils nous ont arrêtés, ma femme et ma belle-fille, folles de terreur, sont allées se jeter dans la Saulx.

J'ai pu courir derrière elles et j'ai fait trois tentatives pour retirer de l'eau ces malheureuses; mais les Allemands m'ont entraîné de force, laissant les pauvres femmes se débattre dans la rivière.

Je dois ajouter que quand, rendus à la liberté au bout de quatre jours, nous avons retrouvé les cadavres, des soldats français qui nous ont aidés à les ensevelir nous ont fait remarquer que ma femme et ma belle-fille avaient reçu, l'une et l'autre, des balles dans la tête.

Le témoin, après lecture, a signé avec nous et avec son fils, BROCARD (Charles), mari de l'une des victimes, lequel déclare confirmer entièrement la déposition de son père.

———

Nᵒˢ 82, 83, 84, 85, 86, 87, 88, 89, 90.

L'an mil neuf cent quatorze, le quatre octobre, à SUIPPES (Marne), devant nous,... etc.

Docteur en médecine GODARD (Ernest-Jules), 58 ans, à Suippes :

Le 13 septembre, une troupe de Saxons a incendié notre ville. Vers sept heures du matin, j'ai constaté que la villa Buirette, avenue de la gare, était en flammes. Peu de temps après, j'ai vu passer cinq soldats qui portaient des bidons de pétrole et de la paille. Ils sont entrés dans la maison Gravet et y ont mis le feu. J'ai constaté qu'ils tiraient des coups de fusil dans cet immeuble. Je suis alors rentré chez moi, et ayant appris que le feu était au clocher, je suis monté sur mon toit pour me rendre compte de ce qui se passait. J'ai vu le clocher s'effondrer et communiquer ainsi l'incendie aux édifices voisins. On ne se battait pas à ce moment et on n'entendait pas le canon. Il s'agit bien d'incendies volontaires. Il ne restait pas dans la ville plus de dix-huit personnes, et on n'y aurait pas trouvé un mauvais pistolet. Il n'y a donc eu aucune provocation de la part des habitants.

Après lecture, le témoin a signé avec nous.

———

BAILLET (Hélène), femme FREY, 36 ans, propriétaire de l'hôtel de Reims, à Suippes :

Le 13 septembre, une demi-heure avant que l'incendie commençât, j'ai vu passer deux soldats porteurs de bidons de pétrole.

Pendant tout le temps de l'occupation, le pillage a été incessant. Tous les coffres-forts ont été éventrés. J'ai entendu un chef commander le pillage chez Guillaume Schweicher, quincaillier. Nous avons vu entasser sur des voitures et sur des automobiles, des couvertures, des édredons, des draps, des meubles, des machines à coudre et une grande quantité de jouets. Les jouets ont fait l'objet d'un convoi spécial.

Après lecture, le témoin a signé avec nous.

———

DEDET (Jules-Charles-Eugène), 64 ans, sacristain à Suippes :

Le dimanche 13 septembre, entre sept et huit heures du matin, le clocher de l'église a été incendié. Le lendemain, j'ai constaté que les escaliers de ce clocher étaient remplis de paille.

Après lecture, le témoin a signé avec nous.

———

SAVOURET (Charles), 48 ans, notaire et adjoint au maire à Suippes :

J'ai fait le recensement des maisons incendiées dans notre commune. Il y en a, sauf erreur, quatre-vingt-quatre. Toutes les maisons de Suippes, sauf deux, dont l'une appartient à M. Ganghoffer, d'origine allemande, et l'autre au beau-père de celui-ci, ont été pillées.

Après lecture, le témoin a signé avec nous.

———

COURIER (Céline), femme LADURELLE, âgée de 72 ans, à Suippes :

Le 3 septembre, vers six heures du soir, un soldat allemand est entré chez moi, m'a jetée brutalement sur un lit, m'a placé un revolver sous le menton, et a essayé de me violenter. Mon gendre a heureusement été prévenu par des voisins qui avaient entendu mes cris. Il est venu à mon secours, et a chassé mon agresseur en le menaçant d'aller chercher un chef.

Après lecture, le témoin a signé avec nous.

———

RENAULT (Jules), ouvrier filateur, gendre de la dame Ladurelle, confirme la déposition ci-dessus et signe après lecture.

———

X..., 39 ans, à Suippes :

Ma fille ..., âgée de onze ans, a été emmenée par un soldat allemand, en mon absence, et conduite dans une maison abandonnée. Elle est restée dans cette maison pendant trois heures, et quand elle est rentrée chez nous, sa chemise était tachée de sang. Mon enfant n'osera pas vous donner de détails, mais le docteur Godard, qui l'a visitée, pourra vous renseigner.

Après lecture, le témoin a signé avec nous.

———

X..., âgée de onze ans, à Suippes :

Un jour, un soldat allemand m'a prise chez ma grand'mère et m'a emmenée dans une maison, en me promettant de me donner de la viande. En arrivant, il m'a enfoncé un mouchoir dans la bouche et s'est jeté sur moi. Il m'a gardée environ trois heures.

Après lecture, le témoin a signé avec nous.

Le docteur GODARD, déjà entendu sur d'autres faits, déclare :

Je n'ai pas visité la jeune ..., car je pensais que l'état-major allemand, à qui on s'était plaint, se chargerait d'ordonner cette mesure. L'enfant, en tout cas, a déclaré devant moi sa grand'mère que le Prussien lui avait fait grand mal. Elle pleurait.

Après lecture, le témoin a signé avec nous.

N° 91.

L'an mil neuf cent quatorze, le quatre octobre, à CHÂLONS-SUR-MARNE, devant nous,... etc. ....

BUIRETTE (Léon), âgé de 42 ans, conseiller général de la Marne, maire de Suippes, chevalier de la Légion d'honneur :

Le 13 septembre, à sept heures du matin, ma villa, située à Suippes, mais complètement isolée de la ville, a été incendiée par les Allemands ; et ceux-ci, afin de s'opposer à tout secours, ont placé devant ma maison, dès le commencement de l'incendie, six sentinelles baïonnette au canon.

Après lecture, le témoin a signé avec nous.

N°ˢ 92, 93.

L'an mil neuf cent quatorze, le six octobre, à BIGNICOURT-SUR-SAULX (Marne), devant nous,... etc. ....

BLANCHARD (Édouard), 58 ans, maire à Bignicourt-sur-Saulx :

Le 6 septembre, les Allemands ont mis le feu à une partie du village, sous le prétexte absolument mensonger que les habitants auraient tiré sur eux. Aussitôt qu'ils étaient entrés dans les maisons, le feu éclatait avec violence. Une trentaine de maisons, trente-trois, je crois, ont été brûlées. Le même jour, ils ont emmené trente hommes, parmi lesquels j'étais, et au moins quarante-cinq femmes et enfants. Les femmes et les enfants ont été relâchés le 12 ; huit hommes, les plus âgés, ont été laissés à Somme-Vesle. Les autres ont été conduits à Somme-Tourbe. Là, nous avons pu tromper la vigilance de nos gardiens, le lendemain, et nous sommes revenus au pays. Toutefois, l'un d'entre nous, le nommé Pierre Émile, n'a pas reparu, et nous sommes sans nouvelles de lui. J'affirme sous serment l'exactitude de mes déclarations.

Après lecture, le témoin a signé avec nous.

Ladroye (Henri), âgé de 38 ans, maréchal ferrant à Bignicourt :

Je confirme les déclarations de M. le Maire et j'ajoute que le poste allemand était installé dans ma maison et que des soldats m'ont fait connaître par avance quelle était la partie du village qui allait être brûlée.

Après lecture, le témoin a signé avec nous.

Nos 94, 95, 96, 97.

L'an mil neuf cent quatorze, le quatre octobre, à Saint-Étienne-au-Temple (Marne); devant nous,... etc. . . . .

Joppé (Constant), né en 1836, cultivateur à Saint-Étienne-au-Temple :

Je suis un des rares habitants qui sont restés dans la commune à l'arrivée des troupes ennemies. J'ai assisté aux incendies qui, d'après ce que m'a déclaré « un chef », ont été allumés pour punir les habitants d'être partis. Une très grande partie du village a été ainsi détruite.

Après lecture, le témoin a signé avec nous.

Virny (Estelle), veuve Virny, âgée de 73 ans, demeurant à Saint-Étienne-au-Temple :

La maison de mes enfants a été incendiée le 4 ou le 5 septembre. J'y suis entrée vers cinq heures du soir. Un bidon de pétrole vide était placé sur le fumier qui brûlait. Un coup de feu avait été tiré ; tout le monde est convaincu que les Allemands l'avaient tiré eux-mêmes pour se fournir le prétexte d'incendier le village.

Après lecture, le témoin a signé avec nous.

Virny (Émile), 72 ans, sans profession, à Saint-Étienne-au-Temple :

Le 4 septembre, jour de l'arrivée des Allemands ici, un coup de feu a été tiré dans le milieu du village, alors qu'il ne restait que sept habitants, tous vieillards. Il est hors de doute qu'il a été tiré par les Allemands eux-mêmes, dans le but de se préparer une excuse ou un prétexte. Aussitôt après, l'incendie a été allumé.

Après lecture, le témoin a signé avec nous.

Machet (Théodore), 66 ans, maire à Saint-Étienne-au-Temple :

Je n'étais pas présent quand une partie de ma commune a été incendiée ; mais j'ai contrôlé les dégâts. Sur cinquante-trois maisons dont se compose le village, vingt-quatre ont été brûlées. Tous ceux de mes administrés qui étaient restés déclarent qu'aucune provocation n'a eu lieu. Ce sont d'ailleurs des hommes d'un grand âge.

Après lecture, le témoin a signé avec nous.

N° 98.

L'an mil neuf cent quatorze, le neuf octobre, à Écury-le-Repos (Marne), devant nous,... etc. . . . .

Soudron (Homère), 59 ans, maire à Écury-le-Repos :

Les Allemands sont arrivés ici le 6 septembre, notamment le régiment de la garde « Empereur Alexandre ». Ils ont copieusement pillé. Le 7, à sept heures du soir, sans motif, ils ont arrêté mes concitoyens Léon Lescure, adjoint, Ulysse Soudron, mon frère, conseiller municipal, et Nicoise Noé, et les ont emmenés comme otages. Ceux-ci n'ont pas reparu.

Après lecture, le témoin a signé avec nous.

N° 99.

L'an mil neuf cent quatorze, le huit octobre, à Fromentières (Marne), devant nous,... etc. . . . .

Beaufort (Paul), 46 ans, maire de la commune de Fromentières :

Le lundi 7 septembre, ma commune a été pillée par les Allemands. Le pillage devait être organisé et ordonné par les chefs, car sur l'ordre de ceux-ci, tous les habitants restés dans le village ont été conduits par des soldats baïonnette au canon, dans l'église, où ils ont été enfermés pendant trois heures, tandis qu'on dévalisait les maisons.

Un nommé Courgibet, rentier à Fromentières, a disparu ; il aurait été emmené par l'ennemi, et un habitant de Baye m'a dit l'avoir rencontré aux environs de Reims, entre les mains des Allemands.

Après lecture, le témoin a signé avec nous.

N° 100.

L'an mil neuf cent quatorze, le quatre octobre, à Givry-en-Argonne (Marne), devant nous,... etc. . . . .

Buirette (Jules), adjoint au maire de Givry :

Le lieutenant Vikel, du 116e régiment d'infanterie bavaroise (3e bataillon), était logé chez moi. Le 12 septembre, à plusieurs reprises, il m'a demandé de lui livrer une fillette, notamment une jeune fille de 15 ans qui est domestique chez mon fils ; et il m'a menacé de brûler le village dans le cas où je ne lui aurais pas donné satisfaction. Il m'a également menacé de me faire fusiller. L'arrivée des troupes françaises a mis heureusement fin à cette persécution.

Après lecture, le témoin a signé avec nous.

N° 101.

L'an mil neuf cent quatorze, le huit octobre, à Corfélix (Marne), devant nous, . . . , etc.

Bonnot (Émile), 60 ans, maire de la commune de Corfélix :

Le 7 septembre, sans aucun motif, même sans aucun prétexte, les Allemands ont emmené douze otages de ma commune : Truffont (Louis), Truffont (Georges), René (Alexandre), Hébert (Gustave), Adam (Alfred), Despezelle (Édouard), Henriet, Martin (Louis), Martin (Jules), Martin (Robert), Philippon et Jacquet (Paul). Deux ou trois jours après, on a retrouvé au bord de la route, à 200 mètres de la ferme de la Grande-Fontaine, c'est-à-dire à 300 mètres environ du village, le cadavre de ce dernier. Jacquet avait été tué d'un coup de feu à la tempe. Personne ne peut dire dans quelles conditions il a été ainsi assassiné. Quand il est parti, j'ai constaté qu'il était tenu par deux Allemands. Nous n'avons aucune nouvelle de mes onze autres concitoyens, si ce n'est que, quelques jours après leur départ, ils auraient été vus à Épernay, toujours entre les mains de l'ennemi, par quelqu'un de la maison Moët et Chandon.

Après lecture, le témoin a signé avec nous.

N°ˢ 102, 103.

L'an mil neuf cent quatorze, le six octobre, à Sompuis (Marne), devant nous, . . . etc . .

Marchal (Antoni), maire de la commune de Sompuis :

M. le curé Oudin, avec sa domestique, les sieurs Poquet, Royer, Cuchard et Monjot, dit Léger, habitants de ma commune, ont été enlevés par les Allemands Cet enlèvement a eu lieu le 7 septembre, si mes renseignements sont exacts, car je n'étais pas à Sompuis à ce moment. Depuis, les seules nouvelles qu'on ait eues d'eux ont été apportées par un émigré, qui n'est plus ici aujourd'hui. Il aurait vu mes concitoyens traîner une charrette dans laquelle étaient placés le curé, qui est un vieillard, et sa domestique.

Je sais également qu'un de mes administrés, Jacquemin, âgé de 70 ans, a été attaché sur son lit pendant trois jours, et laissé sans nourriture. Il est mort peu de temps après.

Après lecture, le témoin a signé avec nous.

Zillhardt (Marguerite), femme Jacquemin, 25 ans :

Je vous déclare, sous la foi du serment, que le lundi 14 septembre, en rentrant dans la commune, d'où je m'étais enfuie au moment de l'arrivée des Allemands, j'ai trouvé mon beau-père, Jacquemin (Elphège), âgé de 70 ans, homme paisible et inoffensif, portant encore les traces de violences dont il avait été l'objet. Il avait été attaché sur son lit, et laissé pendant trois jours sans nourriture, en cet état. J'ai su que, chaque fois qu'il avait demandé à boire ou à manger, il avait été frappé. C'est lui-même qui m'a donné ces détails. Il est mort deux jours après mon retour, et son décès a été la suite des mauvais traitements qui lui avaient été infligés. L'officier qui l'avait attaché a été tué par un obus dans la maison même de mon malheureux beau-père.

Après lecture, le témoin a signé avec nous.

N° 104.

L'an mil neuf cent quatorze, le huit octobre, à VERT-LA-GRAVELLE (Marne), devant nous, ... etc. . . . .

GARNESSON (Léonie), femme HADOT, 69 ans, à Vert-la-Gravelle :

D'après ce que m'ont dit mon mari et un voisin, qui sont aujourd'hui l'un et l'autre absents, M. Massonnat, garçon de ferme, a été assassiné par les Allemands, dans la journée du 6 septembre. Il s'est réfugié chez nous, et a pu dire seulement : « Ils m'ont donné des coups de bouteille sur la tête et un coup de lance dans le côté ». Puis il est mort aussitôt. C'est moi qui ai lavé le sang, quand je suis rentrée le lendemain matin. C'est tout ce que je sais. Massonnat était un homme paisible.

Après lecture, le témoin a signé avec nous.

N°ˢ 105, 106.

L'an mil neuf cent quatorze, le neuf octobre, à FÈRE-CHAMPENOISE (Marne), devant nous,... etc. . . . .

BIJOT (Albert), 63 ans, adjoint au maire de Fère-Champenoise :

Le 8 septembre, notre secrétaire de mairie Prévot, âgé de 59 ans, a été sans motif emmené par des troupes de la garde impériale allemande. Il n'a pas reparu.

Après lecture, le témoin a signé avec nous.

PRÉVOT (Marcelle), 31 ans, couturière à Fère-Champenoise :

Mon père a été emmené par une troupe appartenant à la garde prussienne, dans la nuit du 8 au 9 septembre. Se trouvant sur le seuil de sa porte, il a été appelé pour se rendre à l'État-Major « pour causer ». Il n'est jamais revenu.

Le témoin, après lecture, a signé avec nous et avec sa sœur Henriette, qui a déclaré confirmer la déposition ci-dessus.

N°ˢ 107, 108, 109.

L'an mil neuf cent quatorze, le huit octobre, à CHAMPGUYON (Marne), devant nous,... etc. . . . .

LAURAIN (Alexandre), âgé de 56 ans, instituteur et secrétaire de mairie, à Champguyon :

En l'absence du maire et de l'adjoint, je puis vous renseigner sur ce qui s'est passé ici pendant l'occupation allemande. Dans la partie basse et dans la partie centrale du village,

6.

l'incendie a été causé par des obus français, mais dans la partie haute, les Allemands ont mis le feu volontairement.

Le 6 septembre, notre concitoyen Louvet a été tué par ceux-ci, dans des conditions de brutalité particulières que sa femme vous fera connaître.

Eugène Brochot a également reçu la mort. Le dimanche 6 septembre, il était encore chez ses parents et on l'a retrouvé le lendemain dans un champ de maïs. Il avait reçu deux balles, l'une dans l'œil gauche et l'autre au sommet du sternum. Il avait été enterré comme inconnu, mais, quatorze jours après, il a été exhumé et son père a reconnu le cadavre. Une personne étrangère à la commune et qui a disparu depuis a raconté que le malheureux avait été jeté dans une automobile occupée par des Allemands qu'il avait salués, au moment où ils passaient devant chez lui.

Le même jour, Louis Verdier, âgé de 57 ans, a été tué dans la maison de son beau-père. Celui-ci a entendu tirer des coups de revolver, mais n'a pas vu commettre le meurtre. Le lendemain matin, un officier allemand lui a dit : « Fils fusillé. Il est dans les décombres ». A la suite de cet incident, des recherches ont été faites dans les ruines de la maison, laquelle était incendiée, mais on n'a pas retrouvé le corps.

Le 6 septembre également, une voisine de Gérard, beau-père de Verdier, qui était cachée dans sa cave, aurait vu un officier allemand faire descendre deux soldats français d'une voiture et les faire fusiller.

Après lecture, le témoin a signé avec nous.

_____

Lemoine (Agathe), veuve Louvet, 47 ans, propriétaire à Champguyon :

Le 6 septembre, vers cinq heures du soir, mon mari, que les Allemands traînaient en le frappant cruellement avec des bâtons, m'appelait en criant : « Ma femme, ma pauvre femme ! » Je suis accourue et je l'ai embrassé à travers la grille de notre maison, mais, brutalement repoussée, je suis tombée. Mon pauvre homme était dans un état lamentable : le sang lui sortait par les oreilles; il suppliait, leur demandait pardon, et disait : « Mais qu'est-ce que je vous ai fait? » Il criait aussi : « Mon commandant, mon commandant! » Je ne pouvais le secourir, les Allemands qui le martyrisaient étant au nombre de dix ou quinze et me braquant leurs fusils sur la gorge. Ils ont entraîné leur victime jusqu'au bout du village « sans doute pour la finir ». Le lendemain soir, vers cinq heures, j'ai retrouvé là le malheureux Louvet. Il avait la tête horriblement fracassée. Un de ses yeux était sorti de l'orbite, un de ses poignets avait été brisé. Il était presque méconnaissable. J'affirme sous la foi du serment que tout ce que je viens de vous dire est l'expression même de la vérité.

Après lecture, le témoin a signé avec nous.

_____

Laurain, secrétaire de mairie déjà entendu, ajoute : « J'ai relevé sur les portes des cantonnements les noms du général von Quast et des majors von der Schulenburg, Auer et von Wessig, ainsi que le numéro du 89e régiment d'infanterie. C'était le IXe corps qui était ici. »

Après lecture, le témoin a signé avec nous.

_____

Nᵒˢ 110, 111, 112.

L'an mil neuf cent quatorze, le huit octobre, à Montmirail (Marne), devant nous,...
etc...

Fontaine (Louise), veuve Naudé, 34 ans, à Montmirail :

Le samedi 5 septembre, un sous-officier allemand qui était logé chez nous rentra, vers huit heures du soir, en état complet d'ivresse. Entre dix et onze heures, ayant entendu ouvrir la porte de l'escalier, je descendis pour voir ce qui se passait. Le sous-officier, qui était en chemise, se jeta aussitôt sur moi et m'emporta dans sa chambre. Comme j'appelais au secours, mon père, François-Auguste Fontaine, qui était âgé de 71 ans, et ma mère accoururent pour me protéger. A ce moment, quinze ou vingt soldats qui logeaient chez un de mes voisins enfoncèrent la porte de notre maison, saisirent mon père, le poussèrent dans la rue et le massacrèrent à coups de feu. Ils le piétinèrent ensuite furieusement. Ma fille Madeleine-Juliette, âgée de 13 ans, ayant ouvert sa fenêtre pour se rendre compte de ce qui causait tant de tapage, fut atteinte d'une balle qui la traversa de part en part. Elle mourut vingt-quatre heures après dans de cruelles souffrances.

Je jure que mes déclarations sont l'expression exacte de la vérité.

Après lecture, le témoin a signé avec nous.

Bossant (Célinie), veuve Fontaine, 66 ans, à Montmirail :

Je confirme de tous points et sous la foi du serment la déclaration qui vient de vous être faite par ma fille Louise. J'étais présente quand les faits dont ma famille a été la victime se sont passés.

Après lecture, le témoin a signé avec nous.

Dervin (Émile), 69 ans, maire de la ville de Montmirail :

Les deux témoins que vous venez d'entendre jouissent à Montmirail de l'estime générale et sont absolument dignes de foi. J'ai vu les deux victimes du drame qu'elles vous ont raconté. Le vieillard était mort et la petite fille était mourante.

Après lecture, le témoin a signé avec nous.

Nᵒˢ 113, 114, 115, 116, 117.

L'an mil neuf cent quatorze, le neuf octobre, à Esternay (Marne), devant nous,......
etc..

Jaillon (Edmond), 57 ans, adjoint au maire de la ville d'Esternay :

Le 6 septembre, les Allemands ont pillé les neuf dixièmes des maisons de la ville. Le pillage était organisé. Les objets divers, le linge, les effets qui étaient enlevés étaient placés sur des voitures. Ma femme a vu charger ainsi un buffet que les pillards avaient rempli de bouteilles de champagne. Le même jour, trente-six otages, au nombre desquels étaient une dizaine de femmes, notamment une jeune mère, Mme Vezzadini, avec son enfant de six mois, ont été arrêtés. J'étais moi-même parmi eux. On nous a enfermés dans un grenier; puis, le lendemain, on nous a emmenés à dix kilomètres d'Esternay. Enfin, vers dix heures du matin, on nous a tous relâchés, à l'exception du boucher Maurice, âgé de 40 ans, qu'on a placé parmi les prisonniers français, et dont nous sommes encore aujourd'hui sans nouvelles. Pendant tout le temps que nous sommes restés aux mains des Allemands, on ne nous a donné ni à boire ni à manger.

Après lecture, le témoin a signé avec nous.

———

CRAPART (Mathilde), veuve COHAN, 58 ans, rentière à Esternay :

Le 6 septembre, vers trois heures de l'après-midi, trente-cinq ou quarante Allemands sont sortis de l'église en criant. Ils amenaient avec eux M. Laurenceau, âgé de 52 ans. Celui-ci, arrivé sur la route, en face de la porte de l'église, a fait un mouvement, comme pour échapper à l'étreinte de ces hommes; mais il a été immédiatement terrassé par trois coups de pied, puis, alors qu'il ne faisait pas un mouvement, on lui a tiré trois coups de fusil. J'ai personnellement assisté à toute cette scène et c'est sous serment que j'en affirme les détails.

Après lecture, le témoin a signé avec nous.

———

PETIT (Myrtil-Alexandre), 42 ans, buraliste à Esternay :

J'étais devant ma porte, quand deux ou trois Allemands m'ont appelé et l'un d'eux m'a dit : « Venez voir comme on fusille un Français qui a voulu tuer un de nos blessés parce qu'il avait un fils au régiment ». J'ai vu Laurenceau tomber; on lui a mis ensuite un sac sur la figure.

Après lecture, le témoin a signé avec nous.

———

ARLUISON (Berthe), veuve BOUCHÉ, 48 ans, limonadière à Esternay :

Sous la foi du serment, j'affirme les faits suivants :

Dans la nuit du dimanche 6 septembre au lundi 7, j'étais avec mes deux filles et Mme Lhomme cachée sous l'escalier de la cave de Mme veuve Macé. Des groupes de militaires allemands circulaient sans cesse autour de la maison. Plusieurs avaient même pénétré dans la cave sans nous découvrir. Entre onze heures et minuit, un de ces groupes étant entré dans une petite pièce où se trouvaient des vêtements de jeunes femmes, se dirigea de notre côté. Comme les Allemands nous avaient aperçues, Mme Macé leur dit : « Vous voulez donc tuer de vieilles femmes ? » « Non, répondirent-ils, pas de mal à grand'mère » et ils l'écartèrent. Ils essayèrent ensuite de me tirer de côté, en criant : « Fraulein toutes nues ». Je ne bougeai pas. L'un d'eux a alors épaulé son fusil. J'ai levé le bras pour relever le canon, mais il a profité de l'espace que je lui donnais ainsi entre mon corps et les jeunes filles pour rabattre son arme et faire feu. Mme Lhomme a été blessée au bras gauche par une balle qui a ensuite fracassé le bras gauche de ma fille Marcelle, âgée de 27 ans. Mon enfant est morte vers quatre ou cinq heures du soir, le 7 septembre, succombant aux suites de sa blessure, qui était horrible. Pendant que les Allemands au nombre de trois se retiraient, leur crime accompli, j'ai été tenue en respect par l'un d'eux qui avait tiré son revolver et m'en menaçait.

Après lecture, le témoin a signé avec nous.

Monot (Mélanie), veuve Macé, 58 ans, rentière à Esternay, et Rambouillet (Juliette), femme Lhomme, 33 ans, journalière à Esternay, confirment la déclaration de Mme Bouché, dont il leur a été donné connaissance.

Mme Lhomme nous a fait constater sa blessure, qui n'est pas encore cicatrisée.

Après lecture, les deux témoins ont signé avec nous.

N°s 118, 119.

L'an mil neuf cent quatorze, le six octobre, à Vitry-en-Perthois (Marne), devant nous,... etc..

Dame X..., 45 ans, journalière, à Vitry-en-Perthois :

Serment prêté.

Le lundi 7 septembre, j'étais dans la maison d'une voisine, quand un fantassin allemand est survenu. Il m'a menacée de son revolver, m'a jetée à terre et m'a violée. Ces faits se sont passés vers midi. Le même jour, vers six heures et demie du soir, Mme Z..., âgée de 89 ans, a été également violée, après avoir été maltraitée et blessée à la main. C'est moi qui lui ai donné des soins. Elle est morte environ quinze jours après.

Après lecture, le témoin a signé avec nous.

Puireux (Georges), âgé de 59 ans, maire à Vitry-en-Perthois, déclare, sous la foi du serment :

J'ai été, dès mon retour dans la commune, mis au courant des faits dont Mmes X... et Z..., toutes deux personnes des plus honorables, ont été victimes, et je ne doute pas de leur exactitude.

J'ajoute que vingt-deux maisons du village ont été incendiées par les Allemands. Le feu a été mis « à la main. »

Après lecture, le témoin a signé avec nous.

N° 120.

L'an mil neuf cent quatorze, le six octobre, à Jussécourt-Minecourt (Marne), devant nous,... etc..

Demoiselle X..., 21 ans, domestique à Jussécourt-Minecourt :

Le 8 septembre, vers neuf heures du soir, je venais de me coucher tout habillée sur mon lit, quand trois Allemands ont enfoncé la porte de ma chambre à l'aide d'une serpe. Ils se sont ainsi introduits dans ma chambre leurs fusils à la main. Un autre est arrivé ensuite, et tous quatre m'ont violée successivement. Je jure que ce que je viens de dire est la vérité.

Après lecture, le témoin a signé avec nous.

N° 121.

L'an mil neuf cent quatorze, le sept octobre, à l'Hôtel de ville de REIMS, devant nous,... etc..

LANGLET (Jean-Baptiste), 73 ans, docteur en médecine, maire de la ville de Reims :

Les Allemands ont fait leur entrée à Reims le 3 septembre. Le 12ᵉ corps saxon de réserve est arrivé le premier. Il a été suivi, si je ne me trompe, par la garde impériale. Il n'y avait eu de combat ni dans la ville ni dans ses environs immédiats et les forts avaient été évacués par nos troupes. Le lendemain, j'étais en train de discuter à l'Hôtel de ville avec un intendant de l'armée ennemie, en présence de quelques officiers de la même armée, au sujet d'une réquisition, pour cautionnement de laquelle était exigé le versement de 1 million, quand le premier obus est tombé sur la ville. Mes interlocuteurs ont d'abord manifesté l'opinion que c'étaient les Français qui tiraient, puis, après avoir un peu ergoté, ils ont reconnu que le bombardement qui continuait venait d'une batterie allemande située aux Mesneux. Ils ont alors fait porter l'ordre de cesser le feu et ont même participé à la confection d'un drapeau blanc qui a été placé sur la cathédrale. Le bombardement s'est bientôt arrêté, sans avoir d'ailleurs causé grands dégâts à la cathédrale.

L'occupation de la ville a pris fin le 12 septembre au soir. Les Français étant revenus, une centaine d'otages, parmi lesquels j'étais moi-même, ont été emmenés jusqu'à 500 mètres des dernières maisons de Reims dans la campagne.

Depuis vingt-quatre jours, le bombardement cause des dégâts. Les vendredi 18 septembre et samedi 19, la cathédrale et les quartiers qui l'entourent ont été fort maltraités. Les Allemands devaient tirer volontairement sur elle. On la voit, en effet, de tous les côtés de la campagne environnante et il était, par conséquent, facile d'éviter de la détruire. Le dommage est énorme et il est irréparable.

Trois cents personnes environ de la population civile ont été tuées par le bombardement. Plusieurs édifices publics et de nombreuses maisons particulières n'existent plus.

Le témoin a signé avec nous, après lecture.

Nᵒˢ 122, 123, 124.

L'an mil neuf cent quatorze, le huit octobre, au château de BAYE (Marne), devant nous,... etc...

LANCEAU (Virginie), veuve BIGEON, 67 ans, gardienne du château de Baye :

Dans les premiers jours de septembre, les Allemands sont arrivés au château, qui a été occupé par de nombreux officiers. Celui qui paraissait être leur chef était un grand jeune homme. Était-il bien leur chef? En tous cas, j'ai cru voir en lui un personnage. Je ne puis d'ailleurs affirmer qui il était.

Il faudrait que les maîtres fussent là pour qu'on pût dire tout ce qui a été pris. J'ai constaté pour ma part que, dans le musée, où des vitrines ont été brisées, divers objets, notamment des médailles et des bijoux, ont été enlevés. On s'est introduit dans le musée en fracturant la porte de la pièce qui le précède et que nous appelons la sacristie.

La chambre à coucher de M. le baron de Baye a été retrouvée dans le plus grand désordre; des meubles étaient ouverts, d'autres avaient été fracturés.

Après lecture, le témoin a signé avec nous.

———

MAILLARD (Paul), 65 ans, adjoint au maire de Baye :

Les Allemands sont arrivés ici le 4 septembre. Je me trouvais alors au château. Comme ils demandaient à voir le maire, je me suis présenté. Ils ont exigé qu'on leur ouvrit les portes.

La commune a été l'objet d'un pillage général; on peut dire qu'aucune maison n'y a échappé. En ce qui concerne le château, j'ai constaté, au départ de l'ennemi, que la chambre du baron de Baye et le musée avaient été particulièrement éprouvés.

M. Houllier, conseiller municipal, qui logeait un général, m'a dit que, d'après les renseignements à lui fournis par celui-ci, le château avait été occupé par le duc de Brunswick et par l'état-major du Xe corps. Je vous présente, d'ailleurs, un bon de réquisition qui, ainsi que vous pouvez le remarquer, porte le timbre-cachet de ce corps d'armée.

J'ai vu, la veille du départ des Allemands, une voiture requise dans le village, laquelle stationnait dans la cour et était chargée de caisses d'emballage.

Après lecture, le témoin a signé avec nous.

———

RICHARD (Adolphe), âgé de 51 ans, serrurier-mécanicien à Baye :

Le 7 septembre, j'ai été requis par les Allemands pour prendre au château une voiture chargée de quatre caisses d'emballage, et la conduire près de Rethel. Le chargement était prêt, et je n'ai eu qu'à atteler mon cheval.

A l'arrivée, trois de ces caisses, qui étaient mal clouées, ont été vidées dans un fourgon. Elles contenaient des petits cahiers. La troisième n'a pas été ouverte; on l'a chargée telle quelle dans le fourgon.

Après lecture, le témoin a signé avec nous.

———

N°s 125, 126.

PROCÈS-VERBAUX DE CONSTAT.

L'an mil neuf cent quatorze, le huit octobre, nous, membres de la Commission instituée par le décret du 23 septembre 1914, nous étant transportés au château de Baye (Marne), constatons que l'intérieur de cet édifice porte les traces d'un pillage.

Au premier étage, une porte donnant accès dans une pièce contiguë à la galerie où le propriétaire a réuni des objets d'art de valeur a été fracturée; quatre vitrines ont été brisées; une autre a été ouverte. D'après les déclarations de la gardienne, qui, en l'absence de ses maîtres, ne peut faire connaître l'étendue du dommage, il aurait été principalement dérobé des bijoux de provenance russe et des médailles d'or. Nous remarquons d'ailleurs que des tablettes recouvertes de velours noir, qui ont dû être retirées des vitrines, sont dégarnies d'une partie des bijoux qui s'y trouvaient antérieurement fixés.

La chambre du baron de Baye est dans le plus grand désordre; de nombreux objets sont épars sur le plancher et dans des tiroirs demeurés ouverts. Un bureau plat a été fracturé; une commode Louis XVI et un bureau à cylindre de même style ont été fouillés.

Sur la porte de cette chambre, nous découvrons une inscription à la craie, dont la partie supérieure est ainsi conçue : « I. K. Hoheit. » Un peu au-dessous de cette mention en est une autre presque effacée, mais dont les traces sont encore assez visibles pour que nous ayons pu, sauf erreur, y déchiffrer le mot « Egelberg ».

(Suivent les signatures.)

Le même jour, nous avons visité le château de Beaumont, situé au milieu d'une forêt, à proximité de Montmirail, et appartenant au comte de La Rochefoucauld. Suivant les déclarations de la femme du gardien, que nous avons trouvée seule dans la propriété, cette demeure a été pillée par les Allemands, en l'absence des maîtres, pendant une occupation qui a duré du 4 septembre au 6 du même mois. Les envahisseurs l'ont laissée dans un état de désordre et de malpropreté indescriptible. Les secrétaires, les bureaux, les coffres-forts ont été fracturés; des écrins à bijoux, sortis des tiroirs, sont vidés.

Sur les portes des chambres, nous lisons des inscriptions à la craie, parmi lesquelles nous relevons les mots : « Excellenz », « Major von Ledebur », « Graf Waldersee ».

(Suivent les signatures.)

MEUSE.

N°s 127, 128, 129, 130, 131, 132.

L'an mil neuf cent quatorze, le cinq octobre, à REVIGNY (Meuse), devant nous,..., membres de la Commission instituée par décret du 23 septembre 1914, ont comparu les personnes ci-après nommées; elles nous ont fait les déclarations suivantes :

GAXOTTE (Jules), notaire et maire à Revigny, âgé de 55 ans :

Le dimanche 6 septembre, une division de cavalerie allemande a incendié une partie de notre ville, les deux tiers au moins, en arrosant les maisons de pétrole et en y jetant des sachets remplis de poudre fusante en petites tablettes. Je vous remets deux de ces sachets, qui ont été abandonnés ici par les incendiaires. L'église gothique, monument classé, a été livrée aux flammes. Les seuls immeubles qui ont été épargnés sont ceux dans lesquels logeaient des officiers. J'ajoute que l'hôtel de ville, qui était un très beau monument, a été détruit, avec toutes les archives. L'incendie a été allumé trois jours de suite.

Après lecture, le témoin a signé avec nous.

PRUD'HOMME (Gustave), âgé de 44 ans, sculpteur à Revigny :

J'ai vu les Allemands mettre le feu à plusieurs maisons de la ville. Ils lançaient des jets de pétrole, à l'aide de petites pompes à main, semblables à des pompes de bicyclette. Ils se servaient également de fusées et activaient le feu avec des tablettes de poudre comprimée qu'ils jetaient à pleines poignées. Là où ils trouvaient de la paille, ils plaçaient simplement des allumettes enflammées. Les incendiaires n'ont invoqué et ne pouvaient d'ailleurs invoquer aucun prétexte. Ils prétendaient même que c'était la population qui mettait le feu.

Après lecture, le témoin a signé avec nous, et avec M. BOUYER (Célestin), âgé de 73 ans, cordonnier à Revigny, qui a déclaré confirmer la déposition ci-dessus transcrite.

PIERSON (Victor-Félix), 33 ans, fabricant de ressorts d'horlogerie à Revigny :

Pendant que la ville brûlait, j'ai vu, dans la cour de la maison Mengin, une voiture régimentaire allemande sur laquelle était inscrit en français : « 23e brigade de cavalerie. » Je dis que cette voiture était allemande parce qu'elle ne ressemblait pas du tout aux nôtres.

Après lecture, le témoin a signé avec nous.

CHENU (Albert), 55 ans, propriétaire à Revigny :

J'apporte à la Commission trois baguettes inflammables et fusantes, qui ont été trouvées dans les bivouacs allemands. Ce ne sont que des échantillons, car on a trouvé de ces engins en quantité.

Après lecture, le témoin a signé avec nous.

HANNION (Jules), 58 ans, propriétaire à Revigny:

En même temps que la cavalerie, était stationné à Revigny, au moment de l'incendie, le 116e régiment d'infanterie allemande. La patte d'épaulette des hommes de ce régiment est grise, avec le numéro en rouge et un liséré gris clair. Je vous en présente un spécimen.

Après lecture, le témoin a signé avec nous.

GAXOTTE, notaire et maire à Revigny, déjà entendu :

Je crois devoir compléter ma déposition en vous disant que la ville a été non seulement brûlée, mais encore complètement pillée avant l'incendie. Le pillage était certainement organisé. Le butin était chargé sur des voitures et immédiatement conduit à l'arrière.

J'ajoute que les Allemands ont amené comme otages plusieurs personnes, même des enfants; ils les ont relâchés le lendemain, à Givry, à l'exception de M. Wladimir Thomas, lequel n'est pas encore revenu, et qui a d'ailleurs déclaré à un de ses compagnons de captivité, M. Richet, au moment où celui-ci a été mis en liberté, qu'il s'attendait à être fusillé.

Après lecture, le témoin a signé avec nous.

Nos 133, 134, 135, 136.

L'an mil neuf cent quatorze, le quatre octobre, à SOMMEILLES (Meuse), devant nous,... etc...

DEFONTAINE (Henri), 56 ans, adjoint au maire de Sommeilles:

Le 6 septembre, à quatre heures et demie du matin, un régiment allemand d'infanterie portant le numéro 51 a incendié notre village sans aucune provocation de la part des habitants. Le feu a été mis à l'aide d'un engin dont la majeure partie des soldats étaient munis, et qui présentait l'aspect d'une très courte pompe à bicyclette. En quelques instants, la commune tout entière n'a plus été qu'un vaste brasier.

Le même jour, au début de l'incendie, M. et Mme Adnot, celle-ci âgée d'environ 60 ans, Mme X..., âgée de 35 ou 36 ans, dont le mari est sous les drapeaux, et les quatre enfants de cette dernière s'étaient réfugiés dans la cave des Adnot. Ils y ont été tous assassinés dans des circonstances atroces. Les deux femmes ont été violées. Comme les enfants criaient, les Allemands tranchèrent la tête de l'un d'eux, un bras à deux autres, un sein à la mère, et massacrèrent tout le monde dans la cave. Les enfants étaient âgés respectivement de 11 ans, de 5 ans, de 4 ans et de 1 an et demi.

Ces atrocités m'ont été révélées par les femmes qui ont assisté aux autopsies pratiquées par le médecin d'un bataillon de chasseurs français, dont les hommes ont enterré les victimes dans notre cimetière.

Ces femmes ne sont plus ici. Elles ont dû se réfugier à Nettancourt.

Après lecture, le témoin a signé avec nous, ainsi que M. Chopet (René), âgé de 76 ans, et Mlle Lucie Munerel, âgée de 47 ans, qui ont confirmé la déclaration ci-dessus relatée.

M. l'adjoint Defontaine, au moment où nous venions de clore notre procès-verbal, nous déclare qu'une jeune fille de la commune, Mlle Z..., qui est actuellement à Nettancourt, a été violée par plusieurs soldats allemands.

Après lecture, il a signé.

Le lendemain, cinq octobre, étant à Nettancourt (Meuse), nous avons entendu Sigal (Modeste), âgé de 60 ans, conseiller municipal à Nettancourt :

Une huitaine de jours après les actes de cruauté qui ont été commis par les Allemands, je me suis rendu dans cette commune. Étant descendu dans la cave où les époux Adnot et la famille X... ont été massacrés, j'ai encore pu constater des traces de sang coagulé formant une tache d'environ quatre-vingt-dix centimètres de diamètre. C'était même plus qu'une tache, c'était une véritable mare.

Après lecture, le témoin a signé avec nous.

Michel (Aline), femme Meunier, 49 ans, ménagère à Sommeilles, actuellement réfugiée à Nettancourt :

Environ huit jours après l'incendie de Sommeilles, je suis revenue dans ce village. J'ai rencontré des soldats du ..° bataillon de chasseurs à pied français, qui m'ont demandé des draps pour ensevelir des personnes massacrées dont on venait de découvrir les cadavres dans la cave de mon voisin, Adnot (Alcide). Je n'avais plus aucun drap, mais je suis descendue avec les soldats dans la cave, où régnait une odeur épouvantable. J'ai d'abord remarqué une mare de sang, puis j'ai vu les victimes. Adnot avait été fusillé, sa femme était morte auprès de lui, Mme X..., dont le mari est sous les drapeaux, avait le sein droit et le bras droit coupés. Sa fille aînée, âgée de 11 ans, avait un pied tranché; son petit garçon de 5 ans avait le cou sectionné, sans que la tête fût cependant complètement détachée. Les deux autres enfants ne portaient pas de blessure apparente, autant que j'en ai pu juger.

Les soldats m'ont dit que les deux femmes et la petite fille de 11 ans avaient toutes trois été violées, ainsi que l'avait constaté le médecin-major du ..° bataillon, qui a procédé, non pas à l'autopsie des cadavres, mais à leur examen.

Mon mari et mon fils Fernand ont été arrêtés, le 6 septembre, par les Allemands et emmenés avec huit autres hommes : un habitant du Vieil-Dampierre dont je ne connais pas le nom, un émigré et six de nos concitoyens, les sieurs Revoil (Auguste), Charles Leglé, Jules Collignon, les frères Jules et Auguste Morcout et Odile Gruaux. Ce dernier seul est revenu parce qu'il a pu s'échapper. Nous sommes sans nouvelles des autres.

Après lecture, le témoin a signé avec nous et la dame Leblanc (Eugénie), femme Rouillon, âgée de 54 ans, domiciliée à Sommeilles et réfugiée à Nettancourt, laquelle a dit confirmer la déclaration de la dame Meunier, ayant fait personnellement les mêmes constatations que celle-ci, en ce qui concerne la mort des époux Adnot, ainsi que de la dame et des enfants X...

N° 137.

DOCUMENT REMIS À LA COMMISSION PAR LE MINISTÈRE DE LA GUERRE.

Nous soussignés :

A...., chef de bataillon, commandant le ..° bataillon de chasseurs à pied, B..., médecin auxiliaire (..° bataillon de chasseurs), C..., capitaine (..° bataillon de chasseurs), D..., adjudant (..° bataillon de chasseurs), étant au village de Sommeilles, le 12 septembre 1914, avons constaté ce qui suit :

Dans la cave d'une maison incendiée et complètement détruite gisaient sept cadavres :

1° Un homme d'une soixantaine d'années qui avait été fusillé ; il portait deux plaies par coups de feu à la poitrine et avait encore les yeux bandés ;

2° Une femme du même âge environ, sans blessure apparente ;

3° Une femme de 35 ans environ, ayant l'avant-bras droit coupé et entièrement séparé du corps ; cet avant-bras était jeté à quelques mètres du cadavre. Les vêtements étaient arrachés, la femme semblait avoir été violée ;

4° Une fillette d'une douzaine d'années, couchée sur le dos et dans une situation semblant indiquer qu'elle avait été violée ;

5° Trois enfants de 5 à 10 ans dont deux avaient la tête tranchée et jetée près du corps.

Tous ces corps étaient rassemblés dans la cave ; ils doivent avoir été placés en cet endroit par les Allemands, qui espéraient que l'incendie détruirait la trace de leurs crimes.

(*Suivent les signatures.*)

N° 138.

L'an mil neuf cent quatorze, le quatre octobre, à Sommeilles (Meuse), devant nous,..., membres de la Commission instituée par décret du 23 septembre 1914, a comparu la personne ci-après nommée ; elle nous a fait les déclarations suivantes :

Gruaux (Odile), 64 ans, bourrelier à Sommeilles, en résidence à Nettancourt :

Le dimanche 6 septembre, vers cinq heures du matin, le feu ayant éclaté dans tout le village en même temps, j'ai essayé de me sauver. Les Allemands m'ont empoigné, m'ont interrogé sur les mouvements des troupes françaises, et m'ont emmené avec un certain nombre de mes concitoyens. Après nous avoir menacés de nous fusiller et nous avoir même fait mettre à genoux devant un bois, ils nous ont relâchés à Brabant-le-Roi. Je me suis alors sauvé, mais mes compagnons très fatigués ne m'ont pas suivi. Ils ont été repris, et trois jours après, je les ai vus passer avec un convoi de prisonniers français.

Après lecture, le témoin a signé avec nous.

N° 139.

L'an mil neuf cent quatorze, le cinq octobre, à NETTANCOURT (Meuse), devant nous, ... etc.

Demoiselle X..., âgée de 33 ans, demeurant à Sommeilles, présentement réfugiée à Nettancourt :

Après l'incendie d'une partie du village de Sommeilles, je suis allée avec un certain nombre de personnes passer la nuit du 6 au 7 septembre dans la maison de M. Pérard. Vers cinq heures du matin, un « curé allemand » est venu nous trouver pour demander les clefs de la sacristie, et nous a ordonné de partir, en nous déclarant que la maison allait être brûlée. Nous sommes tous sortis ; puis, comme le curé menaçait ma mère de la jeter ou de la faire jeter dans les flammes, je me suis portée au secours de celle-ci. A ce moment, trois soldats allemands m'ont empoignée et m'ont entraînée dans un immeuble inhabité, revolver au poing. Deux d'entre eux sont restés sur le seuil de la porte. Le troisième m'a jetée sur un lit, et m'a violée deux fois.

Après lecture, le témoin a persisté dans sa déposition, et a signé avec nous.

N°ˢ 140, 141.

L'an mil neuf cent quatorze, le vingt-quatre octobre, à BULAINVILLE (Meuse), devant nous,... etc...

CHAMPION (Aimé), 63 ans, adjoint au maire de Bulainville :

Je jure de dire la vérité.

Trois incendies ont éclaté dans notre commune, les 6, 7 et 8 septembre. Les deux tiers des maisons ont été détruites. Le premier incendie a été allumé par les obus ; les deux autres ont été mis volontairement par les Allemands. On a dit que ceux-ci se servaient de grenades. En tout cas, on entendait crépiter les matières incendiaires. Le feu a pris avec une très grande rapidité.

Après lecture, le témoin a signé avec nous.

RICHIER (Édouard), 75 ans, instituteur en retraite, à Bulainville :

J'ai vu commencer le second incendie dans notre village, et j'ai entendu de petites détonations dans les maisons qui brûlaient. J'en ai conclu que les Allemands qui occupaient la commune avaient mis le feu volontairement.

Après lecture, le témoin a signé avec nous.

N° 142.

L'an mil neuf cent quatorze, le vingt-cinq octobre, à MOGNÉVILLE (Meuse), devant nous,... etc...

BOURGUIGNON (Henri), 55 ans, garde champêtre à Mognéville :

Je jure de dire la vérité.

Le 8 septembre, vers cinq heures de l'après-midi, j'ai été arrêté par les Allemands qui venaient de me demander du tabac et à qui il m'avait été impossible d'en donner. Ils m'ont conduit dans le vestibule de Clément Baltazard, auprès d'un officier qui, complètement ivre et couché au milieu de ses déjections, était étendu sur un matelas. Cet officier a dit quelques mots à ses hommes et immédiatement ceux-ci m'ont emmené dans la maison de M. Sauvage, où un sergent m'a lancé un soufflet qui m'a envoyé rouler à trois mètres, en m'ensanglantant le visage. Ensuite, j'ai été ligoté et attaché sur une couchette en fer, en même temps que je recevais plusieurs coups de bâton. Les Allemands m'ont dit que mon arrestation avait eu lieu pour le motif que je possédais un revolver. Bien que j'eusse enterré cette arme dans mon jardin treize jours auparavant, j'ai déclaré que je l'avais envoyée à la Préfecture. Vers minuit, un sergent est venu me faire lire la mention suivante qui était inscrite sur une pancarte : « Demain à deux heures, vous serez fusillé pour avoir tiré sur nos hommes avec votre revolver ». Pendant toute la nuit et la matinée, deux factionnaires sont restés auprès du lit sur lequel j'étais étendu; mais, vers onze heures et demie du matin, comme des bataillons français arrivaient, venant de la direction de Couvonges, un cri d'alarme a retenti dans la rue, mes deux gardiens ont sauté par la fenêtre pour s'enfuir, et j'ai pu me débarrasser de mes liens.

Pendant que j'étais chez Sauvage, on y a amené Constant Perrin, sergent-major des pompiers, vieillard de 74 ans. Celui-ci m'a fait comprendre que les Allemands l'avaient arrêté parce qu'ils avaient trouvé chez lui son sabre de pompier. Il avait les mains liées derrière le dos. Il a été emmené, et on vient seulement d'apprendre, il y a quelques jours, par la lettre d'un prisonnier originaire de Beurey, qu'il se trouve actuellement en Bavière.

Je sais que, le même jour, Henriot Colin, brigadier de gendarmerie en retraite, a disparu du pays. On n'a reçu de lui aucune nouvelle.

Après lecture, le témoin a signé avec nous.

N⁰ˢ 143, 144, 145.

L'an mil neuf cent quatorze, le vingt-cinq octobre, à Villers-aux-Vents (Meuse), devant nous,... etc..

Schmidt (Louis), 65 ans, berger à Villers-aux-Vents :

Je jure de dire la vérité.

Les 6 et 7 septembre, des obus ont détruit à Villers-aux-Vents quelques maisons. Le 8, des ambulanciers allemands nous ont dit, à ma femme et à moi, qu'il nous fallait partir immédiatement parce qu'on allait brûler le pays. Nous avons cru bien faire en nous réfugiant dans notre cave, mais deux officiers nous ont pressés de nous en aller, en disant : « Nicht cave, il faut partir de suite; on va brûler le pays parce que trois soldats français se sont habillés en civils pour nous dénoncer ». Nous avons obéi, mais à peine étions-nous sortis du village qu'il était en flammes. Il ne reste qu'une seule maison dans la commune.

J'ai entendu dire d'autre part qu'un habitant de Villers, Lucien Minette, avait été emmené par les Allemands et fusillé. C'est Basile Vigroux qui me l'a dit. Ce dernier est actuellement réfugié à Montiers-sur-Saulx, chez son fils, marchand de bois.

Après lecture, le témoin a signé avec nous.

Vin (Gaston-Abel), 39 ans, garde champêtre à Villers-aux-Vents :

Je jure de dire la vérité.

Quand M. Boule-Vigroux, emmené comme otage par les Allemands, est revenu ici, il m'a raconté qu'il avait été enchaîné et conduit à un kilomètre du village ; il a ajouté que Minette avait été emmené avec lui, déshabillé et roué de coups, puis que ce malheureux avait été fusillé sous ses yeux.

Après lecture, le témoin a signé avec nous.

———

Le même jour, étant à Bar-le-Duc, nous avons reçu la déposition de M. Moriaux (Jules), âgée de 61 ans, cultivateur à Villers-aux-Vents, réfugié à Bar-le-Duc, qui a déclaré :

Je jure de dire la vérité.

Le 7 septembre, ma femme, Odile Jacquot, âgée de 65 ans, qui avait quitté Villers-aux-Vents avec ma fille et mes petits-enfants, au début du bombardement, pour se rendre à Laimont, a tenté de revenir dans notre commune pour se rendre compte de ce que j'étais devenu. En route, elle a été arrêtée et enlevée par les Allemands. Ses traces ont pu être suivies jusqu'à Sainte-Menehould, où elle est passée au milieu d'un convoi de prisonniers civils. Nous ne savons rien d'autre sur son sort.

Après lecture, le témoin a signé avec nous.

———

N° 146.

L'an mil neuf cent quatorze, le vingt-cinq octobre, à Bar-le-Duc, devant nous,... etc...

Mourot (Aline), veuve Mourot, 72 ans, demeurant à Villers-aux-Vents, avant l'incendie, actuellement réfugiée à Bar-le-Duc :

J'étais à Villers-aux-Vents lors de l'arrivée des Allemands. Le 6 septembre, le village a reçu des obus et deux ou trois maisons ont été incendiées. Le 8, me trouvant dans la cave de mon habitation, j'ai vu les Allemands verser par les soupiraux du pétrole dans cette cave. Ils sont venus alors me prendre et, comme je suis infirme, ils m'ont portée dans un tombereau. À ce moment le feu a pris dans ma maison et les soldats m'ont déclaré qu'ils avaient allumé l'incendie parce qu'on avait trouvé une installation de télégraphie sans fil dans un immeuble du village. J'ai été emmenée jusqu'à une ambulance, puis on m'a conduite le lendemain sur la route de Laheycourt où on m'a abandonnée. Je me suis traînée comme j'ai pu jusqu'à Villers dont il ne restait que des ruines, et pendant quatre nuits j'ai couché dans les champs.

Après lecture, le témoin a signé avec nous.

———

N°s 147, 148, 149, 150.

L'an mil neuf cent quatorze, le vingt-trois octobre, à Vaubecourt (Meuse), devant nous,... etc. . . . .

Guéry (Numa), âgé de 63 ans, maire de Vaubecourt :

Je jure de dire la vérité.

J'étais absent le 9 septembre, mais je sais que, ce jour-là, cinq citoyens de ma commune ont été emmenés comme otages par les Allemands. On n'a reçu d'eux aucune nouvelle depuis leur départ. Ce sont les nommés Lemole (Charles), âgé de 63 ans; Tollitte (Amédée), âgé de 61 ans; Chaudron (Lucien), âgé de 30 ans; Galorme (Philogène), âgé de 68 ans; Brimer (Edmond), âgé de 53 ans. Un autre habitant, Quantin Méril, âgé de 73 ans, a disparu à la même époque.

Après lecture, le témoin a signé avec nous.

———

Persenot (Marie-Gustave-Raymond), 66 ans, curé doyen à Vaubecourt, décoré de la médaille de 1870 :

Je jure de dire la vérité.

Le mardi 8 septembre, vers quatre heures de l'après-midi, je fus saisi dans la rue par un officier wurtembergeois qui m'emmena jusqu'à un endroit où deux soldats et un sergent d'infanterie française étaient accroupis sur un caniveau et adossés à la maison Joly. Cet officier me raconta qu'un des deux soldats avait été trouvé dans le clocher de mon église et demanda à ce militaire s'il me connaissait. Le soldat répondit qu'il m'avait vu à cinq heures du matin pendant que je disais ma messe et ajouta qu'il m'avait demandé à boire, demande qui m'a peut-être été adressée, mais que je n'ai pas entendue, ainsi que je crus devoir le déclarer. Aussitôt, un Allemand essaya de me porter des coups de baïonnette. Je me sauvai et allai me réfugier chez moi.

Dans la soirée, je venais de me rendre à l'appel d'un de mes voisins, quand je fus arrêté et conduit auprès d'un général qui me fit enfermer dans une écurie, après m'avoir fait un accueil très grossier et très brutal. Le lendemain, l'officier qui m'avait déjà interrogé est venu me trouver et m'a fait connaître que les trois Français avaient été fusillés parce que l'un d'eux avait fait du clocher des signaux à l'armée française. J'ai su qu'effectivement ces malheureux avaient été massacrés et que leurs corps avaient été abandonnés sur place pendant plusieurs jours.

En ce qui me concerne, après avoir été de nouveau interrogé et avoir été l'objet d'une information d'ailleurs courtoise et impartiale de la part de deux officiers, j'ai été renvoyé chez moi, d'où il m'a été interdit de sortir jusqu'à la fin de l'occupation. Je n'ai donc pas pu constater personnellement ce qui s'est passé dans la commune.

Après lecture, le témoin a signé avec nous.

———

Rousselet (Jean-Gustave), âgé de 61 ans, receveur buraliste à Vaubecourt :

Je jure de dire la vérité.

Le 9 septembre, vers dix heures du matin, mon voisin M. Chaudron, qui est actuelle ment à Givry-en-Argonne, et moi-même, avons vu quatre soldats d'artillerie allemande qui amoncelaient avec leurs pieds de la paille dans l'intérieur de la grange de la maison Géminel. Un instant après, cette grange prenait feu. C'est par là que l'incendie a commencé dans la grande rue. Cent six maisons sur deux cent vingt-deux ont été brûlées dans la commune.

Après lecture, le témoin a signé avec nous.

———

Aubriet (Charles-Ernest), 70 ans, conseiller municipal à Vaubecourt :

J'ai vu les cadavres de trois militaires français qui ont été fusillés par les Allemands. Le sous-officier était tombé dans la cave de la maison Joly ; les deux soldats se trouvaient sur le sol devant la même maison ; des Allemands plaçaient « du brasier tout à l'entour ».

Après lecture, le témoin a signé avec nous.

———

N°s 151, 152, 153, 154, 155, 156.

L'an mil neuf cent quatorze, le vingt-trois octobre, à Triaucourt (Meuse), devant nous,.... etc...

Viller (Paul), âgé de 53 ans, curé doyen de Triaucourt :

Je jure de dire la vérité.

Le 7 septembre, je me trouvais devant une ambulance installée à l'école des filles, quand arrivèrent auprès de moi, avec Mme Omer Procès et sa fille Hélène, un médecin militaire allemand accompagné d'un soldat. Le médecin me demanda si je connaissais les deux femmes, et comme je répondais que c'étaient des personnes parfaitement honorables, il me dit : « C'est que le soldat a voulu embrasser la jeune fille. Il sera réprimandé, et s'il avait fait davantage, il serait fusillé ». Puis il adressa des observations à son subordonné, en ma pré- sence. Je vis alors tant de haine et de férocité dans le regard de ce dernier, que j'ai eu nettement le pressentiment d'un malheur. Presque aussitôt, le feu éclatait chez M. Gand et chez M. Géminel-Bétrilly, et des soldats débouchant de toutes les rues me déclaraient en m'entourant que des habitants de la commune avaient tiré sur eux. Je leur répondis que c'était impossible, mes concitoyens ne pouvant avoir de pareilles intentions et se trouvant d'ailleurs absolument dépourvus d'armes. Ces Allemands, me quittant alors, se répandirent dans les maisons et dans les jardins en tirant des coups de fusil. Au cours de cette invasion, ils tuèrent Jules Gand, âgé de 58 ans, sur le seuil de sa porte, et un jeune émigré de 17 ans, Georges Lecourtier, qui essayait de se sauver, poursuivirent M. Alfred Lallemand jusque dans la cuisine de M. Jules Tautellier, où ils le massacrèrent, tandis que Tautellier recevait lui-même trois balles dans une main, et tirèrent encore sur d'autres habitants sans les atteindre.

Comme Mmes Omer Procès, âgée de 40 ans, Urbain Procès, âgée de 78 ans, Mlle Laure

Mennehand, âgée de 81 ans, et la jeune Hélène Procès tentaient de franchir, à l'aide d'une échelle, le grillage qui sépare leur jardin de la propriété voisine, elles furent abattues à coups de fusil, à l'exception d'Hélène qui, plus agile, parvint à sauter dans le jardin des voisins et s'y étendit à terre. J'ai ramassé la cervelle de Mlle Mennehand et l'ai placée dans un trou que j'ai creusé. Aidé de quelques-uns de mes paroissiens, j'ai rapporté les trois cadavres dans la maison de Mme Procès. Pendant la nuit suivante, les Allemands jouèrent du piano auprès des corps.

Pendant que se déroulait la scène de carnage que je viens de vous raconter, l'incendie se propageait et dévorait trente-cinq maisons. Dans les décombres se trouvent encore le cadavre d'un vieillard de 70 ans, Jean Lecourtier, émigré de la commune d'Ornes, et celui d'un enfant de deux mois, fils de Charles Humbert, de Vraincourt.

Je vous remets un débris d'une des fusées dont les Allemands se servaient pour mettre le feu. Je l'ai trouvé dans les ruines de la maison Gand.

Pendant l'incendie et le massacre, le prince de Wurtemberg était logé dans une maison du village. Comme je m'indignais devant lui, il se borna à me dire : « Que voulez-vous? Nous avons, comme chez vous, de mauvais soldats ».

Après lecture, le témoin a signé avec nous.

TAUTELLIER (Jules), 53 ans, cultivateur à Triaucourt :

Je jure de dire la vérité.

Le lundi 7 septembre, j'étais chez moi, quand M. Lallemand est venu se réfugier dans ma cuisine. Il était poursuivi par six ou sept Allemands. Ceux-ci, se jetant sur lui, l'ont massacré à coups de crosse et à coups de fusil. J'ai été moi-même « assommé à coups de crosse » et j'ai reçu trois balles dans la main droite. J'ai perdu connaissance. Quand je suis revenu à moi, ma maison était en flammes. J'ai pu me traîner au dehors et me cacher derrière la haie de M. le curé. Les Allemands m'ont ramassé et m'ont transporté à leur ambulance où j'ai été soigné. Quant à Lallemand, son corps a été carbonisé.

Après lecture, le témoin a signé avec nous.

IGIER (Albert), charpentier à Triaucourt :

Je jure de dire la vérité.

Le 7 septembre, comme l'incendie avait éclaté en face de chez moi, je m'occupais de faire sortir mon bétail quand les Allemands se mirent à ma poursuite et me tirèrent au moins soixante coups de fusil. J'ai eu la chance de n'être pas blessé, mais mon pantalon a été traversé par cinq balles. J'ai été poursuivi sur un parcours d'environ trois cents mètres.

Le feu a été mis par l'ennemi sans aucun motif, sans aucune provocation de la part des habitants de Triaucourt. Il est absolument faux que quelqu'un du village ait tiré sur les Allemands. C'est un prétexte mensonger qu'ils ont invoqué pour expliquer les actes auxquels ils se sont livrés.

Après lecture, le témoin a signé avec nous.

Procès (Hélène), âgée de 18 ans, sans profession, à Triaucourt :

Je jure de dire la vérité.

Le 7 septembre, vers midi, un soldat allemand s'étant introduit chez nous, nous a mises en joue plusieurs fois, ma mère et moi, et m'a saisie par le cou. Je me suis sauvée pour aller me plaindre à un chef. Celui-ci m'a accompagnée jusqu'à l'ambulance, et je sais qu'ensuite, il a admonesté le soldat, en présence de M. le curé. Quand je suis rentrée, j'ai vu que le feu éclatait à proximité de notre maison. Nous nous sommes alors enfuies, ma mère, ma grand'mère, ma tante Mennehand et moi, et nous avons dressé une échelle le long de la clôture en treillage, pour essayer de passer dans le jardin voisin. A ce moment sont survenus cinq ou six Allemands qui ont tiré sur nous des coups de fusil. Ma mère, ma grand'mère et ma tante ont été tuées. Seule, j'ai pu m'échapper, en sautant dans la propriété du voisin, où je me suis étendue à terre.

Après lecture, le témoin a signé avec nous.

Blanchin (Aurélie), femme Cavaré, 72 ans, sans profession, à Triaucourt :

Je jure de dire la vérité.

Le 7 septembre, me trouvant dans ma maison, j'ai vu, par la fenêtre, tomber mort M. Gand, sur le seuil de sa porte, tandis que les Allemands tiraient des coups de feu. Il a été tué au moment où il sortait de chez lui avec sa belle-sœur, pour fuir l'incendie.

Après lecture, le témoin a signé avec nous.

Frochot (Marie), femme Deschamps, âgée de 47 ans, journalière à Triaucourt :

Je jure de dire la vérité.

Un jour, au commencement du mois de septembre, un soldat allemand qui était entré chez moi a essayé de me violenter. Comme je résistais, deux de ses camarades sont venus à son aide. Un de mes agresseurs m'a saisie à l'épaule, les autres m'ont empoignée aux jambes, mais j'ai pu me dégager, non sans avoir été maltraitée; j'ai gardé en effet sur les jambes; pendant plus de huit jours, les traces des violences dont j'ai été l'objet.

Vers la même époque, j'ai été témoin d'actes de brutalité dont a été victime Mme Maupoix, née Grégoire, âgée d'environ 75 ans. L'ayant entendue crier, je me suis rendue auprès d'elle et je l'ai vue étendue à terre, tandis que des soldats la frappaient à coups de botte sur tout le corps. Elle avait les bras déchirés. La pauvre femme est morte quelques jours après, des suites des coups qu'elle avait reçus. Pendant que des soldats exerçaient sur Mme Maupoix les violences dont je viens de vous parler, plusieurs autres dévalisaient ses armoires.

Après lecture, le témoin a signé avec nous.

Nᵒˢ 157, 158, 159.

L'an mil neuf cent quatorze, le vingt-trois octobre, à CLERMONT-EN-ARGONNE (Meuse), devant nous,... etc...

BARKER (Marie-Amélie-Anne), épouse JACQUEMET, sans profession, à Clermont-en-Argonne :

Je jure de dire la vérité.

Je me trouvais à Clermont avec très peu de personnes, notamment avec mon mari infirme et M. Manternach, le 4 septembre, jour de l'arrivée des Allemands. Pendant la nuit du 4 au 5, j'ai vu une troupe briser les portes sur son passage et se livrer à un pillage effréné. Vers six heures du matin, j'ai été appelée à l'hospice où je soigne les blessés. A midi, en allant déjeuner chez moi, j'ai assisté au pillage dans toute son horreur.

Ma maison a été épargnée par les pillards. Le roi de Prusse y avait couché en 1870, et c'est même dans ma salle à manger que la marche sur Sedan a été décidée. Tous les ans, des touristes allemands venaient photographier cette maison, à laquelle ils attachaient un intérêt historique.

En retournant à l'hospice, j'ai constaté que la maison d'un horloger, dans la grande rue, était en train de brûler. L'incendie a été tellement rapide qu'il n'a pu être que volontairement allumé; d'ailleurs on a trouvé dans la commune des sachets de pastilles incendiaires.

L'ennemi a occupé Clermont pendant une dizaine de jours. Vers le 10 septembre, j'ai vu des soldats du XIIᵉ corps charger sur un autobus des meubles enlevés chez M. Desforges et des étoffes prises chez Nordmann, marchand de nouveautés. Un médecin-major s'est emparé de tous les objets de pansement de l'hospice et même du drapeau de la Croix-Rouge.

Une grande partie de la ville a été brûlée, y compris ma maison. Elle a été détruite non par le bombardement, mais par l'incendie. L'église qui se trouve sur la côte et qui est isolée a été elle-même incendiée. Au moment du sinistre, les régiments qui occupaient Clermont étaient le 121ᵉ et le 122ᵉ d'infanterie wurtembergeois.

Après lecture, le témoin a signé avec nous.

MANTERNACH (Pierre-Guillaume), mécanicien à Clermont-en-Argonne :

Je jure de dire la vérité.

Le 4 septembre, au départ des derniers Français, les Allemands ont bombardé Clermont, de deux heures et demie à sept heures du soir. Ils sont entrés dans la ville à minuit, en brisant les portes et en pillant partout sur leur passage. L'incendie a commencé, au début de l'après-midi, par la maison de M. Nicolas, horloger. J'ai vu un soldat y répandre le contenu de sa lampe à alcool après avoir pris son café. C'est alors que le feu a éclaté. Je suis allé chercher la pompe et j'ai demandé à un officier de me donner des hommes pour la manœuvrer. Il m'a répondu : « Je n'ai pas d'hommes pour vous » et, me menaçant de son revolver, m'a ordonné de sortir. J'ai fait une démarche analogue auprès de cinq ou six autres officiers; tous m'ont également repoussé.

Pendant ce temps, l'incendie s'est propagé. Il ne reste que soixante-six maisons; deux cent vingt-six ont été détruites. J'ai vu allumer le feu dans cinq ou six immeubles à l'aide de torches que les soldats fixaient au bout de bâtons pour atteindre le haut des bâtiments.

Tandis que la ville flambait, des Allemands dansaient à l'intérieur de l'église au son de l'orgue. Ils ont fini par mettre le feu à cet édifice avant de se retirer. Ils se sont servis pour cette besogne de récipients garnis de mèches et remplis d'un liquide inflammable. Ils ont également fait usage de grenades. A un certain moment, j'ai vu un soldat courir sur le toit d'une maison où l'incendie a presque immédiatement éclaté.

Après l'incendie, le pillage a recommencé dans les maisons que le feu avait épargnées. J'ai vu un officier supérieur inscrire sur la porte de la maison de Mme Lebondidier une mention interdisant de piller cette habitation. Comme je lui en demandais la raison, il m'a répondu que ce qui était dans cette demeure lui était réservé et qu'il en garnirait sa maison de campagne. En effet, il a fait charger sur une voiture tout ce qu'il y avait de mieux chez Mme Lebondidier.

J'ai enterré ici, le 6 septembre, un jeune garçon de 11 ans, qui a été fusillé à bout portant au moment où il se sauvait de la maison Berthélemy-Gauvain. J'ai également enterré, le 8 du même mois, un homme d'environ 35 ans dont le corps était carbonisé.

J'ignore les noms de cet homme et de cet enfant; tout ce que je sais, c'est que les deux morts habitaient la commune de Vauquois.

J'ajoute, pour compléter ma déposition, que les Allemands ont mis le feu à Clermont sans y avoir été l'objet d'aucune agression de la part de la population civile. Il ne restait d'ailleurs presque personne dans la ville.

Après lecture, le témoin a signé avec nous.

———

Jacquemet (Édouard), 68 ans, directeur honoraire des Écoles d'arts-et-métiers, chevalier de la Légion d'honneur, administrateur délégué faisant fonctions de maire à Clermont-en-Argonne :

Je jure de dire la vérité.

Je confirme les dépositions que vous venez d'entendre, sauf en ce qui concerne les renseignements personnels que M. Manternach vous a donnés et que je n'ai pu constater par moi-même, mais qui sont, en tout cas, conformes à ce que j'ai vu. M. Manternach, d'ailleurs, est tout à fait digne de foi.

J'ajoute que le cadavre carbonisé qui a été enterré ici est celui de M. Poinsignon, maire de Vauquois. Je puis déclarer en outre que c'était le XIIIe corps wurtembergeois qui occupait Clermont au moment de l'incendie, et que ce corps était commandé par le général von Durach (1). Un corps de uhlans qui était également ici avait à sa tête le prince de Wittenstein (2).

Après lecture, le témoin a signé avec nous.

———

(1) Lire : général d'Urach (ou von Urach).

(2) Lire : Wittgenstein.

N° 160.

L'an mil neuf cent quatorze, le vingt-trois octobre, à Lisle-en-Barrois (Meuse), devant nous, ... etc...

Zimmerman (Marie), veuve Illy, 54 ans, fermière à Lamermont, commune de Lisle-en-Barrois :

Je jure de dire la vérité.

Le 7 septembre dans la matinée, un groupe d'une dizaine de cavaliers allemands nous a demandé du lait. Je me suis empressée de déférer à ce désir, et après avoir bu, le détachement s'est retiré, paraissant très satisfait. Presque immédiatement, nous avons entendu des coups de fusil. Bientôt une seconde troupe, composée d'une trentaine de cavaliers, a pénétré dans notre maison. Nous sommes alors sortis de la grange où nous nous étions cachés, moi, mon mari et des émigrés réfugiés chez nous. Arrivés dans la cour, nous fûmes entourés et interrogés au sujet de la mort, vraie ou prétendue, d'un soldat allemand qui faisait partie du premier détachement et qu'on nous accusait d'avoir tué. Comme nous protestions de notre innocence, on ordonna à mon mari et à nos émigrés de se déboutonner, puis un officier dit : « Emmenez-moi ces hommes-là, on va les fusiller ». On les emmena en effet. Deux des émigrés revinrent une demi-heure après; mais les Allemands gardèrent mon mari, ainsi que Javelot (Augustin), de Baulny. Une douzaine de jours plus tard, les cadavres de ceux-ci furent trouvés derrière une haie, dans le parc de M. Paquet, territoire de Lisle-en-Barrois. Je suis allée reconnaître le corps de mon mari. Il portait une blessure d'arme à feu à chaque côté de la poitrine, et une plaie en forme de fente sur la tête.

Après lecture, le témoin a signé avec nous.

Nᵒˢ 161, 162, 163, 164, 165, 166, 167.

L'an mil neuf cent quatorze, le vingt-cinq octobre, à Louppy-le-Château (Meuse), devant nous, ... etc..

Demoiselle X..., âgée de 71 ans, sans profession, à Louppy-le-Château :

Je jure de dire la vérité.

Dans le courant du mois de septembre, des soldats allemands sont descendus dans une cave où je me trouvais; ils ont éteint ma lampe, et m'ont porté de nombreux coups sur la tête, avec leurs poings. L'un d'eux m'a renversée, m'a relevé les jupons, et.............

....

Après lecture, le témoin a signé avec nous.

Dame Y..., 44 ans, ménagère à Louppy-le-Château :

Je jure de dire la vérité.

Dans la nuit du 8 au 9 septembre, j'étais dans la cave de M. Raussin, avec mes cinq enfants et d'autres personnes du village, quand trois Allemands y ont pénétré, le revolver à la main. L'un d'eux m'a ordonné de me coucher sur le sol. J'ai dû obéir; il s'est alors couché sur moi. Je n'ai pas besoin de vous dire le reste, vous le devinez sans peine. Pendant la durée de la scène, j'ai reçu de nombreux coups. Les Allemands, après être sortis de la cave, y sont rentrés. Cette fois, ils n'étaient plus que deux. Je me suis alors empressée de monter l'escalier. Je n'ai plus été violentée, mais j'ai entendu le bruit des violences dont les autres femmes qui étaient restées dans la cave ont été l'objet, mes deux filles notamment, l'une, âgée de 13 ans, qui a été violée, l'autre, âgée de 8 ans, qui a dû l'être aussi, car elle ne pouvait plus marcher. Cette dernière a été tuée le lendemain d'un éclat d'obus.

Après lecture, le témoin a signé avec nous.

Y..., âgée de 13 ans, demeurant à Louppy-le-Château :

J'étais dans la cave de M. Raussin quand les Allemands y sont venus. L'un d'eux m'a frappée et m'a violentée. Ma chemise était pleine de sang.

Après lecture, le témoin a signé avéc nous.

Y..., 11 ans, écolier à Louppy-le-Château :

Je dormais dans la cave de M. Raussin; deux Allemands m'ont réveillé, puis ils m'ont déchiré mon pantalon. Je leur ai crié : « Je suis un petit garçon ». Ils m'ont donné une violente fessée et m'ont aussi porté des coups de poing sur la tête.

Après lecture, le témoin a signé avec nous.

Dame Z..., 74 ans, sans profession, à Louppy-le-Château :

Je jure de dire la vérité.

Pendant l'occupation, un soir que j'étais dans la cave de M. Raussin, un Allemand m'a frappée brutalement, m'a bouché la bouche, et m'a violée.

Après lecture, le témoin a signé avec nous.

Dame XX..., 70 ans, sans profession, à Louppy-le-Château :

Je jure de dire la vérité.

Quand les Allemands sont arrivés dans la cave, ils ont braqué leurs revolvers. La lampe s'est éteinte, tout s'est passé dans l'ombre. J'ai entendu qu'on violentait toutes les femmes présentes, jusqu'à des personnes de 80 ans. Elles demandaient pardon. Deux Allemands se sont approchés de moi, à deux reprises, et l'un d'eux, après m'avoir saisie et m'avoir relevé les jupes, a fini par me lâcher en disant en français : « .... »

Après lecture, le témoin a signé avec nous.

FAGOT (Jean-Baptiste-Eugène), 46 ans, maire de Louppy-le-Château :

Je jure de dire la vérité.

Comme vous pouvez le constater, les trois quarts au moins du village sont détruits. La partie haute a été brûlée par l'effet du bombardement, pendant la bataille. Quant à la partie basse, qui a été détruite trois jours plus tard, c'est-à dire le 12 septembre, nous sommes convaincus ici, sans cependant pouvoir le prouver d'une façon absolue, que les Allemands l'ont incendiée volontairement et à la main. On ne bombardait plus, en effet, depuis trois jours, et le feu du premier jour était éteint.

Après lecture, le témoin a signé avec nous.

N° 168.

L'an mil neuf cent quatorze, le vingt-quatre octobre, à NUBÉCOURT (Meuse), devant nous, ... etc..

COLLIGNON (François-Alfred), 58 ans, maire de Nubécourt :

Je jure de dire la vérité.

Le 5 septembre, dans la soirée, M. l'abbé François, curé de notre commune, a été pris comme otage par les Allemands avec quatorze de mes administrés parmi lesquels j'étais moi-même. Nous avons passé la nuit sur la paille à la mairie, sans souper et sans déjeuner. Le lendemain matin, nous avons pu nous retirer vers six heures et demie, profitant du moment où les ennemis montaient à cheval. Le curé est alors allé à Bulainville, annexe de sa paroisse, pour y dire la messe. Les Allemands l'ont repris en route et nous ne l'avons jamais revu.

Après lecture, le témoin a signé avec nous.

N° 169.

L'an mil neuf cent quatorze, le vingt-cinq octobre, à LAIMONT (Meuse), devant nous, ... etc..

RAMAUD (Albert), 49 ans, instituteur et secrétaire de la mairie de Laimont :

Je jure de dire la vérité.

Je n'étais pas présent lors de l'arrivée des Allemands, mais je sais qu'ils ont emmené comme otages sept personnes de la commune : M. Zemb, M. le curé Louis, M. Camille Pierron, M. Émile Thiébaux, M. Jules Michel, Mme Michel, Mme veuve Boyer, et une réfugiée de Villers-aux-Vents, Mme veuve Mourot, entre le 6 septembre et le 11 du même mois. Aucune de ces personnes n'a depuis donné signe de vie.

Après lecture, le témoin a signé avec nous.

N° 170.

L'an mil neuf cent quatorze, le vingt-quatre octobre, à Saint-André (Meuse), devant nous, ... etc. . . . .

Nicolas (Hippolyte), 80 ans, maire de Saint-André :

Je jure de dire la vérité.

La femme de l'adjoint, Mme Havette, a été tuée pendant le bombardement, par un éclat d'obus, dans sa maison, le 7 septembre. Le lendemain dans la matinée, un certain nombre de mes concitoyens, parmi lesquels Havette et moi-même, ont été emmenés par les Allemands près du cimetière et gardés jusqu'au soir. M. Havette, ayant obtenu du commandant l'autorisation de se rendre auprès de sa femme morte, a pu rentrer chez lui.

Dans la soirée, un officier a de nouveau donné l'ordre aux habitants de se rassembler et leur a enjoint de se rendre dans la grange de M. Lachambre. Havette a cru pouvoir rester auprès du cadavre de sa femme en vertu de la permission qu'il avait obtenue. Vers onze heures, il est sorti, mais à peine était-il dehors qu'il était tué d'un coup de fusil.

Après lecture, le témoin a signé avec nous.

MEURTHE-ET-MOSELLE.

N° 171.

L'an mil neuf cent quatorze, le onze novembre, à NANCY (Meurthe-et-Moselle), devant nous, ..., membres de la Commission instituée par décret du 23 septembre 1914, a comparu la personne ci-après nommée; elle nous a fait les déclarations suivantes :

MIRMAN (Léon), 49 ans, préfet du département de Meurthe-et-Moselle :

Je jure de dire la vérité.

Dans la nuit du 9 au 10 septembre, les Allemands ont bombardé Nancy, sans que ce bombardement répondît à aucun intérêt militaire. La ville n'est pas fortifiée; elle ne contenait aucune agglomération de troupes, ni aucun canon. Les obus sont tombés au hasard, sur une étendue assez vaste; aucun monument, aucun point même ne paraissait spécialement visé. Il est donc indiscutable qu'en se livrant à cette opération, l'ennemi ne pouvait avoir d'autre but que de terroriser une population. Plusieurs personnes ont été tuées.

A diverses reprises, des avions allemands ont également jeté des bombes sur la ville et ont fait ainsi plusieurs victimes parmi les femmes et les enfants.

L'ennemi ne pouvait ignorer non seulement que les batteries et les troupes françaises ne se trouvaient pas dans Nancy, mais encore qu'elles évoluaient à une grande distance.

Après lecture, le témoin a signé avec nous.

N° 172.

L'an mil neuf cent quatorze, le onze novembre, à NANCY (Meurthe-et-Moselle), devant nous, ..., etc...

SIMON (Gustave), 46 ans, maire de Nancy :

Je jure de dire la vérité.

Les Allemands, sans avoir fait préalablement aucune notification, ont bombardé Nancy dans la nuit du 9 au 10 septembre, en y envoyant de soixante à soixante-cinq obus, qui sont tombés sur le quartier Saint-Nicolas et le cimetière du Sud, c'est-à-dire dans des endroits où il n'existe pas d'établissement militaire.

Trois femmes, une jeune fille et une fillette ont été tuées. Treize personnes ont été blessées. Les dégâts matériels ont été importants.

Des avions ennemis ont survolé la ville à deux reprises. Le 4 septembre, un taube a laissé tomber deux bombes. La première n'a causé aucun dommage sérieux, la seconde a tué, sur la place de la Cathédrale, un homme et une petite fille et a blessé six personnes.

Le 13 octobre, trois bombes ont été lancées près du pont du Mont-Désert, à la gare des marchandises. Quatre employés de la compagnie du chemin de fer de l'Est ont été blessés.

Après lecture, le témoin a signé avec nous.

N° 173.

L'an mil neuf cent quatorze, le dix novembre, à Pont-à-Mousson (Meurthe-et-Moselle), devant nous, ... etc...

Bertrand (Alexandre), 64 ans, adjoint au maire de Pont-à-Mousson :

Je jure de dire la vérité.

Nous en sommes aujourd'hui à notre vingt-quatrième jour de bombardement. Aucune sommation ne nous a été faite. La ville, vous le savez, n'est pas fortifiée. Seulement le pont, au début des hostilités, a été mis en état de défense par le commandant du . .ᵉ bataillon de chasseurs à pied qui était en garnison ici.

Le premier bombardement a eu lieu le 11 août, et s'est continué depuis par intermittences. Le 14 août, les Allemands ont tiré sur l'hôpital, sur les tours duquel flottaient plusieurs drapeaux de la Croix-Rouge, visibles de très loin. L'édifice a reçu ce jour-là soixante-dix obus.

Il n'y a pas eu d'incendie, mais environ quatre-vingts maisons ont été endommagées. Quatorze personnes de la population civile ont été tuées. La plupart des victimes étaient des femmes et des enfants. Nous avons à peu près autant de blessés.

Aujourd'hui, à quatre heures du matin, les Allemands nous ont encore envoyé sept obus, qui ont causé des dégâts matériels importants. Dans la nuit d'avant-hier à hier, une jeune fille de 19 ans et un enfant de 4 ans ont été tués dans leur lit, par le bombardement. Un homme a été blessé à la tête.

J'ajoute qu'à plusieurs reprises des avions allemands qui survolaient la ville y ont jeté des bombes.

Après lecture, le témoin a signé avec nous.

Nᵒˢ 174, 175.

L'an mil neuf cent quatorze, le vingt-huit octobre, à Nancy, devant nous,... etc......

Dieudonné (Jean-Louis), 57 ans, juge de paix du canton de Nomeny :

Je jure de dire la vérité.

J'ai été obligé de quitter Nomeny dès le 8 août, avec l'autorisation du Parquet; des détachements allemands y étaient déjà venus et s'étaient présentés chez moi pour m'y chercher. Je leur avais en effet été dénoncé comme ayant donné précédemment des indications aux autorités militaires françaises.

Mon habitation a été d'abord épargnée par l'incendie, parce qu'on y avait installé des blessés, mais elle a été complètement pillée, et mon mobilier a été transféré à Metz. On a vu notamment, sur le chemin de cette ville, à Ebly, entre les mains de l'ennemi, un bronze d'art qui m'avait coûté 1,200 francs. Quand les Allemands ont dû évacuer précipitamment Nomeny, ils ont, avant de partir, brûlé « à la main » ma maison.

Après lecture, le témoin a signé avec nous.

———————

Lhuillier (Jules-Nicolas), âgé de 66 ans, curé doyen de Nomeny :

Je jure de dire la vérité.

Dans la nuit du 20 au 21 août, j'ai vu les Allemands mettre le feu à plusieurs maisons. Ils semblent avoir des spécialistes pour cette besogne, comme le génie a la mission de construire les ponts. J'ai constaté que les incendiaires étaient particulièrement des cyclistes. Ils jetaient dans les immeubles des sortes de petites étoiles noires qui fusaient violemment.

La ville est à peu près complètement détruite.

Le 21 août, vers six heures et demie du soir, j'ai été arrêté à mon domicile où j'abritais un grand nombre de mes paroissiens. On m'a conduit au camp et, sur un parcours d'environ 800 mètres, tous les officiers que j'ai rencontrés m'ont mis en joue. Un colonel me déclara que j'étais condamné à mort, parce que j'étais un assassin, et comme je protestais de ma complète innocence, il ajouta que j'étais un lâche et un parjure. « Monsieur le Curé, s'écria un officier, respectez les chefs de notre grande armée, et parlez allemand, car ils détestent autant votre langue que votre pays. » Je donnai alors pour preuve de l'inanité de l'accusation portée contre moi, que j'avais récemment soigné un soldat allemand blessé, et qu'un officier m'en avait exprimé sa reconnaissance. A ce moment, et bien que des soldats m'eussent déjà fait déboutonner ma soutane et ma chemise, le colonel ordonna que mon exécution fut remise au lendemain. Pendant la nuit, je fus gardé par deux factionnaires. Vers quatre heures du matin, comme la fusillade éclatait, mes gardiens s'éloignèrent. J'eus alors la tentation de me sauver, mais avant de prendre un parti, éprouvant un scrupule de conscience, je consultai le père dominicain Jacquot, qui me conseilla de rester, dans la crainte que les Allemands ne massacrassent à coups de baïonnette les nombreux habitants qu'ils avaient arrêtés et qui étaient auprès de moi.

Au bout de vingt minutes, mes factionnaires furent remplacés, et un soldat s'efforça de me rendre la confiance, en me disant notamment que le général avait fait savoir au rapport que j'avais été exécuté la veille au soir, et en ajoutant que puisque j'étais mort, on ne pouvait me tuer une seconde fois. J'ai conclu de cette conversation que, malgré les ordres du général, le colonel avait pris sur lui de me sauver la vie, en considération des soins que j'avais donnés à un blessé.

Après avoir manifesté l'intention de nous transférer à Metz, les ennemis me conduisirent dans la direction de Nancy et me rendirent la liberté.

Après lecture, le témoin a signé avec nous.

———————

N° 176.

L'an mil neuf cent quatorze, le vingt-huit octobre, à NANCY, devant nous, ... etc......

BIÉVELOT (Jacques-Prosper), conseiller d'arrondissement faisant fonctions de maire à Nomeny :

Je jure de dire la vérité.

Le 20 août, pendant le combat, les Allemands m'ayant fait sortir de chez moi m'ont emmené avec eux, et m'ont exposé aux balles françaises. Ils m'ont gardé pendant deux jours. Je n'ai donc pas été témoin de l'incendie, mais je suis convaincu qu'il a été allumé volontairement par l'ennemi. M. le Préfet vous a remis la liste que j'ai dressée des personnes de Nomeny qui ont été massacrées. C'est bien le document que vous me présentez, je le confirme absolument.

J'ajoute que ma femme a été emmenée avec moi et a partagé mon sort.

Après lecture, le témoin a signé avec nous.

N°ˢ 177, 178, 179, 180.

L'an mil neuf cent quatorze, le trente octobre, à NANCY, devant nous,... etc........

ACOSTA (Eugène), 63 ans, tailleur de pierre à Nomeny, réfugié à Nancy, a déclaré :

Je jure de dire la vérité.

Le 20 août, à dix heures du matin, j'ai vu quatre militaires allemands entrer chez Mᵐᵉ Jablonsky, grande rue, à Nomeny; aussitôt le feu a pris à la maison; j'ai remarqué, au moment où les Allemands sont sortis de cet immeuble, que l'un d'eux portait un bidon de pétrole. J'ai fait les mêmes constatations en ce qui concerne les maisons de M. Quentin et de M. Petitjean. J'ai essuyé plusieurs coups de fusil dans la rue, mais je n'ai pas été atteint.

Après lecture, le témoin a signé avec nous.

ARDOUIN (François-Xavier), 64 ans, receveur des contributions indirectes en retraite à Nomeny, actuellement à Nancy, déclare :

Je jure de dire la vérité.

Le 20 août, nous avons été maltraités, ma femme et moi, par des militaires des 2ᵉ et 4ᵉ régiments d'infanterie bavaroise, à Nomeny. A plusieurs reprises, j'ai été menacé d'être fusillé; je n'ai dû mon salut qu'à ma connaissance de la langue allemande.

Après lecture, le témoin a signé avec nous.

Marchand (Augustin-Joseph), 58 ans, retraité des chemins de fer à Nomeny, actuellement à Nancy, déclare :

Je jure de dire la vérité.

Le 20 août, des Bavarois ont mis le feu à plusieurs maisons de Nomeny vers onze heures du matin. Je me trouvais devant la glacière et j'ai vu, à une centaine de mètres de moi, les Allemands qui arrosaient les habitations avec un liquide que je suppose être du pétrole, et qui en approchaient ensuite des torches. Le feu se déclarait immédiatement. Le récipient qui contenait ce liquide était placé sur un petit chariot.

Après lecture, le témoin a signé avec nous.

———

Nicolas (Ernest), 46 ans, cafetier à Nomeny, actuellement à Nancy, déclare :

Je jure de dire la vérité.

Le 21 août, deux soldats du 4ᵉ régiment d'infanterie bavaroise m'ont arrêté et m'ont conduit dans un jardin où, m'ayant fouillé, ils m'ont volé 81 marks.

Après lecture, le témoin a signé avec nous.

———

Nᵒˢ 181, 182, 183.

L'an mil neuf cent quatorze, le vingt-huit octobre, à Nancy, devant nous,... etc.......

Marchal (Juliette), femme Retournard, 43 ans, demeurant à Nomeny :

Je jure de dire la vérité.

Le 20 août, les Allemands m'ont obligée, ainsi que mes enfants, à sortir de la maison de Mᵐᵉ Paillon, où nous nous étions réfugiés. Ils nous ont placés le long d'une clôture, auprès de la gare. A ce moment, par suite d'une méprise, ils ont tiré les uns sur les autres. J'ai reçu à la hanche gauche un éclat d'obus qui m'a fait une assez grave blessure. Avec mon consentement, des majors allemands m'ont fait conduire à Metz, où j'ai été soignée chez les Sœurs de l'Espérance. Au moment où on me conduisait près de la clôture, j'ai constaté que des incendies étaient allumés dans la ville. Je me suis écriée : « Mais, cela flambe! » Un officier du 4ᵉ régiment d'infanterie bavaroise m'a répondu : « Oui. On a tiré sur nous; aussi nous avons été obligés de brûler ».

Après lecture, le témoin a signé avec nous.

———

Zambeau (Amélie), veuve Killian, âgée de 67 ans, demeurant à Nomeny, réfugiée à Nancy :

Je jure de dire la vérité.

Le 20 août, vers quatre heures et demie du soir, des Allemands sont entrés chez nous; ils nous ont fait sortir. Nous nous sommes assis sur notre banc devant la maison, mon mari et moi. Sans aucun motif, alors que mon mari, qui venait de se lever sur l'ordre qui lui en avait été donné, marchait lentement à cause de ses varices, un Allemand lui a porté un coup de sabre qui lui a ouvert la gorge, et comme, devant la menace, il avait placé une de ses mains sur son cou, il a eu les doigts coupés. Je suis restée auprès du cadavre toute la nuit, pendant qu'autour de moi brûlaient les maisons de la ville. Mon mari s'appelait Michel Killian, il avait 72 ans. On m'a chassée le lendemain sans me permettre de l'inhumer.

Après lecture, le témoin a signé avec nous.

GOURIER (Charles), 65 ans, cultivateur à la Barde, commune de Nomeny, réfugié à Nancy :

Je jure de dire la vérité.

Le 14 août, vers six heures et demie du soir, six Allemands se trouvaient dans la cour de ma ferme. Cinq d'entre eux sortirent les premiers ; à ce moment mon jeune domestique, Michel (Nicolas), âgé de 17 ans, traversa la cour et s'approcha d'eux ; presque aussitôt, le sixième épaula son fusil, à 3 mètres de Michel, et abattit ce malheureux garçon d'une balle dans la tête. Le meurtrier prit aussitôt la fuite et alla rejoindre ses camarades. Mon domestique était un gentil garçon, très doux de caractère. Il est mort sans avoir repris connaissance.

Après lecture, le témoin a signé avec nous.

Nᵒˢ 184, 185, 186.

L'an mil neuf cent quatorze, le vingt-huit octobre, à NANCY, devant nous, ... etc. . . . . . .

COMBAREL (Marie), femme HUFFSCHMIDT, 43 ans, sans profession, à Nomeny, réfugiée à Nancy :

Je jure de dire la vérité.

Nous étions nombreux dans la cave de Mᵐᵉ Colson, le 20 août, à quatre heures de l'après-midi, quand l'incendie nous obligea à sortir. Je vis alors passer dans la rue M. Meunier et sa famille qui se sauvaient. Des Allemands les arrêtèrent, séparèrent en deux groupes les femmes et les hommes, et presque aussitôt, en même temps que j'entendais une détonation, j'ai vu M. Meunier tomber,

Après lecture, le témoin a signé avec nous.

GENTY (Nicolas), 55 ans, cultivateur à Nomeny, réfugié à Nancy :

Je jure de dire la vérité.

Le 20 août, en sortant de la cave de M. Bousse, vers trois heures et demie ou quatre heures, j'ai vu tomber M. Meunier, tué d'un coup de fusil par un soldat allemand, au moment où il cherchait à parlementer avec des ennemis, pour pouvoir quitter le pays. Les Bavarois ont emmené avec eux mon petit-fils, René Reuland, âgé de 3 ans et demi. Il paraît qu'il est actuellement à Metz, entre les mains d'un officier.

Après lecture, le témoin a signé avec nous.

Lapébie (Maria), femme Bertrand, 34 ans, journalière à Nomeny, réfugiée à Nancy :

Je jure de dire la vérité.

Le 20 août, au commencement de l'après-midi, j'étais réfugiée dans le café Pierron, quand un Allemand, me saisissant par le bras, me dit : « Vous avez vu ce cochon-là? » Puis il m'emmena dans la maison voisine pour me faire constater le meurtre qui venait d'être commis sur la personne d'un vieillard de 86 ans, M. Petitjean (Nicolas), qui était encore sur son fauteuil, et avait la tête fracassée par une balle.

Vers trois heures et demie, j'ai vu tuer à coups de fusil M. Meunier, M. Schneider, M. Raymond et M. Duponcel. Ce dernier avait sa femme à son bras quand il a été assassiné. La malheureuse s'est mise à genoux auprès du cadavre, en demandant la mort, mais les Allemands l'ont épargnée.

Enfin, j'ai à signaler qu'un sergent du ...ᵉ régiment d'infanterie française, qui était blessé et auquel j'avais donné un verre de sirop, a été achevé par l'ennemi. Je ne l'ai pas vu massacrer, mais j'ai constaté quelques instants après sa mort qu'il avait le crâne presque complètement enlevé, et qu'il portait en outre une blessure énorme à la poitrine.

Après lecture, le témoin a signé avec nous.

N° 187.

L'an mil neuf cent quatorze, le onze novembre, à Nancy, devant nous, ... etc........

Acosta (Eugène), 63 ans, tailleur de pierre à Nomeny, réfugié à Nancy :

Je jure de dire la vérité.

Le 20 août, M. Sanson père, quincaillier, qui demeurait en face de chez nou grande rue, à Nomeny, a été tué d'un coup de fusil dans la rue, au moment où il allait ramasser sa femme blessée par une balle allemande. La femme a été emmenée par l'ennemi; elle est, paraît-il, morte dans un hôpital de Metz. Je n'ai pas assisté personnellement aux deux meurtres, mais je les ai entendu raconter par des gens de Nomeny, en captivité comme moi.

J'ai vu dans la rue les cadavres de M. Pierson, employé de culture des tabacs, et de son gendre, M. Lallemant, commis d'usine.

Après lecture, le témoin a signé avec nous.

N° 188.

L'an mil neuf cent quatorze, le trente octobre, à Nancy, devant nous,... etc........

Louis (Émile), 62 ans, cordonnier à Nomeny, actuellement à Nancy :

Je jure de dire la vérité.

Le 20 août, en sortant de notre cave pour fuir l'incendie, je me suis rendu dans celle de M. Bousse. Nous y étions assez nombreux depuis quelques instants, quand la sonnerie électrique retentit. Comme M. Bousse voulait aller voir ce qui se passait, M. Chardin, conseiller municipal faisant fonctions de maire, a déclaré qu'il entendait le précéder. J'ai suivi ces Messieurs. M. Chardin ayant ouvert la porte de la maison, un Allemand lui demanda de lui fournir une voiture pour conduire des blessés. A peine notre concitoyen avait-il répondu : « Nous ferons ce que nous pourrons », que son interlocuteur l'abattait d'un coup de fusil. Je suis rentré précipitamment dans la cave, ainsi que M. Bousse, « sans en demander davantage ».

J'ai entendu très peu de temps après éclater les coups de fusil qui ont tué M. Hazotte, facteur, et son père, sur le seuil de leur porte. Le lendemain, j'ai vu les cadavres de ces deux malheureux. J'ai vu aussi le corps de Benjamin Schneider.

Après lecture, le témoin a signé avec nous.

N° 189.

L'an mil neuf cent quatorze, le onze novembre, à Nancy, devant nous,... etc........

Meyer (Reine), femme Gerhard, 55 ans, femme de ménage à Nomeny, réfugiée à Nancy :

Ma fille et moi gardions, avec le commis Prevot, la maison de M. Bussienne, pharmacien, Grande-Rue, à Nomeny.

Le 20 août, à l'arrivée des Allemands, je me suis sauvée avec mon enfant dans un hangar, tandis que Prevot restait à la cuisine. Au moment où nous sortions, j'ai entendu celui-ci crier : « Ne me tuez pas, je vous en prie, je suis le pharmacien et je vous donnerai tout ce que vous voudrez. » Mais trois coups de feu ont retenti, et M. Prevot est tombé en poussant un grand soupir. Quant à nous, la nuit venue, nous avons pu nous enfuir dans les champs, où un Allemand nous ayant découvertes nous a poussées à coups de crosse jusqu'aux environs de la gare de Nomeny. Là, au bord de la route, nous avons vu un tas de cadavres d'habitants de la ville. Il y en avait encore beaucoup dans le jardin de la gare. Un peu plus tard, comme nous nous dirigions vers Nancy, nous avons reconnu sur le chemin les corps de M. Kieffer et de ses deux enfants, de M. Mentré, de son fils, de M. Strifler et de M. Guillaume.

Après lecture, le témoin a signé avec nous.

Nos 190, 191.

L'an mil neuf cent quatorze, le onze novembre, à Nancy, devant nous,... etc........

Conus (Jeanne), femme François, 28 ans, bouchère à Nomeny, réfugiée à Saint-Nicolas-du-Port, de passage à Nancy :

Je jure de dire la vérité.

Le 20 août, entre trois et quatre heures de l'après-midi, ayant entendu des Allemands qui pénétraient dans ma maison, j'ai cru devoir sortir de la cave, pour leur demander ce qu'ils voulaient. Notre commis, Strub (Georges) et le nommé Contal, facteur, qui était à ce moment employé chez nous, me suivirent. A peine étions-nous arrivés sur le seuil de la porte d'entrée de la maison, qu'un Allemand abattait Strub d'un coup de fusil à la poitrine, tandis que Contal se sauvait sur la place. Je me réfugiai alors dans un sous-sol, pendant que des coups de feu retentissaient au dehors. Au bout de cinq minutes environ, ayant entendu râler le malheureux Strub, je me disposai à lui porter secours. J'entr'ouvris alors la porte, mais je vis un soldat achever notre commis d'un coup de hache dans le dos.

Mon père qui, à l'arrivée des Allemands, était monté dans une pièce du premier étage, a aperçu par la fenêtre le corps de Contal étendu sur un trottoir.

J'ajoute qu'un adjudant en retraite, M. Colson, qui habitait dans notre maison et qui n'avait pas voulu descendre dans la cave, a été tué dans notre cour.

Notre habitation n'existe plus; j'ai constaté, au moment de l'incendie, que les meubles avaient été arrosés de pétrole.

Après lecture, le témoin a signé avec nous.

CONRAD (Barbe), femme ARDOUIN, 63 ans, demeurant à Nomeny, réfugiée à Nancy :

Je jure de dire la vérité.

Le 21 août, j'ai vu étendu dans la rue, la face contre terre, le cadavre de M. Adan (Jean-Pierre). Je n'ai pas pu constater ses blessures parce que les Allemands qui m'emmenaient ne m'ont pas laissée approcher. Mme Adan n'en sait pas plus que moi, car elle était prisonnière au moment où son mari a été tué. Nous sommes passées ensemble auprès du corps.

Je parle allemand. Au moment où des soldats se disposaient à brûler ma maison, j'ai entendu l'un d'eux dire que c'était dommage d'incendier un immeuble tout neuf. Un autre a répondu : « Celle-ci comme les autres; va chercher le bidon de schiste. » Le premier a, en effet, apporté du pétrole, en a répandu dans ma grange et, quand on m'a emmenée, j'ai vu un Allemand frotter l'allumette.

Le lendemain, lorsque je suis passée avec les autres habitants, « conduits en troupeau », j'ai constaté que de ma maison il restait seulement les murs.

J'ai demandé à un soldat pourquoi on voulait me tuer ainsi que mon mari, et pourquoi on avait incendié notre ville. Il m'a répondu : « On nous l'a commandé. Il n'y a plus de pardon, parce que les Français ne font plus de prisonniers; ils crèvent les yeux aux blessés et leur coupent les membres les uns après les autres. Si ce n'était pas vrai, nos chefs ne nous l'auraient pas affirmé. »

Après lecture, le témoin a signé avec nous.

N{os} 192, 193.

L'an mil neuf cent quatorze, le vingt-huit octobre, à NANCY, devant nous,... etc......

MAIRE (Virginie), femme MENTRÉ, 58 ans, demeurant à Nomeny, réfugiée à Nancy :

Je jure de dire la vérité.

Le jeudi 20 août, nous étions réfugiés, un certain nombre de personnes et moi-même, dans la cave de M. Vassé, faubourg de Nancy, à Nomeny, quand nous avons entendu briser des carreaux au-dessus de nous, et avons vu que l'incendie commençait dans les environs. Nous avons alors estimé qu'il y avait lieu de sortir, mais nous nous sommes immédiatement trouvés en présence d'une cinquantaine de Bavarois qui se sont mis à crier des menaces de mort, et à tirer des coups de fusil. Chaque personne fut abattue au fur et à mesure que les réfugiés sortaient de la cave. Mon mari, Mentré (Arsène), a été tué le premier; mon fils Léon, âgé de 19 ans, a reçu une balle au côté. Il est tombé avec ma petite fille, âgée de 8 ans, qu'il portait dans ses bras, mais qui n'a pas été blessée; puis, comme mon malheureux enfant râlait à terre, on lui a mis le canon d'un fusil sur la tête et on lui a brisé le crâne. M. Kieffer a été également tué, ainsi que sa fillette de 3 ans et son petit garçon de 9 ans. Mme Kieffer a été blessée au bras et à l'épaule. M. Strifler et un fils Vassé, âgé de 17 ans, ont été assassinés; enfin, M. Guillaume, traîné jusque dans la rue, y a été massacré.

Quant à moi, j'ai reçu trois balles, l'une à la jambe gauche, une autre au bras du même côté, et une troisième qui n'a fait que m'effleurer le front. Je vous fais constater mes deux blessures qui ne sont pas encore cicatrisées.

Les soldats allemands étaient dans un état de surexcitation extrême. Ils avaient les yeux injectés de sang. On leur avait affirmé, disaient-ils, que les Français arrachaient les yeux aux blessés.

Après lecture, le témoin a signé avec nous.

Simonin (Marie), 17 ans, demeurant à Nomeny, réfugiée à Nancy :

Je jure de dire la vérité.

Le 20 août, j'étais dans la cave Vassé, avec la famille Mentré et d'autres personnes, quand les Allemands sont venus donner des coups de crosse dans les fenêtres et dans les portes. Nous sommes sortis les uns après les autres, les hommes d'abord, les femmes ensuite. Des fusils étaient braqués sur ceux qui sortaient. M. Mentré est tombé le premier, avec son fils; j'ai vu tuer aussi M. Kieffer et ses deux enfants. Je suis sortie avec ma sœur Jeanne, âgée de 3 ans. Celle-ci a reçu une balle qui lui a presque complètement emporté le coude. Je me suis jetée à terre, et j'ai fait la morte. Je suis restée ainsi cinq minutes dans l'angoisse, tandis qu'un Bavarois me lançait un coup de pied en criant : « Kaput!» Je n'ai pas bougé. Un peu plus tard, un officier me prenant par le bras m'a relevée et m'a dit : «Allez en France!» Je me suis sauvée dans une glacière où je suis restée pendant deux jours, avec Mme Mentré, que vous avez entendue déjà, et quelques autres personnes.

Après lecture, le témoin a signé avec nous.

N° 194.

L'an mil neuf cent quatorze, le trente octobre, à Nancy, devant nous,... etc.........

Louis (Marie), veuve Kieffer, 35 ans, anciennement débitante à Nomeny, actuellement réfugiée à Nancy :

Je jure de dire la vérité.

Le 20 août, nous étions, mon mari, moi et une vingtaine d'autres personnes, réfugiés dans la cave de M. Vassé, sur la route de Nancy, à Nomeny, quand, vers quatre heures du soir, des Bavarois enfoncèrent les portes et les fenêtres de ma maison et mirent le feu. Tout le monde sortit de la cave, mais les Allemands, nous cernant, se mirent à nous fusiller. J'avais sur mon bras ma petite fille de 3 ans, Georgette, et auprès de moi mon fils Henri, âgé de 10 ans. Mon mari était à mes côtés, Nous sommes tombés tous ensemble. La balle qui a tué ma fillette m'a atteinte à la joue gauche, me faisant une blessure dont vous voyez la cicatrice. Les assassins nous voyant étendus sur le sol nous ont encore tiré des coups de fusil. Mon mari, déjà blessé, a reçu une balle dans le flanc. Mon petit garçon a eu le crâne enlevé par un nouveau projectile ; j'ai enfin été blessée à l'épaule. Un officier allemand qui parlait français est alors survenu ; il a ordonné aux femmes de se relever et leur a dit : « Allez en France ! » Nous sommes allées nous cacher dans une glacière.

Après lecture, le témoin a signé avec nous.

N°s 195, 196.

L'an mil neuf cent quatorze, le huit novembre, à NANCY, devant nous,... etc........

VIRIOT (Pauline), veuve JOBA, 63 ans, demeurant à Nancy :

Je jure de dire la vérité.

Je possédais par indivis une importante habitation à Nomeny, et je m'y trouvais avec ma fille et ma sœur quand les Allemands ont mis le feu à la ville. Je les ai vus incendier les maisons à l'aide de torches de paille enflammées.

Nous nous sommes réfugiées à Mailly, et là nous avons vu passer sur des voitures escortées par de la troupe tout le butin qui avait été fait à Nomeny.

Un général allemand à qui je demandais un laissez-passer pour Nancy m'a répondu : « Nancy pas sûr. Nancy comme Nomeny. »

Après lecture, le témoin a signé avec nous.

MULLER (Paul), 51 ans, professeur à la Faculté des sciences de l'Université de Nancy :

Je jure de dire la vérité.

Après l'incendie de ma maison de Nomeny, j'ai été prisonnier des Allemands. Au cours de ma captivité, ils m'ont répété un grand nombre de fois qu'ils avaient volontairement mis le feu à la ville pour la punir de ce que les habitants avaient tiré sur eux. Je me suis efforcé de leur démontrer l'absurdité de ce prétexte et leur ai dit, ce qui était vrai, que longtemps avant leur arrivée, on avait déposé les armes à la mairie. Ils n'en ont pas moins persisté dans leurs allégations et m'ont même, à l'appui, montré deux douilles de cartouches de fusils de chasse. La preuve ne m'a paru nullement convaincante.

Après lecture, le témoin a signé avec nous.

N° 197.

L'an mil neuf cent quatorze, le trois décembre, à Paris, devant nous,... etc.........

Pilloy (Gaston-Julien), fabricant de dentelles à Nomeny, actuellement à Paris, 7, rue d'Amboise :

Je jure de dire la vérité.

Le 20 août, j'ai vu des soldats du 4ᵉ régiment d'infanterie bavaroise mettre le feu à des maisons de Nomeny. Ils entassaient du bois à l'intérieur et l'allumaient. L'incendie éclatait immédiatement avec une grande intensité.

Le 22, dans la matinée, j'ai rencontré deux femmes blessées qui se sauvaient; je les ai accompagnées et, chemin faisant, elles m'ont dit que leurs maris et leurs enfants avaient été fusillés. C'étaient les dames Mentré et Strifler. A un certain endroit de la route, j'ai vu les cadavres de Strifler et de Mentré, et ceux des deux enfants de Kieffer, âgés l'un de 4 ans, l'autre de 6 ans. D'après l'aspect des blessures qu'ils portaient tous, j'ai pu me rendre compte que ces victimes avaient été tuées par des coups de feu tirés à bout portant. Les bords des plaies présentaient en effet des traces de brûlures. La petite fille avait une partie du corps roussi, ce qui est de nature à faire supposer qu'après avoir séjourné dans le feu, son cadavre avait été apporté par les Allemands à l'endroit où je l'ai trouvé.

Après lecture, le témoin a signé avec nous.

N° 198.

L'an mil neuf cent quatorze, le vingt-quatre décembre, à Paris, devant nous,... etc...

Barbe (Charles), 56 ans, gardien de la paix en retraite, domicilié à Nomeny, actuellement employé à Paris, aux grands magasins de Pygmalion :

Je jure de dire la vérité.

Le 20 août et les jours suivants, les Allemands ont mis le feu à Nomeny et y ont massacré des habitants. J'ai vu des soldats montés sur une automobile allumer l'incendie dans plusieurs maisons, avec des fusées.

J'ai assisté personnellement au meurtre de quatre personnes : Strub, garçon boucher, qui, au moment où il a reçu le coup de fusil qui l'a abattu, tenait le loquet de la porte de la boucherie Conus; Contal, qui se sauvait à la poste et sur qui cinq Allemands ont tiré; Joseph Maldidier, cultivateur, et Colson, adjudant retraité, chevalier de la Légion d'honneur, qui ont été tués tous deux dans la cour de M. Conus. J'ai vu également de nombreux cadavres, notamment ceux de MM. Hazotte père et fils, Chardin, conseiller municipal faisant fonctions de maire, et Meunier, ancien boucher. Je n'ai pas reconnu les autres.

Après lecture, le témoin a signé avec nous.

Nᵒˢ 199, 200, 201.

L'an mil neuf cent quatorze, le sept novembre, à LUNÉVILLE, devant nous,... etc.....

KELLER (Émile-Georges), 56 ans, maire de Lunéville :

Je jure de dire la vérité.

Pendant les vingt et un jours de l'occupation, j'ai été dix-sept jours gardé à vue. J'étais à Lunéville le 25 août, quand la ville a été particulièrement éprouvée. Ce jour-là, je me suis rendu à l'hôpital entre trois et quatre heures. J'ai alors entendu siffler au-dessus de ma tête des balles qui me paraissaient « provenir de l'arrière »; et j'ai vu des Allemands non blessés tirer des coups de fusil dans la direction du grenier d'une maison voisine. Ils ont prétendu à plusieurs reprises que des civils avaient tiré sur eux. J'ai protesté énergiquement, et je leur ai proposé de faire avec eux le tour de la ville pour leur démontrer que ce prétexte était inexact. En sortant de l'hôpital, j'ai trouvé au coin des rues Castara et de Viller le cadavre de M. Crombez. L'officier qui commandait mon escorte m'a dit : « Vous voyez ce cadavre, c'est celui d'un civil qu'un autre civil a tué en tirant sur nous d'une maison voisine de la synagogue. Aussi, comme notre loi nous l'ordonne, nous avons exécuté les habitants de cette maison que nous avons brûlée ». (Il s'agissait de M. Weill, sacrificateur, et de Mˡˡᵉ Weill.) Le même officier a ajouté : « On a également brûlé la maison qui fait l'angle de la rue Castara et de la rue Girardet, parce que des civils avaient tiré de là des coups de feu ». C'est de cette maison qu'on aurait déjà tiré quand j'étais à l'hôpital, d'après ce que disaient devant moi les Allemands. Or il était matériellement impossible que, de là, on put atteindre quelqu'un dans la cour où nous nous trouvions. J'ajoute que Weill passait pour n'avoir jamais touché un fusil de sa vie.

En passant, j'ai constaté que l'Hôtel de ville était incendié. L'officier m'a dit alors : « Notre loi nous ordonne, quand des civils ont tiré sur nous, de brûler l'Hôtel de ville, et nous permet de fusiller le maire ». J'ai enfin vu, en arrivant dans le faubourg d'Einville, qu'une partie de ce quartier était en train de brûler.

Je vous remets une copie de la proclamation que l'autorité militaire allemande a fait afficher ici.

J'ajoute que la ville a été pillée à plusieurs reprises et que, d'après ce qui m'a été dit, des officiers auraient participé au pillage.

Après lecture, le témoin a signé avec nous.

———

FERRY (Camille), 58 ans, juge de paix à Lunéville :

Je jure de dire la vérité.

Le 25 août, entre trois et quatre heures de l'après-midi, j'étais avec ma femme à une fenêtre de mon appartement donnant sur la rue Girardet, quand nous vîmes déboucher à gauche une automobile conduite par un soldat allemand et marchant à une allure très lente. Derrière le conducteur, dans le caisson, se trouvaient deux autres soldats faisant face, en se tournant le dos, aux deux rangées de maisons, et se tenant debout. Ils avaient chacun un revolver dans la main droite, en attitude de tir. Nous avons eu immédiatement l'impression d'un danger et nous nous sommes rejetés en arrière. Une seconde après, une détonation éclatait, suivie de plusieurs autres.

Après lecture, le témoin a signé avec nous.

MINIER (Marc), 43 ans, sous-préfet de Lunéville :

Je jure de dire la vérité.

Le 25 août, en rentrant à mon domicile, vers cinq heures et demie du soir, j'ai vu de nombreux cavaliers allemands parcourant la ville, isolément ou par petits groupes, en tirant en l'air et sur les maisons.

J'ai, de plus, assisté quotidiennement à des scènes de pillage.

Après lecture, le témoin a signé avec nous.

N° 202.

DOCUMENT *communiqué à la Commission par* M. le maire de LUNÉVILLE.

AVIS A LA POPULATION.

Le 25 août 1914, des habitants de Lunéville ont fait une attaque par embuscade contre des colonnes et trains allemands. Le même jour, des habitants ont tiré sur des formations sanitaires marquées par la Croix-Rouge. De plus, on a tiré sur des blessés allemands et sur l'hôpital militaire contenant une ambulance allemande.

A cause de ces actes d'hostilités, une contribution de 650,000 francs est imposée à la commune de Lunéville. Ordre est donné à M. le Maire de verser cette somme en or (et en argent jusqu'à 50,000 francs) le 6 septembre 1914, à neuf heures du matin, entre les mains du représentant de l'autorité militaire allemande. Toute réclamation sera considérée comme nulle et non arrivée. On n'accordera pas de délai.

Si la commune n'exécute pas ponctuellement l'ordre de payer la somme de 650,000 francs, on saisira tous les biens exigibles.

En cas de non-payement, des perquisitions domiciliaires auront lieu et tous les habitants seront fouillés. Quiconque aura dissimulé sciemment de l'argent ou essayé de soustraire des biens à la saisie de l'autorité militaire, ou qui cherche à quitter la ville, sera fusillé.

Le maire et les otages pris par l'autorité militaire seront rendus responsables d'exécuter exactement les ordres susindiqués. Ordre est donné à M. le Maire de publier de suite ces dispositions à la commune.

Hénaménil, le 3 septembre 1914.

Le Commandant en chef,

VON FASBENDER.

Certifié pour copie conforme :

Le maire de Lunéville,

Signé : KELLER.

N°s 203, 204, 205.

L'an mil neuf cent quatorze, le vingt-neuf octobre, à Lunéville (Meurthe-et-Moselle), devant nous,..., membres de la Commission instituée par décret du 23 septembre 1914, ont comparu les personnes ci-après nommées; elles nous ont fait les déclarations suivantes :

Motte (Théophile), 75 ans, marchand de vins à Lunéville :

Je jure de dire la vérité.

J'ai vu, le 25 août, les Allemands incendier la gare du tramway. L'un d'eux avait une botte de paille à une main et une torche dans l'autre main. Il a allumé une poignée de paille, l'a jetée dans la gare, et le feu a pris immédiatement. Il a continué son chemin en procédant de même dans les immeubles voisins.

Après lecture, le témoin a signé avec nous.

Gangloff (Marguerite), femme Schaub, 55 ans, à Lunéville :

Je jure de dire la vérité.

Les Allemands ont mis le feu chez moi, le 25 août, chemin de Sembas, 18. Je les ai vus jeter de la paille allumée dans les larmiers de la cave, monter ensuite dans les chambres et casser les portes. Là encore, la flamme s'est aussitôt élevée.

Après lecture, le témoin a signé avec nous.

Joseph (Élise), femme Baehr, 42 ans, concierge rue de Jolivet, à Lunéville :

Je jure de dire la vérité.

J'ai vu les Allemands mettre le feu à la bonneterie Worms. Ils jetaient à pleines poignées des petites plaquettes noires sur les toits et envoyaient avec leurs fusils des fusées qui faisaient prendre les pastilles. Cela se passait le 25 août.

Après lecture, le témoin a signé avec nous.

N°s 206, 207, 208, 209.

L'an mil neuf cent quatorze, le vingt-neuf octobre, à Lunéville (Meurthe-et-Moselle), devant nous,.... etc..

Redercher (Marguerite), femme Garnier, 23 ans, sans profession à Lunéville :

Je jure de dire la vérité.

J'ai vu, le 25 août, les Allemands mettre le feu dans le faubourg d'Einville. Ils se servaient de balles incendiaires et de torches allumées. Ils ont, en ma présence, enduit de pétrole le comptoir de l'épicerie Sugg.

Au numéro 23 du faubourg, dans la maison Barthélemy, deux personnes qui étaient malades, M. Schweisch, âgé de 76 ans, et sa sœur Célestine, âgée de 82 ans, ont été brûlées dans l'incendie. J'ai vu leurs corps calcinés.

Après lecture, le témoin a signé avec nous.

———

VAGNER (Louis), 46 ans, marchand de vins à Lunéville :

Je jure de dire la vérité.

Le 25 août, j'ai vu les Allemands mettre le feu dans la rue Castara, avec du foin et de la paille, à la maison de M. Weill, ministre officiant israélite, puis à celle de M. Schreider, pharmacien.

M. Weill et sa fille, âgée de 16 ans, ont été brûlés dans leur cave. Ils n'étaient pas carbonisés, ils étaient « cuits ».

En sortant de chez moi, des soldats m'avaient dit : « Youtre kaput; a tiré sur nous ». Il est absolument certain que cette allégation était mensongère.

Après lecture, le témoin a signé avec nous.

———

LAMASSE (Louise), 45 ans, modiste à Lunéville :

Je jure de dire la vérité.

Le 25 août, de mes fenêtres, j'ai vu des Allemands incendier la maison de M. Weill avec une botte de paille qu'ils ont prise sur une voiture amenée par eux, et qu'ils ont arrosée d'un liquide. Ils avaient, pour entrer, brisé la porte à coups de hache. Ils ont ensuite opéré de même dans la maison de M. Schreider.

Après lecture, le témoin a signé avec nous.

———

COSSON (Joseph), 67 ans, propriétaire à Lunéville :

Je jure de dire la vérité.

Le 25 août, j'ai vu les Allemands incendier les maisons de la place des Carmes. Une compagnie brisait les portes, une autre tirait sur les immeubles, et aussitôt le feu prenait.

Après lecture, le témoin a signé avec nous.

———

N° 210.

L'an mil neuf cent quatorze, le vingt-neuf octobre, à LUNÉVILLE (Meurthe-et-Moselle), devant nous,... etc...

BLOCK (Amélie), femme THOMAS, 33 ans, cafetière à Lunéville :

Je jure de dire la vérité.

Le mardi 25 août, M. Crombez était chez nous, vers quatre heures, en train de boire tranquillement. Tout-à-coup, je vis devant la maison plusieurs Allemands qui, montés sur une automobile, mettaient en joue dans notre direction. Je me réfugiai dans la cave, et me dissimulai de mon mieux, en constatant qu'on tirait par les larmiers. J'avais avec moi mes enfants et quelques autres personnes. A un certain moment, j'ai entendu des râles et j'ai pensé que mon client avait dû être assassiné en sortant de mon débit. Le fait n'était malheureusement que trop exact, car ayant été obligée de quitter la cave sur l'ordre des Allemands, je trouvai sur le trottoir le cadavre de M. Crombez. Le corps est resté là pendant deux jours, parce que les ennemis défendaient de l'enterrer.

Après lecture, le témoin a signé avec nous.

Nᵒˢ 211, 212, 213, 214, 215, 216, 217.

L'an mil neuf cent quatorze, le vingt-neuf octobre, à Lunéville (Meurthe-et-Moselle), devant nous, ... etc...

Colin (Joseph), 59 ans, économe de l'hospice de Lunéville :

Je jure de dire la vérité.

Le 25 août, vers six heures du soir, j'étais dans mon bureau en train d'écrire, quand j'entendis des coups de fusil. Je regardai par la fenêtre et je vis un soldat allemand tirer en l'air à plusieurs reprises, puis s'éloigner dans la rue. Presque immédiatement après, je constatai que le feu était à une maison voisine. Un des coups de fusil a atteint au front un infirmier qui se trouvait à l'étage supérieur et qui soignait un officier allemand blessé. Cet infirmier s'était approché de la fenêtre pour se rendre compte de ce qui se passait. Il s'appelait Monteils.

Après lecture, le témoin a signé avec nous.

Schgier (Jean-Nicolas), 53 ans, journalier à Lunéville :

Je jure de dire la vérité.

J'ai vu le cadavre de M. Steiner, qui a été tué sans motif par les Allemands. Je sais que Mᵐᵉ Steiner a été également tuée. Je ne puis en dire davantage, car on m'a tiré à moi-même des coups de fusil, dont vous pouvez voir les traces sur la casquette que je vous présente.

Après lecture, le témoin a signé avec nous.

Schgier (Catherine-Barbe), 22 ans, domestique à Nancy, actuellement à Lunéville :

Je jure de dire la vérité.

Le mardi 25 août, vers cinq heures du soir, j'étais avec les époux Steiner et leur fille, dans leur cave, quand des Allemands arrivèrent en tirant des coups de fusil. Ils appelèrent M. Steiner qui se mit en devoir de remonter; sa femme voulut alors l'embrasser avant de le laisser partir, mais elle fut atteinte d'une balle au cou, et succomba dans la soirée. Le mari, qui avait obéi aux injonctions des soldats, fut tué à son tour, sur un pont situé dans son jardin. Je n'ai pas assisté à sa mort.

Après lecture, le témoin a signé avec nous.

MADRE (Marie), femme SIBILLE, 45 ans, sans profession, aux Mossus, commune de Lunéville :

Je jure de dire la vérité.

Le 25 août, vers cinq heures du soir, des Allemands sont entrés chez nous et ayant aperçu mon fils, qui n'avait absolument rien fait, ils l'ont arrêté et emmené. J'ai trouvé le lendemain, à 200 mètres des Mossus le corps de mon enfant, attaché à celui de M. Léon Vallon. On m'a fait partir de suite pour m'arracher à ce spectacle. Mon fils Lucien était âgé de 19 ans, il n'avait jamais possédé d'armes et c'était un garçon très doux.

Après lecture, le témoin a signé avec nous.

ORCHEL (Amélie), femme THIRIET, 56 ans, brodeuse aux Mossus, commune de Lunéville :

Je jure de dire la vérité.

Le 25 août, à cinq heures du soir j'ai vu le jeune Sibille monter la côte, entre deux soldats allemands baïonnette au canon. Un quart d'heure après, les soldats sont revenus. Leurs baïonnettes à dents de scie étaient pleines de sang et de lambeaux de chair.

Après lecture, le témoin a signé avec nous.

THIRIET (Auguste), 48 ans, jardinier aux Mossus (Lunéville) :

Je jure de dire la vérité.

Le 25 août, vers cinq heures du soir, je m'étais réfugié avec M. Philippe Vernier dans la cave de celui-ci, quand des Allemands pénétrèrent dans la maison. Vernier crut devoir alors sortir, mais il fut immédiatement fusillé. J'ai vu son cadavre étendu dans l'allée du jardin. Les Allemands, revolver au poing, m'ont forcé à l'enterrer immédiatement, en présence de Mme Vernier et de ses enfants.

Après lecture, le témoin a signé avec nous.

VANOT (Marie), veuve VERNIER, 42 ans, brocanteuse et débitante à Lunéville :

Le 25 août, vers cinq heures du soir, mon mari est sorti de la cave où nous nous étions réfugiés, à un moment où les Allemands étaient entrés chez nous et y avaient tout brisé. Il voulait sans doute se cacher dans un hallier ; mais à peine avait-il fait dix pas, qu'il tombait fusillé. Il avait reçu plusieurs balles, dont une dans la tête. Les Allemands m'ont alors fait sortir à mon tour, revolver au poing. Le corps de Vernier a été enterré de suite dans notre jardin.

Après lecture, le témoin a signé avec nous.

Nᵒˢ 218, 219, 220.

L'an mil neuf cent quatorze, le vingt-neuf octobre, à Lunéville (Meurthe-et-Moselle), devant nous, ... etc...

Hauberdon (Marie), femme Sovigny, 52 ans, à Lunéville :

Je jure de dire la vérité.

Le 25 août, les Allemands, après avoir mis le feu à notre maison, ont saisi mon mari à la gorge, et l'ont emmené avec eux. Il n'a pas reparu depuis.

Après lecture, le témoin a signé avec nous.

———————

Yung (Eugénie), femme Kestel, 28 ans, ouvrière de filature, à Lunéville :

Je jure de dire la vérité.

Le 24 août, me trouvant de garde à la crèche Camille Viox, j'ai été interpellée par un soldat allemand qui m'a demandé du lard. J'ai répondu que je n'en avais pas. Un autre militaire a dit alors que la cantinière de Sarrebourg qui venait d'arriver aurait bien dû en apporter. Rentrée à la crèche, j'ai vu qu'on dévalisait la maison de Mᵐᵉ Jeanmaire et qu'on chargeait le butin sur une grande voiture dans laquelle se trouvaient trois dames, l'une en grand deuil, et les autres portant une sorte de costume militaire allemand. Ces deux dernières étaient certainement des cantinières.

Après lecture, le témoin a signé avec nous.

———————

Maton (Jules-Henri), concierge à l'usine des wagons de la Société Lorraine, 49 ans, à Lunéville :

Je jure de dire la vérité.

Le 28 août, les Allemands ont occupé l'usine des wagons. Ils étaient 2,700 environ, appartenant notamment au 122ᵉ et au 117ᵉ régiment d'infanterie, et à un corps d'artillerie dont les uniformes ne portaient pas de numéros. Au cour des rondes que j'ai faites, je n'ai pas constaté d'incendie avant minuit, mais, vers minuit dix, tout était en feu dans une partie de l'usine où ne se trouvait aucune matière inflammable. Durant les jours suivants, les Allemands se sont livrés à un pillage complet. Leur butin a rempli dix-sept de nos wagons, qu'ils ont volés avec le reste.

Après lecture, le témoin a signé avec nous.

———————

Nᵒ 221.

Le sept novembre, étant à Lunéville, nous avons entendu M. Woltz (Charles-Ernest), âgé de 57 ans, chef de service à l'usine des wagons, à Lunéville. Il a déclaré :

Je jure de dire la vérité.

Sans parler de l'incendie du 28 août, je vous signale que les Allemands ont brûlé, dans la nuit du 5 au 6 septembre, deux maisons de notre cité ouvrière. Le capitaine Gessner, commandant la 20ᵉ compagnie des chemins de fer de réserve, m'a dit : « Voyez, je vous ai incendié ces deux maisons parce qu'on a tiré sur une de nos sentinelles ; et si cela recommence, nous brûlerons toutes les maisons de votre cité ». Le prétexte était absolument faux : personne des nôtres n'avait tiré. La vérité, c'est que, la veille, les Allemands s'étaient scandaleusement enivrés et avaient dû tirer à tort et à travers. Le même officier voulait faire fusiller huit otages, dont une femme âgée. Il a fini pourtant par se rendre aux raisons que je lui ai données, en langue allemande, et il a relâché ces huit personnes.

Le même jour, j'ai vu tout un train allemand qui avait pénétré dans l'usine par une voie de raccordement et auquel étaient attachés dix-sept de nos wagons. Sur ces wagons a été chargée une grande quantité d'outils volés dans nos ateliers. Le tout a été dirigé vers Avricourt.

Après lecture, le témoin a signé avec nous.

Nᵒˢ 222, 223, 224.

L'an mil neuf cent quatorze, le vingt-neuf octobre, à Lunéville (Meurthe-et-Moselle), devant nous, ... etc...

LETSCH (Anna), veuve BINDER, 42 ans, sans profession, à Lunéville :

Je jure de dire la vérité.

Le 25 août, vers cinq heures du soir, craignant l'incendie qui commençait à se manifester, nous sommes sortis, mon mari, moi-même, quelques autres personnes et M. Roch, de la cave de ce dernier, pour nous sauver dans les prés de Jolivet. M. Roch et mon mari sortirent les premiers. J'entendis à ce moment un coup de feu dans la rue, et je m'enfuis affolée dans la prairie. Le lendemain, en rentrant, j'ai trouvé, étendu devant la maison Roch, le cadavre de mon mari. Il avait la poitrine pleine de sang.

Après lecture, le témoin a signé avec nous.

ROCH (Victor), 66 ans, menuisier à Lunéville :

Je jure de dire la vérité.

Le 25 août, nous sortions de ma maison, dans la crainte de l'incendie, quand M. Binder fut saisi par un Allemand, au moment où il tenait encore la clenche de la porte, et traîné dans la rue. Au même instant, j'entendis un coup de feu. Je n'ai vu le cadavre que le lendemain matin, vers six heures, en rentrant.

Après lecture, le témoin a signé avec nous.

MARCHAL (Camille), 50 ans, sellier à Lunéville :

Je jure de dire la vérité.

Je n'étais pas là quand Binder a été tué. Un soldat allemand m'a dit, en paraissant le déplorer, qu'un de ses camarades avait massacré ce malheureux qui se tenait bien tranquille sur le seuil de sa porte, et n'avait rien fait pour mériter un pareil sort. C'est moi qui ai relevé le corps, qui l'ai mis en bière et l'ai inhumé. Il devait porter plusieurs blessures, car il était rempli de sang.

Après lecture, le témoin a signé avec nous.

Nos 225, 226, 227, 228, 229.

L'an mil neuf cent quatorze, le vingt-neuf octobre, à Lunéville (Meurthe-et-Moselle), devant nous, ... etc..

Gœury (Eugène-Alexis), 58 ans, mégissier à Lunéville :

Je jure de dire la vérité.

Le 25 août, j'étais en train de travailler à la tannerie Worms avec MM. Balastre père et fils, vers quatre heures de l'après-midi. Tout à coup des Allemands ont pénétré dans l'atelier où je me trouvais. M. Balastre et son fils se sont sauvés. J'ai su qu'ils avaient été découverts et massacrés dans les cabinets d'aisances de la tannerie. Pour moi, j'ai été emmené dans la rue, roué de coups à plusieurs reprises, et volé de l'argent que j'avais sur moi. Un Allemand m'a tiré un coup de revolver et m'a manqué. J'ai été malade pendant huit jours à la suite des coups que j'ai reçus.

Après lecture, le témoin a signé avec nous.

Baehr (Joseph), 38 ans, concierge à la tannerie Worms :

Je jure de dire la vérité.

Le 25 août, vers quatre heures ou quatre heures et demie du soir, alors que j'étais au travail dans la tannerie, un Allemand vint me demander du fourrage. Je lui donnai une brassée de luzerne, mais il n'en emporta qu'une poignée, puis montant au premier étage, il tira deux coups de feu dans la maison, pour faire croire assurément qu'on avait tiré sur lui. Aussitôt après, il redescendit en criant. Nous avons alors jugé prudent, MM. Balastre et moi, de nous retirer, mais à peine étions-nous sortis qu'une fusillade éclatait. Pris de frayeur, je me réfugiai sur le toit d'une dépendance de l'usine ; mais ayant entendu un officier crier : « Cessez le feu, et tout le monde en bas ! » je quittai le toit et allai m'étendre dans le grenier. A ce moment, j'entendis ce mot prononcé en langue allemande, langue que je parle couramment : « Tirez ! » et immédiatement une grêle de balles fut dirigée de mon côté, sans cependant que je fusse atteint. Pendant que j'étais sur le toit, j'ai entendu M. Balastre père demander grâce et protester que ni lui ni son fils n'avait tiré. C'est moi qui ai ramassé ces malheureux et qui les ai enterrés. Ils avaient été l'un et l'autre frappés dans la région du cœur.

Je sais que d'autres personnes ont été fusillées le même jour que le contremaître Balastre et son fils. J'ai enterré deux d'entre elles, MM. Kahn, marchand de houblon, et Charles Méhan, menuisier. Quand j'ai mis M. Kahn dans le cercueil, un soldat allemand m'a déclaré devant la veuve de la victime qu'il était l'auteur du meurtre.

J'ai vu mettre le feu à plusieurs immeubles, notamment à deux ateliers Worms, à la maison Servet, à l'usine à gaz, à la crèche Camille Viox et à des habitations contiguës. Les Allemands allumaient l'incendie en tirant des coups de fusil par les ouvertures et en jetant des engins dont je n'ai pu distinguer la nature. J'ai remarqué que la flamme s'élevait aussitôt.

Après lecture, le témoin a signé avec nous.

PERRIN (Aimée), 49 ans, femme BALASTRE, sans profession, à Lunéville :

Je jure de dire la vérité.

Le 25 août, je me trouvais à l'usine Worms, quand un Allemand est venu demander du fourrage à M. Baehr. Quelques instants après, nous avons été chassées, ma fille et moi, par des soldats, et nous sommes rentrées à notre domicile, qui a été bientôt envahi par des Allemands criant : «Les Français kaput!» Je n'ai pas été témoin du meurtre de mon mari et de mon fils.

Après lecture, le témoin a signé avec nous.

COLIN (Charles-Auguste), 70 ans, manouvrier à Lunéville :

Je jure de dire la vérité.

Le 25 août, je travaillais chez M. Kahn. Les Allemands tiraient des coups de feu partout et j'entendais siffler les balles. Je me suis réfugié dans la cave. En remontant, un quart d'heure après, j'ai constaté que M. Kahn était étendu mort sur la pelouse. A ce moment, la maison commençait à brûler.

Après lecture, le témoin a signé avec nous.

BERR (Mathilde), femme BERR, âgée de 53 ans, à Lunéville :

Je jure de dire la vérité.

Le 25 août, j'étais avec plusieurs personnes dans la cave de M. Kahn, quand le feu a commencé à prendre chez ce négociant. Je suis alors sortie et j'ai vu le cadavre de M. Kahn étendu sur la pelouse du jardin. Je me suis aussitôt réfugiée dans une autre cave, et là, un individu nommé Singuerlet, qui accompagnait un soldat allemand, et qui a d'ailleurs été condamné à l'emprisonnement par un conseil de guerre, a dit que la mère de M. Kahn, âgée de 98 ans, avait été tuée dans son lit d'un coup de baïonnette. J'ai su ensuite que le corps de la vieille femme avait été brûlé dans l'incendie de la maison.

Après lecture, le témoin a signé avec nous.

N°ˢ 230, 231.

L'an mil neuf cent quatorze, le vingt-neuf octobre, à LUNÉVILLE (Meurthe-et-Moselle), devant nous, . . . etc. . . . .

HANNEZO (Marie-Eugénie), femme DUJON, âgée de 48 ans, blanchisseuse à Lunéville :

Je jure de dire la vérité.

Le 25 août, vers deux heures et demie ou trois heures de l'après-midi, les Allemands ont fait irruption, en brisant les fenêtres et en tirant, dans une maison où je me trouvais. Ils étaient en grand nombre. Il y en avait de tous côtés. Ma petite fille, âgée de 3 ans, qui m'accompagne en ce moment, a failli être massacrée. Elle a eu le visage brûlé par un coup de feu. J'essayai de me sauver avec mes deux fils et j'invitai le plus jeune, Lucien, âgé de 14 ans, à se lever, car je le voyais étendu; mais le pauvre enfant me répondit : « Maman, il faudrait pouvoir; je suis fichu, voyez mes boyaux ». En effet, il était éventré et tenait ses intestins à pleines mains. Comme la maison était déjà en flammes, j'ai dû m'enfuir ainsi que mon fils aîné. Le plus jeune a été carbonisé.

Après lecture, le témoin a signé avec nous.

BURGER (Marguerite), femme EBERLÉ, 47 ans, sans profession, à Lunéville :

Je jure de dire la vérité.

Le 25 août, j'ai vu les Allemands tirer dans la maison où était la famille Dujon et et M. Gustave Gaumier. J'ai entendu le petit Dujon crier : « Maman, maman, au secours! je meurs ! » Le lendemain, on a trouvé les corps de M. Gaumier et de Lucien Dujon carbonisés. Mme Gaumier, folle de douleur, a quitté le pays ; on croit qu'elle doit être du côté de Dijon.

Après lecture, le témoin a signé avec nous.

N°s 232, 233, 234.

L'an mil neuf cent quatorze, le vingt-neuf octobre, à LUNÉVILLE (Meurthe-et-Moselle). devant nous,... etc...

CHERRIER (Adrien-Eugène), 50 ans, jardinier à Lunéville :

Je jure de dire la vérité.

Le 25 août, vers cinq heures du soir, des soldats m'ont fait sortir de ma cave, où je m'étais réfugié avec ma famille et des amis ; à ce moment, ils incendiaient ma maison. Comme on nous emmenait au Champ-de-Mars pour nous mettre à la disposition d'un général, j'ai vu au pied du mur de notre jardin le cadavre de M. Vingerstmann et celui de son petit-fils, âgé de 12 ans et demi. Les Allemands m'ont conduit ensuite à Jolivet. Quand je suis revenu à Lunéville, j'ai su que les ennemis avaient exécuté dix hommes sur treize qu'ils avaient trouvés dans notre quartier. Ces victimes sont : le fils Sibille, M. Vallon, MM. Vernier, Laveuve, Schneider, Toussaint, Vingerstmann et son petit-fils, un domestique de Larcher, cantinier, et un inconnu.

Après lecture, le témoin a signé avec nous.

DRUON (André), 42 ans, ingénieur à Lunéville :

Je jure de dire la vérité.

Depuis le commencement de l'occupation allemande, je suis à la disposition de l'autorité municipale pour aider au maintien de l'ordre dans un quartier de la ville. C'est à l'occasion de ces fonctions temporaires que j'ai eu à m'occuper des constatations relatives au meurtre de M. Vingertsmann et de son petit-fils. Les traces de sang et le groupement des balles sur le mur démontraient que les victimes avaient été adossées au mur et fusillées là. Je n'ai pas vu les cadavres aussitôt après l'exécution, mais j'ai assisté à leur exhumation, environ un mois après. L'état de décomposition des corps rendait les constatations difficiles; j'ai cependant vu la trace d'une blessure sur la tête de l'enfant.

Après lecture, le témoin a signé avec nous.

Hirsch (Catherine), femme Vingerstmann, sans profession, à Lunéville :

Je jure de dire la vérité.

Le 25 août, mon beau-père et mon fils sont sortis au commencement de l'après-midi pour chercher des pommes de terre dans un jardin nous appartenant. A la porte de notre maison se trouvaient des Allemands qui leur ont dit qu'ils pouvaient s'en aller sans rien risquer. J'ignore comment s'est passé le drame dont ils ont été les victimes; tout ce que je sais, c'est qu'on les a trouvés tués près de la propriété de M. Cherrier.

Après lecture, le témoin a signé avec nous.

N°s 235, 236, 237, 238.

L'an mil neuf cent quatorze, le vingt-neuf octobre, à Lunéville (Meurthe-et-Moselle), devant nous,... etc. ....

Jacquemin (Marie), femme Patris, 32 ans, sans profession, à Lunéville :

Je jure de dire la vérité.

Le mercredi 26 août, les Allemands passaient dans la rue que j'habite. J'entendis successivement deux coups de feu; puis un Allemand fit irruption chez moi en proférant des menaces, et me demanda où se trouvaient les habitants de la maison de M. Hamann, mon voisin. Je répondis que je l'ignorais. Quelques instants après, je vis des soldats accompagnés d'un officier qui traînaient MM. Hamann père et fils. Le père était roué de coups. Ma mère, actuellement décédée, et mon petit garçon, âgé de 6 ans, ont vu massacrer le fils à côté de chez nous. Pour moi, j'ai regardé le cadavre, et j'ai constaté qu'il portait une blessure au front.

Après lecture, le témoin a signé avec nous.

Arbogast (Philippe), 55 ans, forgeron à Lunéville :

Je jure de dire la vérité.

Le 26 août, une automobile conduite par trois sergents et un officier payeur allemand s'arrêta devant le garage où je me trouvais, et l'officier me demanda de l'essence. Comme je me disposais à en aller chercher, j'entendis un coup de feu. Je sortis alors, et je vis des cavaliers ennemis pénétrer en cassant les portes dans la maison de M. Hamann, puis revenir dans la rue en traînant le fils de celui-ci. Bientôt un coup de fusil ou de revolver retentit, et le jeune Hamann tomba comme une masse. Presque au même moment, un dragon me plaça sa lance sur la poitrine, en criant en allemand : « En voici encore un autre ». Mais l'officier payeur lui défendit de me tuer, disant que j'avais à lui donner du pétrole.

J'ajoute qu'au moment où l'automobile s'était arrêtée devant le garage, un sergent avait crié : « Dehors ! Ce soir, tout va être brûlé ».

Après lecture, le témoin a signé avec nous.

Maton (Pierre), 19 ans, chauffeur d'automobile à Lunéville :

Je jure de dire la vérité.

Le 26 août, vers quatre heures de l'après-midi, j'ai assisté au meurtre du fils Hamann, de la fenêtre du couloir de notre maison. Les Allemands ont traîné le père et le fils qu'ils étaient allés prendre chez eux, et, comme le fils se débattait, un sous-officier lui a tiré un coup de revolver à bout portant.

Après lecture, le témoin a signé avec nous.

Hamann (Nicolas-Alphonse), 60 ans, sans profession, à Lunéville :

Je jure de dire la vérité.

Le 26 août, mon fils mangeait, tranquillement assis auprès de sa mère, dans notre cuisine, et j'étais moi-même étendu tout habillé sur un lit à l'étage supérieur. Tout à coup, une fusillade retentit, et des balles vinrent frapper notre maison. Je descendis alors jusqu'au bas de l'escalier, où je rencontrai mon enfant qui me cherchait. Nous fûmes saisis l'un et l'autre et traînés dans la rue par trois soldats allemands qui me rouèrent de coups, tandis que mon fils tombait frappé d'une balle dans l'oreille. Je pus le ramasser et le transporter dans une maison où il succomba, après avoir râlé pendant quelques instants. Il était âgé de 21 ans.

Après lecture, le témoin a signé avec nous.

N° 239.

L'an mil neuf cent quatorze, le vingt-neuf octobre, à Lunéville (Meurthe-et-Moselle), devant nous,... etc...

Riklin (Joseph), 57 ans, pharmacien à Lunéville :

Je jure de dire la vérité.

Le 26 août, vers une heure de l'après-midi, on m'a prévenu qu'un homme était tombé à une trentaine de mètres de ma pharmacie, rue Banaudon. Mes fils sont immédiatement sortis pour aller voir, et l'un d'eux revint en disant : « C'est l'oncle Alfred ». Il s'agissait de mon beau-frère, Colin, rentier, même rue, et âgé de 68 ans. Je sortis à mon tour pour aller le relever ; aussitôt nous fûmes mis en joue. Nous dûmes alors lâcher le corps pour nous mettre à l'abri ; mais nous allâmes bientôt le rechercher. Mon beau-frère était mort.

Il avait reçu au bas-ventre une balle qui l'avait traversé de part en part. Colin était un homme absolument inoffensif. Deux Allemands, qui sont venus constater sa mort, ont prétendu qu'on l'avait tué parce qu'il avait tiré lui-même un coup de revolver. Ce prétexte est mensonger, car mon beau-frère ne possédait aucune arme. On l'a fusillé sans raison, comme on aurait fusillé un moineau.

Après lecture, le témoin a signé avec nous.

Nᵒˢ 240, 241, 242.

L'an mil neuf cent quatorze, le vingt-neuf octobre, à Lunéville (Meurthe-et-Moselle), devant nous,... etc. ....

Lenoir (François), 67 ans, concierge à Lunéville :

Je jure de dire la vérité.

Les 25 août, des Allemands, après avoir pillé la cave de M. Gillet, mon patron, ont tiré des coups de fusil dans la maison, m'ont roué de coups ainsi que ma femme et le comptable Leubret, et nous ont attaché les mains. Ils nous ont ensuite emmenés dans les champs pour nous fusiller. L'un d'eux, en me déchirant mes vêtements, m'a volé un sac que je portais sur moi, avec deux porte-monnaie, et qui contenait 1,800 francs en or et quelque monnaie d'argent. Il a immédiatement remis ce sac et son contenu à un officier à cheval, et celui-ci s'en est emparé. L'officier a déclaré ensuite nous faire grâce, et m'a restitué mes porte-monnaie avec la monnaie d'argent ; mais il a gardé toutes les pièces d'or.

Ma pauvre femme a eu une épaule et un poignet luxés.

Après lecture, le témoin a signé avec nous.

Leutingre (Rosalie), femme Lenoir, 73 ans, sans profession, à Lunéville :

Je jure de dire la vérité.

Le 25 août, les Allemands sont arrivés en tirant des coups de feu. Nous nous sommes réfugiés dans la cave, le comptable Leubret et moi, tandis que mon mari restait en haut. Après avoir tiré dans la cave, ils nous ont obligés à sortir. L'un d'eux m'a précipitée à terre et m'a frappée brutalement. J'ai eu l'épaule gauche et le poignet droit luxés. On nous a ensuite attaché les mains et on nous a conduits auprès d'un chef qui a dit : « Vous êtes condamnés à mort parce que vous avez tiré sur nous ». De là, on nous a emmenés ou plutôt traînés dans les champs, pour nous fusiller. Le comptable, qui est presque infirme, a été très maltraité. Pendant au moins une heure, nous sommes restés à attendre les balles ; mais les Allemands ont fini par se contenter de prendre l'or de mon mari et par nous lâcher. Je n'ai pas besoin d'ajouter que le prétexte invoqué contre nous était absolument mensonger.

Après lecture, le témoin a signé avec nous.

BADINA (François), 57 ans, manouvrier à Lunéville :

Je jure de dire la vérité.

Le 25 août, j'ai vu passer les époux Lenoir et le comptable Leubret, entre les mains des Allemands. Ils étaient attachés. Une heure après, un sous-officier qui tenait un porte-monnaie a montré des pièces d'or, en disant : « Moi, j'ai de l'argent maintenant », et il paraissait fort satisfait.

Après lecture, le témoin a signé avec nous.

N° 243.

L'an mil neuf cent quatorze, le vingt-neuf octobre, à LUNÉVILLE (Meurthe-et-Moselle), devant nous,... etc. ....

JACQUEL (Arsène), 51 ans, hôtelier à Lunéville :

Je jure de dire la vérité.

Le 25 août, les Allemands ont mis le feu à la maison de Mme Leclerc, où habitaient M. George, sous-inspecteur des forêts, et M. Godchau, marchand de biens. Ils ont allégué qu'on avait tiré sur eux, ce qui était faux, car il n'y avait personne dans l'immeuble, et j'ai entendu un major donner l'ordre d'allumer l'incendie. Deux coffres-forts se trouvaient dans la maison. L'un, celui de M. George, est tombé du premier étage au rez-de-chaussée. L'autre, celui de M. Godchau, était resté scellé dans la muraille, au second étage. Le sergent allemand Weil, qui connaît parfaitement notre ville pour l'avoir souvent fréquentée, comme marchand de houblon, avant la guerre, a fait démolir par des soldats ce qui restait des cheminées, et a fait sauter à la dynamite le pan de muraille auquel adhérait encore le coffre de M. Godchau. Sur son ordre, les deux coffres-forts ont été transportés à la gare, placés sur un wagon et envoyés sans délai en Allemagne.

Après lecture, le témoin a signé avec nous.

N° 244.

L'an mil neuf cent quinze, le dix-huit janvier, à PARIS, devant nous, Georges MARINGER, Conseiller d'État, commandeur de la Légion d'honneur, membre de la Commission instituée par décret du 23 septembre 1914, a comparu la personne ci-après nommée, qui nous a fait la déclaration suivante :

M. GEORGE (Jules), 38 ans, inspecteur adjoint des Eaux et Forêts à Lunéville, de passage à Paris, et actuellement mobilisé :

Je jure de dire la vérité.

Il est exact, ainsi qu'on l'a déclaré à la Commission à Lunéville, d'où je suis absent depuis la mobilisation, que la maison Leclerc, où j'étais locataire, a été incendiée volontairement par les Allemands. D'une enquête personnelle faite par moi sur place avec l'autorisation de mes chefs militaires, il résulte que le feu fut mis vers midi et demi à la maison, pendant que les officiers allemands prenaient leur repas en face, au café Jacquel, et que leurs hommes pillaient la cave. Ce fait m'a été affirmé par M. Jacquel, témoin que vous avez entendu lors du passage de la Commission à Lunéville.

De mon information personnelle, il est résulté encore que c'est le jeudi 10 septembre, à cinq heures trente du soir, que le nommé Theodor Weil, unteroffizier de la Landwehr, fit sauter les murs de la maison Leclerc par des pionniers, sous le prétexte, disait-il, que les murs calcinés menaçaient la sécurité publique. La suite a montré qu'en réalité l'opération tendait à faire descendre le coffre-fort Godchau dans les décombres, où gisait déjà celui qui m'appartenait.

Le lendemain vendredi 11 septembre, veille du jour où les Allemands évacuèrent Lunéville, le sous-officier Weil fit retirer des décombres les deux coffres-forts qui furent ensuite transportés à la gare où ils ont été chargés à destination de l'Allemagne. Ce fait a été rapporté par le nommé Weil lui-même à M. Alfred Cordier, architecte à Lunéville, qui pourrait en témoigner.

Le sous-officier allemand dont il vient d'être question était très connu dans notre ville, qu'il a habitée plusieurs années et où, depuis, il revenait fréquemment pour l'exercice de son commerce de houblon.

Pendant l'occupation allemande, alors que Weil était à Lunéville, où il exerçait les fonctions de secrétaire du lieutenant de police Poland, il se commanda à l'imprimerie du *Journal de Lunéville* un cent de cartes de visite, et à cet effet il laissa à l'imprimeur, qui me l'a remise, la note que voici, écrite de sa main, et portant les indications à mentionner sur lesdites cartes de visite, dont également je remets un spécimen. Le libellé de la note écrite par Weil est le suivant :

Theodor Weil

Unteroffizier 1/8 L. I. R.

Bayer. Landwehr Brigade v. Reichlin.

Weil ne vint pas prendre livraison de ses cartes, l'évacuation allemande s'étant produite très peu de temps après leur commande.

J'ajoute que j'ai pu me procurer l'adresse personnelle de Weil. Ce dernier habite à Spire, 11 ou 15, Rubslau Strasse.

Après lecture, le témoin a signé avec nous.

Nos 245, 246, 247, 248, 249, 250, 251, 252, 253.

L'an mil neuf cent quatorze, le six novembre, à CHANTEHEUX, près Lunéville (Meurthe-et-Moselle), devant nous,...., membres de la Commission instituée par décret du 23 septembre 1914, ont comparu les personnes ci-après nommées ; elles nous ont fait les déclarations suivantes :

GOUTTIN (Jules), 67 ans, délégué dans les fonctions de maire à Chanteheux :

Je jure de dire la vérité.

L'occupation allemande dans notre commune a duré du 22 août au 12 septembre. Les occupants étaient des Bavarois. Ils ont mis volontairement le feu à vingt maisons.

Onze personnes ont été tuées sans aucun motif. Ce sont MM. Lavenne (François), âgé de

26 ans, et Toussaint (René), qui ont été massacrés à coups de fusil sur la limite de la commune; Bachelair, âgé de 14 ans, Gérardin (Jean), âgé de 58 ans, Parmentier (Jean), âgé de 71 ans, qui ont été abattus dans la rue; Schneider (Charles), âgé de 23 ans, qui a été tué à la Porcherie; Barthélemy (François), âgé de 62 ans, qui a été assassiné dans la rue à Gerbéviller; Wingerstmann (Jacques), âgé de 64 ans, et son petit-fils, qui ont été mis au mur et fusillés; Reeb (Joseph), âgé de 62 ans, qui a été emmené comme otage, et qui est mort entre Hénaménil et Bures, des mauvais traitements qu'il avait reçus; enfin M. Ogé (Isidore), que les Allemands n'ont pas massacré, mais qui a été victime du bombardement du 22 août.

Après lecture, le témoin a signé avec nous.

Joly (Ernest), âgé de 54 ans, secrétaire de la mairie et instituteur à Chanteheux :

Je jure de dire la vérité.

M. le maire vous a donné la liste des personnes de la commune qui ont été tuées par les Allemands. Avant d'incendier les maisons, ceux-ci ont réuni les hommes et les ont emmenés sur le pont. J'étais au nombre des otages. Pendant une heure, nous sommes restés adossés au parapet, côté est, pendant que leurs troupes passaient en nous maltraitant. J'ai été blessé d'un coup de crosse à l'œil gauche. Comme un officier nous accusait d'avoir tiré sur sa troupe, je lui ai donné ma parole d'honneur que le fait était absolument inexact. Il m'a répondu textuellement : « Cochons de Français, ne parlez pas d'honneur, vous n'en avez pas ».

Après lecture, le témoin a signé avec nous.

Becker (Léon), 36 ans, employé à Chanteheux :

Je jure de dire la vérité.

Le 25 août, j'ai vu tuer dans la rue M. Parmentier. Bien qu'il n'y eût pas de combat ici, j'ai entendu une fusillade, et aussitôt Parmentier est tombé la tête en avant.

J'étais au nombre des quarante-trois otages qui ont été emmenés le même jour. Dix-sept d'entre nous ont été conduits à Vic, puis à Château-Salins.

Nous sommes rentrés le 7 septembre. Le 26 août, un de nos compagnons de captivité, Reeb, a été, sans aucun motif, l'objet des plus mauvais traitements. Il a reçu d'abord des coups de crosse dans la figure, puis un coup de baïonnette au flanc droit. Il a néanmoins suivi la colonne, bien que sa blessure du flanc parût grave et que sa figure fût abîmée au point de le rendre méconnaissable. Enfin un Bavarois lui a lancé au visage un seau en bois, lui faisant ainsi au front une blessure d'où le sang jaillit avec abondance. Entre Hénaménil et Bures, nous avons constaté que Reeb n'était plus au milieu de nous. Nous supposons qu'il est mort, car il n'est pas revenu au pays.

Après lecture, le témoin a signé avec nous.

Noël (Aline), veuve Gérardin, 53 ans, fruitière à Chanteheux :

Je jure de dire la vérité.

Le 25 août, les Allemands nous ont fait sortir de notre cave, pour nous emmener à l'église. Mon mari, qui était atteint de rhumatismes et qui marchait difficilement, avait dû sortir parmi les derniers et rester un peu en arrière. Je suis remontée dans le village, un quart d'heure après, au milieu des maisons qui brûlaient, et devant chez M. Ravaillé, j'ai trouvé Gérardin étendu sur le sol. Il était mort. Je me suis penchée sur lui, et j'ai constaté qu'il avait trois blessures à la tête : une à la bouche et une sur chaque joue. Mon pauvre mari était un homme extrêmement paisible. Il ne possédait aucune arme.

Après lecture, le témoin a signé avec nous.

––––––––

Renaux (Ernestine), femme Denis, 37 ans, garde-barrière à Chanteheux :

Je jure de dire la vérité,

Le 25 août, vers cinq heures du soir, j'ai vu de ma fenêtre le fils Lavenne et le fils Toussaint qui sortaient de la commune en se dirigeant vers Lunéville, quand, ayant rencontré des Allemands qui tiraient dans la direction des maisons, ils sont entrés un instant dans mes cabinets. Presque aussitôt ils en sont sortis, mais à ce moment ils ont été atteints par des coups de fusil. Toussaint est tombé dans le foin. Lavenne s'est abattu sur la route.

Après lecture, le témoin a signé avec nous.

––––––––

Poirson (Virginie), femme Cherrier, 47 ans, jardinière à Chanteheux, lieu dit les Mossus :

Je jure de dire la vérité.

Le 25 août, j'ai vu devant le mur de notre jardin les cadavres de M. Wingerstmann et de son petit-fils, âgé de 12 ans. Le mur a été éclaboussé de leur sang. Des soldats allemands m'ont dit que cet homme et cet enfant avaient tiré sur eux, et que, pour ce motif, on les avait tués et on avait brûlé nos maisons. C'est là un prétexte ridicule, car le vieillard et son petit-fils ont été massacrés quand ils revenaient d'arracher des pommes de terre.

Quand les Allemands ont commencé à brûler ma maison qui est située aux Mossus, écart de Chanteheux, je suis sortie de ma cave avec ma famille; j'ai vu qu'ils arrosaient les murs avec un liquide contenu dans un bidon comme les bidons de luciline. J'en ai été inondée moi-même. Un soldat m'a dit en français : « C'est de la benzine ». Nous nous sommes alors cachés derrière un tas de fumier, mais les Allemands nous ont ramenés de force devant la maison qui flambait et nous ont dit : « Regardez ça! »

Après lecture, le témoin a signé avec nous.

––––––––

Guéprotte (Augustine), femme Marchand, 53 ans, à Chanteheux :

Je jure de dire la vérité.

Le 25 août, j'étais avec plusieurs personnes dans la cave de Mme Berger. A un certain moment, le jeune Bachelair. qui se trouvait avec nous, sortit pour se rendre compte de ce qui se passait. A peine était-il dehors que nous entendions deux coups de feu. Nous n'avons pas revu le jeune homme, mais je sais que son corps a été retrouvé le lendemain matin dans la cour de Mme Berger.

Après lecture, le témoin a signé avec nous.

BACHELAIR (Jules), âgé de 50 ans, cultivateur à Chanteheux :

Je jure de dire la vérité.

Je suis allé, le 27 août, avec ma femme ramasser dans la cour de Mme Berger le corps de mon enfant dont je venais d'apprendre la mort en revenant de Crion, où les Allemands m'avaient emmené. Je l'ai lavé pour l'ensevelir et j'ai constaté alors qu'il portait trois blessures dans le dos. Deux d'entre elles avaient été faites par des armes à feu, la troisième résultait d'un coup de baïonnette.

Après lecture, le témoin a signé avec nous.

LEGRAS (Charles), 51 ans, maréchal ferrant à Chanteheux :

Je jure de dire la vérité.

J'ai vu les Allemands mettre le feu à plusieurs maisons. Une automobile occupée par deux ou trois d'entre eux s'est arrêtée devant la première. Aussitôt une détonation retentit, et l'incendie commença. Un instant après, des soldats invitèrent à sortir les personnes qui se trouvaient dans la cave de Mme Adam, et immédiatement l'habitation de cette dame fut en flammes. Un autre soldat pénétra ensuite chez Mme Siatte avec une torche de paille et un petit paquet de quinze à vingt centimètres. Dès qu'il sortit, la maison flamba.

Après lecture, le témoin a signé avec nous.

N°s 254, 255, 256, 257, 258.

L'an mil neuf cent quatorze, le cinq novembre, à GERBÉVILLER (Meurthe-et-Moselle), devant nous,... etc..

VALET (Constant), 63 ans, manœuvre à Gerbéviller :

Je jure de dire la vérité.

Vers la fin d'août, les Prussiens et les Bavarois sont arrivés ici et se sont battus toute la journée avec une soixantaine d'hommes du .^e bataillon de chasseurs. Ils ont fait leur entrée dans le village vers cinq heures du soir. J'étais alors avec ma femme dans une cave pour éviter les obus. Les Allemands ont immédiatement allumé l'incendie. Je les ai vus mettre le feu à l'aide de grandes mèches, car j'ai été obligé de sortir rapidement de la cave, les soldats en ayant soulevé la trappe et ayant tiré des coups de fusil dans notre direction. Ces coups de fusil ont blessé à la jambe Mme Denis Bernard, et au pied le jeune Parmentier, âgé de 6 ou 7 ans, qui étaient tous deux avec ma femme et moi.

Le même jour (c'était un lundi), j'ai été fait prisonnier avec quarante-sept autres personnes, parmi lesquelles était l'adjoint. On nous a fait enterrer les morts. Pendant que j'étais occupé à cette besogne, une femme de Lunéville est venue pour voir son mari blessé. Devant elle, les Allemands ont achevé ce malheureux. L'un d'entre eux lui a tiré un coup de revolver entre les deux yeux. J'ignore le nom de l'homme qui a été ainsi assassiné. Il était vêtu en ouvrier. J'ajoute que j'ai enterré douze civils, parmi lesquels je n'ai reconnu que M. François, secrétaire de la mairie, et le beau-père de M. Parfait, maréchal ferrant. Tous avaient été fusillés par l'ennemi.

Au nombre des Allemands qui occupaient Gerbéviller se trouvaient des hommes appartenant au 69° régiment d'infanterie. Je ne sais si ce régiment était bavarois ou prussien.

Après lecture, le témoin a signé avec nous.

MARANDE (Aline), femme BEUVELOT, 39 ans, brodeuse à Gerbéviller :

Je jure de dire la vérité.

Le lundi 24 août, j'ai vu les Allemands mettre le feu à plusieurs maisons, à l'aide de pompes à pétrole et de sortes de « crapauds ». Ils incendiaient par les volets, ou encore par la literie, j'entends par la mauvaise, car ils emportaient la bonne. En même temps, le pillage était général. Je n'ai vu assassiner personne, parce que j'étais réfugiée dans une cave quand les meurtres ont été commis; mais j'ai vu trois cadavres de personnes fusillées, ceux de M. Barthélemy, de Chanteheux, de M. Paris, de Gerbéviller, et d'un inconnu. Un certain nombre de personnes des environs, comme M. Barthélemy, qui étaient venues se réfugier ici, y ont trouvé la mort.

Après lecture, le témoin a signé avec nous.

KOELSCH (Joseph-Alphonse), 61 ans, employé à la brosserie de Gerbéviller :

Je jure de dire la vérité.

Le lundi 24 août, j'étais dans la cave de M. Legret, avec celui-ci, sa femme et plusieurs autres personnes, quand les Allemands sont arrivés. En entendant des cris, M. Legret est sorti. Je sais qu'il a été fusillé. Je n'ai pas assisté à l'exécution, mais j'ai entendu Legret demander grâce.

Après lecture, le témoin a signé avec nous.

KISLIQUE (Auguste), lieutenant de sapeurs-pompiers à Gerbéviller, 55 ans :

Je jure de dire la vérité.

Le 24 août, j'ai vu de chez moi les chasseurs à pied français tuer un Bavarois. Les Allemands ont prétendu mensongèrement qu'il avait été tué par un civil. Tel a été le prétexte des massacres et des incendies. Les ennemis étaient dans un état de rage indescriptible, poussant des cris de fous furieux, tirant des coups de fusil de tous les côtés, brisant et saccageant tout sur leur passage. J'ai constaté qu'ils chargeaient sur une voiture des meubles enlevés dans mon quartier.

Le même jour, j'ai vu fusiller M. Yong, charron, mon voisin, au moment où il sortait de chez lui pour mettre son cheval au manège. Les Allemands ont tué le cheval après le propriétaire, et ont mis ensuite le feu à la maison.

Après lecture, le témoin a signé avec nous.

———

Bauzet (Constant), âgé de 54 ans, mécanicien à Gerbéviller :

Je jure de dire la vérité.

Le 24 août, des soldats allemands m'ayant demandé à boire, je leur ai donné du vin. Aussitôt un officier me fit empoigner et placer contre un mur pour me fusiller, avec M. Durand, patron de l'hôtel de Lorraine; mais je fus remis en liberté, non sans avoir reçu beaucoup de coups de crosse.

Sept jours après, j'ai été arrêté de nouveau, et conduit à Dieuze, où des enfants me crachèrent au visage et me portèrent des coups de pied, ainsi qu'à mes compagnons de captivité. Dans cette ville, on ne nous donnait quotidiennement qu'un morceau de pain de chien, gros comme le poing, et trempé dans de l'eau chaude.

A mon retour, au bout de douze jours, j'ai enterré quinze civils qui avaient été massacrés par l'ennemi. Quelques-uns avaient les mains attachées. Plusieurs, dont le pantalon était déboutonné et tiré sur les pieds, avaient le ventre tout noir. Je n'ai pas cherché à voir leurs blessures, car j'étais impressionné par l'état de décomposition des cadavres. Parmi les gens que j'ai enterrés se trouvaient : MM. Guillaume, carrossier; Blosse, cultivateur; Bernasconi, maçon, citoyen suisse; Adam, gendarme en retraite; Benoît, houblonnier; Poinsignon, journalier. Je ne me rappelle pas, pour le moment, quels étaient les autres; M. Charrier pourra vous indiquer leurs noms. A mon retour de Dieuze, j'ai également aidé à inhumer Mme Guillaume, âgée de 78 ans, que nous avons trouvée dans son jardin. Elle avait été tuée en présence de sa fille. Le cadavre avait les jambes écartées, ses jupes étaient relevées.

Après lecture, le témoin a signé avec nous.

———

Nos 259, 260, 261, 262.

L'an mil neuf cent quatorze, le neuf novembre, à Gerbéviller (Meurthe-et-Moselle), devant nous,... etc...

Jacquot (Charles-Grégoire), 54 ans, serrurier à Gerbéviller :

Je jure de dire la vérité.

J'ai aidé à enterrer quinze civils qui avaient été fusillés par les Allemands. Tous, sauf deux, avaient les mains attachées; ces deux derniers étaient MM. Adam, gendarme en retraite, et Benoît père. Quatre avaient les yeux bandés, notamment MM. Remy et Gauthier. Six ou sept étaient déculottés et « avaient été mutilés aux parties sexuelles ».........

....

....

J'ai également inhumé Mme Guillaume, presque octogénaire. Sa fille m'a dit qu'elle avait été fusillée sur sa porte et avait prié ses enfants de la porter pour mourir au fond de son jardin. Les enfants, après avoir exécuté cet ordre en installant leur mère dans le jardin avec un oreiller et une couverture, étaient rentrés dans leur cave.

Lorsque, trois semaines après, j'ai procédé à l'inhumation, j'ai constaté que le cadavre paraissait avoir été profané. Les seins étaient lacérés, les jupes relevées, et la victime avait les jambes écartées. Mme Dehan, fille de Mme Guillaume, m'a dit qu'elle n'avait pas laissé sa mère dans un tel état, et que le corps avait été, par conséquent, placé ultérieurement dans la position où nous l'avons trouvé.

Après lecture, le témoin a signé avec nous.

CHARLET (Auguste), 53 ans, sculpteur à Gerbéviller :

Je jure de dire la vérité.

Je n'ai pas constaté le pillage et l'incendie au moment où ils se sont produits, car, ainsi que beaucoup de mes compatriotes, j'ai été arrêté par les Allemands dès leur arrivée. J'ai vu cependant mettre le feu à la maison de mon voisin, M. Guyon (Edgar). Un soldat s'est servi pour l'incendier d'une torche de paille allumée.

Vers le 12 ou le 15 septembre, j'ai enterré quinze civils massacrés par l'ennemi. Ces victimes sont MM. Vuillaume (Joseph), Blosse, Adam, Robinet, Chrétien, Menu, Bernasconi, Lingenheld, Benoît (Charles), Perrin, Bourguignon, Dehan, et deux personnes dont l'identité n'a pas été établie d'une façon absolument certaine, à cause de l'état de décomposition des cadavres, mais que nous avons cru être MM. Gauthier père et fils.

Bourguignon avait les yeux bandés; Dehan, déculotté, retourné sur les coudes et les genoux, se trouvait dans une attitude qui m'a donné à penser qu'il avait dû subir un outrage d'une nature spéciale. Vuillaume et Blosse avaient la culotte tirée sur le bas des jambes; ce dernier avait les parties sexuelles enlevées.

Après lecture, le témoin a signé avec nous.

LIÉGEY (Arthur), 61 ans, conseiller municipal délégué dans les fonctions de maire à Gerbéviller :

Je jure de dire la vérité.

Je me suis réfugié dans mes caves au moment de l'arrivée des Bavarois, le lundi 24 août. Les ennemis ont mis le feu à la ville, ce jour-là et le lendemain. Sur environ 475 maisons, aucune n'est intacte; il en reste au plus une vingtaine d'habitables.

La mienne a été criblée de balles. J'avais cinq immeubles; tous sont brûlés.

A ma connaissance, une cinquantaine de personnes de la commune ont été assassinées par les Allemands, et on en trouve de nouvelles tous les jours. Il y a certainement plus de cent disparus. Un certain nombre de mes concitoyens ont été tués dans les rues, au passage; d'autres ont été alignés pour être fusillés. Actuellement, on a identifié notamment 35 cadavres, ce sont ceux de : Blosse père, Robinet, jardinier, Chrétien, Remy, boulanger, Bourguignon père, Perrin, douanier, Vuillaume (Joseph), Bernasconi, Menu, Gauthier, Simon (de Flin), Lingenheld père et fils, Benoît père, Calais, Adam, Angélique Miquel, Caille, Lhuillier, Legré, Plaid fils, âgé de 14 ans, Leroi, Bozzolo, Gentil, Dehan (Victor) et Dehan (Charles), Dehan fils, Brennwald, Parisse, Yong, François, secrétaire de mairie, Mme Finot, Mlle Perrin, Mmes Guillaume et Courtois.

Le 16 octobre, au Haut-de-Vormont, sur le territoire de la commune, j'ai essayé d'identifier, avec deux médecins militaires français, dix cadavres civils qu'on y avait découverts sous une quinzaine de centimètres de terre. Ces cadavres avaient les yeux bandés et portaient des traces de balles. Sur l'un d'eux nous avons trouvé un laissez-passer au nom de M. Seyer (Edmond), de Badonviller. Les neuf autres victimes sont inconnues. Nous avons supposé que les dix personnes dont les corps étaient devant nous devaient avoir été emmenées de Badonviller par les Allemands.

Après lecture, le témoin a signé avec nous.

M. Liégey, dont la déposition est consignée ci-dessus, ajoute :

J'affirme, toujours sous la foi du serment, que rien dans l'attitude de la population n'avait pu motiver les atrocités dont mes concitoyens ont été victimes. Personne ne s'était livré au moindre acte de provocation.

Après lecture, le témoin a signé avec nous.

N° 263.

L'an mil neuf cent quatorze, le onze novembre, à Nancy, devant nous,... etc........

Mimman (Léon), 49 ans, préfet du département de Meurthe-et-Moselle :

Je jure de dire la vérité.

Je me suis rendu à Gerbéviller quelques jours après l'évacuation de la ville par les Allemands. J'étais accompagné du capitaine Déglise, appartenant à l'État-major du général de Castelnau. Dans une prairie, à quelques centaines de mètres de Gerbéviller, du côté de Lunéville, j'ai vu quinze cadavres en trois groupes de cinq chacun. C'étaient ceux des otages, presque tous des vieillards, qui avaient été fusillés par l'ennemi en cet endroit. Tous avaient les mains attachées; quelques-uns avaient un bandeau sur les yeux. J'ai remarqué que les pantalons de plusieurs d'entre eux étaient déboutonnés et abaissés jusqu'à mi-jambe. J'ai pensé que c'était une précaution qu'on avait prise pour entraver ces malheureux avant de les exécuter.

Dans le jardin d'une des premières maisons de la ville, à droite en arrivant de Lunéville, au fond d'une allée, près d'un puits, je me suis trouvé en présence du cadavre d'une vieille femme qui, de l'avis de M. Déglise, avait dû être certainement violée. La position du corps et son attitude rendaient cette opinion extrêmement vraisemblable. J'ai vu également le cadavre presque entièrement calciné d'une autre vieille femme dans la cave d'une maison située près du pont.

Dans un très grand nombre de maisons incendiées, j'ai constaté que les quatre murs et surtout la cheminée étaient restés debout. Cette remarque a fait naître dans mon esprit la conviction que la destruction de ces immeubles était due, non à la chute des obus, mais à l'incendie volontaire.

Après lecture, le témoin a signé avec nous.

N°s 264, 265, 266.

L'an mil neuf cent quatorze, le sept novembre, à LUNÉVILLE, devant nous, ... etc......

DUCRET (Madeleine), femme REMY, 26 ans, sans profession, demeurant à Gerbéviller réfugiée à Lunéville :

Je jure de dire la vérité.

Le lundi 24 août, vers dix heures et demie du matin, je fuyais l'incendie de notre maison, avec mon enfant de 3 mois sur les bras, quand j'ai reçu dans le dos une balle qui est sortie par le ventre. Les Allemands avaient volontairement tiré sur moi.

Dans l'après-midi, ma tante, Mlle Ducret, a été tuée, mais dans des conditions différentes. Elle a reçu la mort pendant la bataille, alors qu'elle se trouvait exposée au feu des combattants.

J'ai à déclarer d'autre part qu'une quinzaine de personnes de Gerbéviller, parmi lesquelles se trouvait mon beau-père, ont été fusillées. Je l'ai appris par l'homme qui a enterré ce dernier.

Après lecture, le témoin a signé avec nous.

REMY (Marguerite), 29 ans, à Gerbéviller, réfugiée à Lunéville :

Je jure de dire la vérité.

Le 24 août, j'ai vu passer devant moi une dizaine des habitants de Gerbéviller que les Allemands emmenaient et qu'on m'a dit depuis avoir été fusillés. Ils avaient les mains liées. Je me rappelle avoir vu notamment MM. Robinet, Perrin, Lingenheld père, Blosse, Benoît et Bourguignon. Deux d'entre eux m'ont parlé. M. Robinet m'a dit : « Nous sommes prisonniers », et M. Perrin : « Notre Louise est tuée ». On les a conduits vers le lieu dit La Prêle. Je ne connais pas les circonstances dans lesquelles mon père a été tué.

Après lecture, le témoin a signé avec nous.

GILLET (Jules-Nicolas), 69 ans, cultivateur à Gerbéviller, réfugié à Lunéville :

Je jure de dire la vérité.

Le 24 août, je me trouvais derrière ma maison qui est un peu écartée du bourg, quand je vis passer à 80 mètres environ un soldat allemand qui portait son fusil à la bretelle. Dès qu'il m'aperçut, il me mit en joue et tira trois fois sur moi sans m'atteindre. Une balle seulement m'a frôlé à la hanche. Je suis aussitôt rentré à la maison. Un instant après, j'ai vu de mon jardin M. Brennwald qui s'enfuyait avec sa femme derrière une haie. J'ai entendu plusieurs coups de fusil, et il est tombé. Il y avait des Allemands de tous les côtés.

Le même jour, ceux-ci ont mis le feu chez moi, à la main, par une voiture de gerbes qui se trouvait dans ma grange. Comme je m'efforçais de sauver mon mobilier, j'ai essuyé dans mon écurie un nouveau coup de feu qui ne m'a pas atteint.

Le lendemain, vers dix heures du matin, ma femme était dans un hallier non incendié dépendant de notre habitation, quand un Allemand survint, le fusil à la bretelle. Dès qu'il aperçut ma femme, il lui tira deux coups de fusil. Par des mouvements rapides, elle put éviter d'être blessée.

Après lecture, le témoin a signé avec nous.

***

N° 267.

L'an mil neuf cent quatorze, le vingt-quatre décembre, à Paris, devant nous,... etc....

Schmitt (Marie), femme Gillet, 66 ans, domiciliée à Gerbéviller, résidant en ce moment à Paris, rue Duret, 24, chez Mᵐᵉ Charrier :

Je jure de dire la vérité.

Le 24 août, des Allemands sont entrés chez nous, à Gerbéviller. Ils m'ont demandé des allumettes, ont allumé une petite lampe à pétrole qui se trouvait sur notre cheminée, puis sont allés mettre le feu dans notre grange, à une voiture de gerbes d'orge sur laquelle ils ont jeté à pleines poignées des rondelles qu'ils prenaient dans des seaux en toile. Comme j'appelais mon mari et comme je me lamentais, ils se moquaient de moi, répétant toutes mes paroles en ricanant; ils m'ont ensuite mise en joue avec leurs fusils. Je me suis alors précipitée à terre dans notre jardin, au milieu des fèves. Un coup de feu a éclaté, mais je n'ai pas été atteinte. Mon mari étant survenu, a essuyé trois coups de fusil. Une balle lui a éraflé les reins.

Après l'incendie de notre maison, nous nous sommes réfugiés dans la cave du château, chez la marquise de Lambertye, où nous avons trouvé une centaine de nos compatriotes. Nous sommes restés dix-sept jours dans cette cave où nous manquions de tout. Des femmes y ont accouché, des enfants y sont morts.

En sortant de chez moi, j'ai vu une bande d'Allemands tirer sur M. Brennwald, qui était en train de se sauver du côté des champs avec sa femme, sa belle-mère et sa fille. M. Brennwald a été tué, et c'est miracle que les trois femmes aient échappé à la mort. J'ai assisté aussi au meurtre de M. Yong, qui a été tué derrière chez lui, près de son manège.

Plus tard, j'ai vu de nombreux cadavres en décomposition, notamment ceux de M. Victor Dehan et de Mᵐᵉ Courtois.

Après lecture, le témoin a signé avec nous.

***

Nˢ 268, 269.

L'an mil neuf cent quatorze, le neuf novembre, à Gerbéviller, devant nous,... etc....

Harmant (Claire), femme Barth, 45 ans, demeurant à Gerbéviller :

Je jure de dire la vérité.

Le 24 août, vers cinq heures du soir, j'ai été, comme d'ailleurs beaucoup d'autres personnes, conduite par les Allemands dans un parc situé auprès de la brosserie. Quand j'ai été mise en liberté, le lendemain, j'ai vu le cadavre de M. Barthélemy qui portait à la tête une plaie énorme. Il était étendu sur un tas de boue.

Le même jour, 25 août, en me rendant à Fraimbois, j'ai vu; devant une des maisons qui bordent la route, le corps d'une femme en partie carbonisé. Quand je suis arrivée à Fraimbois, Mlle Perrin m'a dit que c'était le corps de sa sœur.

Ma belle-mère vous dira le sort qu'ont subi son mari et son fils.

Après lecture, le témoin a signé avec nous.

———

FREIERMUTH (Marianne), veuve LINGENHELD, âgée de 76 ans, belle-mère du précédent témoin, sans profession, à Gerbéviller, assistée de Mme Bercker, en religion sœur Hildegarde, qui, entendue comme interprète, a prêté serment de traduire fidèlement les déclarations du témoin faites en langue allemande :

Je jure de dire la vérité.

Le 24 août, dans la matinée, des Allemands étant entrés dans notre cuisine, se sont saisis de mon fils Charles, âgé de 36 ans, qui portait au bras son brassard de la Croix-Rouge. Ils l'ont entraîné sur la route et lui ont lié les mains derrière le dos. Ils sont venus ensuite chercher mon mari, âgé de 70 ans, et l'ont également emmené. J'ai su qu'ils l'avaient fusillé au lieu dit La Prêle, en même temps que M. Simon. Après l'arrestation de mon mari, je me suis sauvée. J'ai alors vu mon fils étendu sur la route. Il venait d'être fusillé, mais il remuait encore. Les Allemands, en ma présence, ont répandu sur lui du pétrole qu'ils ont allumé.

Après lecture, le témoin a dit persister dans sa déclaration et a déclaré ne savoir signer.

Nous avons signé avec l'interprète.

———

N° 270.

L'an mil neuf cent quatorze, le seize novembre, à PARIS, devant nous,... etc........

GUILLAUME (Marie-Eugénie-Augustine), veuve DEHAN, âgée de 52 ans, domiciliée à Gerbéviller, réfugiée à Paris, rue Doudeauville, 66 :

Je jure de dire la vérité.

Le 24 août, dans la matinée, comme des Allemands frappaient à la porte de notre maison, ma mère, Mme Guillaume, âgée de 78 ans, alla leur ouvrir. Aussitôt elle fut fusillée à bout portant, et tomba dans les bras de mon mari qui accourait derrière elle. Elle s'écria : « Ils m'ont tuée; emportez-moi au jardin, je vais mourir ». Nous avons déféré à son désir, puis nous nous sommes couchés au pied du mur de notre jardin. Quand ma mère fut morte, après quatre heures d'agonie, je l'enveloppai dans une couverture et lui plaçai un mouchoir sur le visage. Quelques instants après, les Allemands ont emmené mon mari avec un vieillard, le sieur Courtois, qu'il venait de sauver de l'incendie. Dans la soirée, ils m'ont arrêtée à mon tour, pour me conduire avec trente ou quarante autres personnes sur la route de Fraimbois.

J'ai été mise en liberté le lendemain matin, mais je n'ai pu rentrer à Gerbéviller que vingt et un jours plus tard. J'ai alors retrouvé dans notre jardin le corps de ma pauvre maman. Ma mère avait le ventre ouvert, ses jupes étaient relevées, ses jambes étaient écartées; et une somme de 4,000 francs qu'elle portait sur elle au moment de sa mort avait disparu.

Le cadavre de mon mari était, paraît-il, dans les prés, au milieu de quatorze autres. Des officiers français qui venaient de reprendre Gerbéviller m'ont empêchée d'en approcher et m'ont envoyée à l'hôpital, où je suis restée trois jours.

Je sais que mon beau-frère, Dehan (Auguste), a été retrouvé dans son lit, le ventre ouvert.

J'ajoute enfin que, quand j'étais prisonnière, un grand chef allemand, qui était à cheval, a dit en français, en nous montrant de la main : « Il faut fusiller ces femmes et ces enfants. Tout cela doit disparaître ».

Après lecture, le témoin a signé avec nous.

Nᵒˢ 271, 272.

L'an mil neuf cent quatorze, le sept novembre, à Fraimbois (Meurthe-et-Moselle), devant nous,.... etc...

Marquis (Louise), veuve Perrin, 62 ans, domiciliée à Gerbéviller, réfugiée à Fraimbois :

Je jure de dire la vérité.

Le 24 août, au moment où on nous a annoncé l'approche des Allemands, mon mari et mes deux filles sont allés se cacher dans un hallier dépendant de la maison. Tout à coup, une troupe d'une cinquantaine de soldats fit irruption dans notre habitation en poussant des hurlements féroces. Après m'avoir forcée à leur faire visiter toutes nos chambres en me menaçant de leurs baïonnettes, ils me firent sortir en criant à plusieurs reprises : « Fort ! Votre maison brûle ». Je suis partie dans les champs, où j'ai trouvé beaucoup de personnes du village. En me retournant, j'ai constaté que le feu était chez nous. J'ai su ensuite que mon mari, Perrin (Victor), et ma fille Louise, âgée de 32 ans, avaient été tués.

Après lecture, le témoin a signé avec nous.

Perrin (Eugénie), 30 ans, demeurant à Gerbéviller, réfugiée à Fraimbois :

Je jure de dire la vérité.

Le 24 août, à l'arrivée des ennemis, je suis allée avec mon père et ma sœur Louise me cacher dant notre écurie. Bientôt un Allemand y a pénétré. Ayant découvert ma sœur, il lui a tiré à bout portant un coup de fusil à la tête. Au bout d'une heure environ, comme notre maison brûlait, je me suis sauvée dans le jardin avec mon père ; mais celui-ci a été immédiatement saisi et emmené. J'ai su qu'on l'avait conduit dans les champs et qu'on l'avait fusillé avec quatorze ou quinze autres personnes de Gerbéviller.

Après lecture, le témoin a signé avec nous.

Nᵒ 273.

L'an mil neuf cent quatorze, le neuf novembre, à Gerbéviller (Meurthe-et-Moselle), devant nous,... etc..

Cugnin (Marie), femme Rozier, 49 ans, à Gerbéviller :

Je jure de dire la vérité.

Le 24 août, vers cinq heures et demie, j'ai entendu crier d'une voix suppliante : « Pitié, pitié ! » Ces cris venaient d'une grange voisine de ma maison. Comme je racontais cet incident à Mme Lucien Thiébault, qui n'habite plus ici, elle m'a dit : « Un civil qui a servi d'interprète aux Allemands m'a fait connaître que ceux-ci s'étaient vantés à lui d'avoir brûlé vif dans une grange un père de cinq enfants qui les avait suppliés de l'épargner et leur avait crié : « Pitié ! » D'après les révélations de l'interprète, ce crime aurait été commis dans la grange de M. Poinsard ou dans celle de M. Babon, qui sont voisines l'une de l'autre. Or c'est précisément de l'une de ces deux granges que venaient les supplications entendues par moi. Un corps carbonisé a été trouvé dans la grange de Poinsard.

Après lecture, le témoin a signé avec nous.

N° 274.

L'an mil neuf cent quatorze, le neuf novembre, à GERBÉVILLER (Meurthe-et-Moselle), devant nous,... etc...

Dame X..., âgée de 30 ans, demeurant à Gerbéviller :
Je jure de dire la vérité.

Mon mari est mobilisé. Depuis son départ, je demeure chez mes parents. Le 24 août, vers onze heures du soir, dans le corridor de ceux-ci, un Bavarois, portant deux lisérés sur la manche, m'a saisie par le bras, a chassé ma mère en la menaçant de sa baïonnette, m'a poussée contre une porte et, sous la menace de son arme, malgré mes protestations et mes cris, m'a violée.

Après lecture, le témoin a signé avec nous.

N° 275.

L'an mil neuf cent quatorze, le neuf novembre, à GERBÉVILLER (Meurthe-et-Moselle), devant nous,... etc...

RIGARD (Amélie), en religion Sœur JULIE, de l'ordre des Religieuses de Nancy, 60 ans, supérieure de l'hôpital de Gerbéviller :

Je jure de dire la vérité.

J'ai vu les Allemands mettre le feu à plusieurs maisons de Gerbéviller. Ils se servaient de torches enflammées qu'ils jetaient dans les habitations. Ces torches me semblaient être faites en filasse.

Je crois devoir vous signaler également qu'ils ont tenté de s'emparer d'un vase sacré dans l'église paroissiale. Avec un prêtre mobilisé je suis allée, le 29 août, constater l'état intérieur de l'église. Nous avons alors remarqué que, pour fracturer le tabernacle dont la porte est en acier comme celle d'un coffre-fort, les ennemis avaient tiré plusieurs coups de fusil autour de la serrure. Les trous des balles étaient presque symétriques et il était visible qu'on avait tiré à bout portant. La porte a été traversée par plusieurs balles, et le ciboire, que je vous présente, a été perforé, comme vous pouvez vous en rendre compte.

D'après ce que j'ai su, le général allemand qui commandait les troupes occupant Gerbéviller était le général Clauss.

Après lecture, le témoin a signé avec nous.

10.

Nᵒˢ 276, 277, 278.

L'an mil neuf cent quatorze, le trois décembre, à Paris, devant nous,... etc........

Moschel (Madeleine), femme Silbereiss, 60 ans, demeurant à Gerbéviller, en ce moment à Bezons (Seine-et-Oise) :

Je jure de dire la vérité.

Le 24 août, dans la matinée, j'ai vu des Allemands mettre le feu à la maison de M. Miller, à Gerbéviller, et la piller. Pour allumer l'incendie, ils se sont servis de paille. Je les ai vus aussi brûler par le même moyen l'habitation de mon voisin, M. Barth.

Vers trois heures de l'après-midi, je suis sortie de chez moi pour me mettre à la recherche de ma fille que je savais réfugiée dans une cave. Chemin faisant, je suis entrée pour me mettre à l'abri des balles dans une maison que je croyais encore occupée par les propriétaires. Elle était, en réalité, remplie d'Allemands. De cette maison, j'ai aperçu un soldat qui tirait à plusieurs reprises sur le sieur Gauthier, vieillard de 87 ans. Sur mes protestations, un des Allemands qui se trouvaient auprès de moi a adressé des observations à son camarade ; mais celui-ci n'en a pas moins continué à faire feu. J'ai su plus tard que le malheureux Gauthier avait été tué.

Après lecture, le témoin a signé avec nous.

———

Silbereiss (Albertine), femme Lhuillier, demeurant à Bezons (Seine-et-Oise) :

Je jure de dire la vérité.

Quand les Allemands sont entrés à Gerbéviller, je m'y trouvais en villégiature chez mes parents. Vers cinq heures du soir, le 24 août, ils sont arrivés devant une maison dans la cave de laquelle je m'étais cachée. Ils m'ont fait sortir, ainsi que les personnes qui étaient avec moi, et nous ont conduites dans les champs. De là, j'ai vu brûler toute la ville.

Le lendemain, j'ai aperçu un cadavre que j'ai su ensuite être celui de M. Miquel. Il était étendu sur un tas de cailloux.

Après lecture, le témoin a signé avec nous.

———

Flicker (Thérèse), femme Supper, 70 ans, demeurant à Gerbéviller, actuellement chez Mᵐᵉ Chapelain, avenue Reille, 20, à Paris :

Je jure de dire la vérité.

Le 24 août, au soir, j'ai vu, dans la rue de Lorraine, des Allemands mettre le feu aux rideaux, chez M. Gâté et chez M. Xaillé. Les deux maisons ont été consumées. Je me suis sauvée du côté de la gare et j'ai passé la nuit dans les champs. Le lendemain, j'ai vu Mᵐᵉ Schneider porter dans ses bras sa fillette âgée d'environ 10 ans, qui avait été atteinte d'une balle à la tête et était mourante.

J'ai remarqué que des soldats allemands, qui se trouvaient à Gerbéviller pendant l'incendie, portaient sur leur couvre-casque le n° 60.

Après lecture, le témoin a signé avec nous.

———

Nᵒˢ 279, 280, 281, 282, 283.

L'an mil neuf cent quatorze, le vingt-sept octobre, à CRÉVIC (Meurthe-et-Moselle), devant
nous,... etc...

PIERRE (Edmond), 57 ans, propriétaire à Crévic :

Je jure de dire la vérité.

Le 22 août, vers quatre heures et demie, les Allemands sont arrivés ici. Ils ont immédiatement cassé les portes et les fenêtres à coups de crosse, et ils ont mis le feu au village en
jetant dans les maisons quelque chose qui provoquait l'incendie. Le feu prenait avec une
rapidité extraordinaire et se propageait de même. Les Allemands brûlaient les maisons les
unes après les autres; ils en ont ainsi incendié volontairement soixante-treize, sur environ
cent cinquante.

Quand ils sont arrivés devant la propriété du général Lyautey, je les ai entendus crier :
« Lyautey! Lyautey ! » et proférer d'autres cris que n'ai pas compris.

Après lecture, le témoin a signé avec nous.

VOGIN (Émile), maréchal ferrant à Crévic :

Je jure de dire la vérité.

Le 22 août, j'étais chez moi quand les Allemands sont arrivés. Ils ont donné des coups
de crosse dans ma porte. Je leur ai ouvert. Un capitaine m'a placé un revolver sur la gorge
en me disant qu'on allait me fusiller et me mettre dans le feu « avec celui auquel on avait
déjà fait sauter la cervelle ». Il s'agissait de M. Liégey (Joseph), rentier et propriétaire de la
plus belle maison du village, ce qui faisait croire aux Allemands qu'il était le maire.
M. Liégey a été, en effet, retrouvé sous les décombres. Il avait reçu une balle sous le menton. J'ai vu mettre le feu à la maison de ce citoyen. Les Allemands se servaient pour cela
de bâtons-torches et de balles explosibles qu'ils envoyaient avec leurs fusils. Ils prétendaient
qu'on avait tiré sur eux. Le capitaine qui m'a menacé appartenait à un régiment portant le
nᵒ 18. Il m'a montré la propriété du général Lyautey qui était en flammes, et m'a dit :
« Venez voir la villa du général Lyautey qui est au Maroc, qui brûle ».

Après lecture, le témoin a signé avec nous.

DARMOIS (Auguste), 47 ans, instituteur en retraite à Crévic :

Je jure de dire la vérité.

L'incendie a été mis ici par les Allemands, « à la main » et à l'aide de balles explosibles.
Je les voyais parcourir les rues, et le feu prenait aussitôt sur leur passage. Ils ont forcé des
habitants à leur donner de la paille pour allumer l'incendie. Dans la maison de M. Gérard,
ils ont mis le feu à de la paille et à du foin, et ont forcé le propriétaire à rester devant le
brasier. Quand la chaleur les a obligés à se retirer, Gérard a pu en faire autant en passant par
une petite ouverture.

10..

Trois personnes ont trouvé la mort au moment de l'incendie. Toutes trois peut-être, en tout cas certainement deux, ont été fusillées avant d'être jetées dans les flammes; ce sont MM. Liégey (Joseph) et Haniel (Célestin), âgés le premier de 73 ans et le second de 74 ans. La troisième est M. Brochin; on n'a retrouvé de ce dernier que quelques os.

On m'a raconté que les Allemands, en arrivant, ont demandé si Mme et Mlle Lyautey étaient chez elles, en ajoutant : « Mme et Mlle Lyautey, kaput! »

Après lecture, le témoin a signé avec nous.

GÉRARD (Victor), âgé de 54 ans, ouvrier d'usine, à Crévic :

Je jure de dire la vérité.

Le 21 août, des Allemands sont entrés chez moi; ils m'ont volé différentes choses, puis ils m'ont fait monter au grenier, « la baïonnette au dos ». Là ils ont mis le feu à de la paille et à du foin, avec quelque chose qu'ils plaçaient au bout de leurs fusils. « Cela prenait comme l'électricité. » Ils m'ont forcé à rester auprès du brasier, et j'ai eu une joue toute brûlée; j'ai gardé sur le visage une croûte épaisse pendant plus de quinze jours. J'étais devenu méconnaissable. J'ai pu m'échapper par une petite ouverture quand eux-mêmes, chassés par la chaleur, se sont retirés.

Après lecture, le témoin a signé avec nous.

DROUIN (Eugène), 65 ans, gardien de la propriété de M. le général Lyautey :

Je jure de dire la vérité.

Le 22 août, vers cinq heures et demie du soir, les Allemands sont arrivés. Ils ont aussitôt mis le feu au château de M. le général Lyautey. Je les ai entendus, et ma femme aussi, réclamer Mme et Mlle Lyautey, en criant : « Nous, couper le cou! » J'ai vu les engins dont ils se servaient pour mettre le feu. C'étaient des sortes de pastilles percées qu'ils enfilaient sur une pointe, au bout d'un bâton. Ces pastilles sont très fusantes. Quelques soldats portaient aussi des lampes Pigeon. J'ai vu un officier avec eux.

Après lecture, le témoin a signé avec nous et avec Mme FALGON (Marie-Joséphine), femme DROUIN, qui a confirmé toutes les déclarations de son mari.

N°s 284, 285, 286.

L'an mil neuf cent quatorze, le vingt-sept octobre, à DEUXVILLE (Meurthe-et-Moselle), devant nous,... etc...

BARBIER (Joséphine), femme CHÉREAU, 47 ans, sans profession, à Deuxville :

Je jure de dire la vérité.

A la fin du mois d'août ou au commencement de septembre, plusieurs maisons de notre village ont été incendiées. J'ai vu un Allemand tendre le bras en l'air contre un amas de foin dans un hangar, et le feu a pris aussitôt.

Après lecture, le témoin a signé avec nous.

Thomassin (Charles), 6i ans, adjoint au maire de Deuxville :

Je jure de dire la vérité.

Le maire de notre commune, Jules Bajolet, et le curé, M. Thiriet, qui ont été emmenés comme otages par les Allemands, ont été fusillés à Crion le 25 août. Le curé de Crion pourra vous renseigner. Je ne sais rien au sujet des incendies, si ce n'est qu'une quinzaine de maisons sont détruites.

Après lecture, le témoin a signé avec nous.

Le même témoin, demandant à compléter sa déposition, ajoute :

Quand je suis revenu de Lunéville, où j'avais été emmené par les Prussiens, j'ai trouvé devant la cave de mon frère un seau de pétrole à moitié plein, à côté d'un tas d'écailles de bois et d'un monceau de charbon.

Après lecture, le témoin a signé avec nous.

N° 287.

L'an mil neuf cent quatorze, le vingt-sept octobre, à Crion (Meurthe-et-Moselle), devant nous,... etc. . . . .

Marchal (Henry), 38 ans, curé de Crion :

Je jure de dire la vérité.

Le 26 août, vers midi et demi, j'ai rencontré dans ma paroisse M. l'abbé Thiriet, curé de Deuxville, et M. Bajolet, maire de la même commune, qui étaient entre les mains des Allemands. Je me suis approché de mon confrère qui m'appelait, et je lui ai demandé la raison de son arrestation. Il m'a répondu : « J'ai fait des signes ». Je lui ai donné un peu de pain, et comme les Allemands manifestaient de mauvaises dispositions, je me suis retiré ; à peine avais-je parcouru une distance de 30 mètres, que j'ai entendu la fusillade. Les deux prisonniers venaient d'être massacrés.

Le surlendemain, un officier qui m'a dit avoir été à l'ambassade d'Allemagne à Paris pendant huit ans, m'a fait la déclaration suivante : « Le curé a fait des signes et l'a avoué ; quant au maire, le pauvre diable, je crois bien qu'il n'avait rien fait. »

Après lecture, le témoin a signé avec nous.

N° 288.

L'an mil neuf cent quatorze, le vingt-neuf octobre, à Lunéville, devant nous,... etc.

Viquit (Auguste-Albert), 52 ans, cultivateur à Dehainville, commune de Deuxville (Meurthe-et-Moselle) :

Je jure de dire la vérité.

Le 28 août, si je ne me trompe, pendant une des nombreuses escarmouches qui se sont produites à cette époque, mon père, âgé de 78 ans, a entr'ouvert la porte de notre maison. Il a reçu aussitôt, dans des conditions que j'ignore, une balle à la cuisse. Il est mort dix minutes après.

Après lecture, le témoin a signé avec nous.

N° 289.

L'an mil neuf cent quatorze, le trente octobre, à MAIXE (Meurthe-et-Moselle), devant nous,... etc. . . . .

PICOT (Auguste), 48 ans, maire de Maixe :

Je jure de dire la vérité.

Le 22 août, dès leur arrivée, les Allemands ont brûlé plusieurs maisons du village, en prétendant qu'on avait tiré sur eux, prétexte absolument faux. Je les ai vus parcourir les rues avec des torches enflammées. Ils approchaient ces torches d'un explosif quelconque, car le feu prenait instantanément. J'ai trouvé d'ailleurs des blocs jaunâtres, percés au milieu, de 5 centimètres environ de hauteur et de 7 de long sur 5 de large. Le surlendemain, ils ont incendié une autre maison. Je sais qu'ils ont encore mis le feu lors d'une seconde occupation, mais je n'étais pas alors dans la commune. Trente-six maisons ont été détruites par l'incendie, pendant les deux occupations allemandes.

Dix de nos concitoyens ont été tués par l'ennemi ; ce sont : Mme Beurton, MM. Gauçon (Pierre), Demange, Jacques, Thomas, Marchal, Chaudre, Simonin, Vaconnet, ce dernier de passage à Maixe et originaire de Grand (Vosges), et Mlle Thomas (Anna), âgée de 19 ans. Tous ces meurtres ont été commis sous le prétexte mensonger qu'on avait tiré sur les Allemands. Je vous remets copie certifiée d'une note au crayon qui a été confiée à M. Thouvenin par un officier allemand, pour que celui-ci la fît parvenir à Mme Simonin ; elle est une preuve de l'exécution de Simonin, dont le nom figure dans la liste que je viens de vous donner.

Après lecture, le témoin a signé avec nous.

N° 290.

DOCUMENT remis à la Commission par M. PICOT, maire de MAIXE.

Au M. le Maire de Maixe.

Le dernier désir du *Simonin Eugène*, de Maixe, qui fut fusillé, se trouve dans les mains du Commandant général de la troisième division bavaroise et sera remis à la veuve.

Signé : Frhr v. G... (*illisible*),
Oberleutnant 3. chevau-légers Regiment.

Pour copie certifiée conforme :
Le Maire de Maixe,
Signé : PICOT (Auguste).

Nᵒˢ 291, 292, 293, 294, 295, 296.

L'an mil neuf cent quatorze, le trente octobre, à MAIXE (Meurthe-et-Moselle), devant nous..., membres de la Commission instituée par décret du 23 septembre 1914, ont comparu les personnes ci-après nommées; elles nous ont fait les déclarations suivantes :

THOUVENIN (Charles), 59 ans, conseiller municipal à Maixe :

Je jure de dire la vérité.

J'ai vu le cadavre de M. Vaconnet qui a été assassiné par les Allemands. Mon concitoyen a été frappé d'une balle au côté, au pied de l'escalier, dans la maison de M. Rediger.

C'est à moi qu'un officier allemand a remis, le 23 août, une note relative à M. Simonin et destinée à la femme de celui-ci. J'étais à ce moment, ainsi que tous les hommes de la commune, enfermé comme otage à la mairie.

Après lecture, le témoin a signé avec nous.

————

MATHIAS (Joseph), 55 ans, vigneron à Maixe :

Je jure de dire la vérité.

C'est moi qui ai ramassé, le 25 août, le cadavre de Mˡˡᵉ Thomas ; il portait une blessure causée par une balle qui, après avoir déchiré le bras, avait pénétré dans la poitrine. Les autres victimes ont dû être fusillées ; quant à celle-ci, elle a probablement trouvé la mort pendant la bataille, sans qu'on puisse affirmer qu'on l'ait volontairement frappée.

Après lecture, le témoin a signé avec nous.

————

SAR (Virginie), femme SIMONIN, 49 ans, à Maixe :

Je jure de dire la vérité.

Le jour où les Allemands sont arrivés ici, ils nous ont fait sortir, moi, mes enfants et mon mari, de notre maison qui brûlait, puis ils ont dit en français à celui-ci : « Vous, Monsieur, vous allez venir avec nous ». Ils l'ont alors emmené dans la direction de Drouville. Je l'ai suivi jusqu'à la Croix de Mission, c'est-à-dire jusqu'à 300 mètres du village. Là, deux soldats m'ont empoignée et m'ont ramenée. Je n'en savais pas plus, quand la mairie m'a fait parvenir une note indiquant que le dernier désir de mon mari fusillé se trouvait entre les mains du commandant général de la 3ᵉ division bavaroise. Cette note est signée par un lieutenant de chevau-légers.

Après lecture, le témoin a signé avec nous.

————

THOUVENIN (Émile), 57 ans, propriétaire à Maixe :

Je jure de dire la vérité.

J'ai assisté à la mort de Mᵐᵉ Beurton, le 25 août. Cette dame était réfugiée avec sa famille dans ma cave. Les Allemands sont arrivés. Deux soldats ont descendu quelques marches de l'escalier de la cave. L'un portait une lanterne, et l'autre son fusil. Le second a tiré, sans aucune provocation, un coup de fusil dans le groupe ; Mme Beurton, atteinte à la tête, est tombée raide morte. Un peu après, les mêmes soldats ont encore tiré deux coups de feu sans atteindre personne. En même temps, le feu a été mis à ma maison.

Après lecture, le témoin a signé avec nous.

PIERRE (Joséphine), veuve GAUÇON, 70 ans, à Maixe :

Je jure de dire la vérité.

Le 22 août, vers cinq heures et demie du matin, une douzaine d'Allemands sont entrés chez nous, après avoir tiré des coups de fusil dans les fenêtres. Ils ont, en ma présence, empoigné mon mari et l'ont emmené dans le village. Un soldat, celui qui l'avait saisi à la maison, l'a jeté sur un tas de fumier, et un autre qui passait sur la route lui a tiré un coup de fusil dans le ventre. En fuyant l'incendie, j'ai trouvé Gauçon respirant encore ; je l'ai fait transporter dans la cave d'une maison en flammes, et avant de mourir il a pu me faire le récit des violences dont il avait été victime.

Après lecture, le témoin a signé avec nous.

MATHIAS (Joseph), déjà entendu :

Je jure de dire la vérité.

Je puis compléter ma déposition en ce qui concerne la mort de M. Charles Demange. Je tiens les renseignements de sa femme, actuellement réfugiée en Bretagne.

Il a été blessé dans sa cour, par une balle qui lui a traversé les deux genoux. Il s'est traîné jusque dans la cuisine. A ce moment les Allemands mettaient le feu à la maison. Ils ont empêché Mme Demange de le relever, l'ont gardée à vue avec sa fille, et ont ainsi laissé brûler leur victime dans l'immeuble incendié.

Deux jours après, j'ai ramassé le crâne de ce malheureux. Il ne restait que cela du cadavre dans les ruines.

Après lecture, le témoin a signé avec nous.

N° 297.

L'an mil neuf cent quatorze, le dix novembre,

Par-devant nous, Procureur de la République du Tribunal de RENNES, assisté de M. LE BARON en qualité de secrétaire, et agissant sur une commission rogatoire de MM. les Membres de la Commission instituée par le décret du 23 septembre 1914,

A comparu par convocation,

CLASQUIN (Marie-Christine), âgée de 43 ans, veuve de M. DEMANGE (Charles), débitante demeurant à Maixe (Meurthe-et-Moselle), laquelle, après avoir prêté serment de dire la vérité, toute la vérité, rien que la vérité, a fait la déclaration suivante :

Le samedi 22 août dernier, vers cinq heures et demie du matin, on avait signalé l'arrivée dans notre commune de soldats allemands. Mon mari sortit de la maison en me disant qu'il allait à la mairie chercher un passeport pour nous, et qu'il reviendrait ensuite reprendre sa bicyclette et la valise, puis que nous partirions ensuite tous ensemble.

Mon mari venait donc de quitter la maison et traversait notre cour, lorsqu'il reçut plusieurs coup de feu; il rentra dans notre cuisine où il tomba, laissant échapper de ses blessures une énorme quantité de sang; il avait été atteint à la jambe par les projectiles.

Presque aussitôt, une bande de soldats allemands, au nombre de sept ou huit au moins, ont pénétré dans notre domicile et donné des coups de pied à mon mari, qui était étendu sur le pavé. A ma fille âgée de 18 ans, qui les priait de l'aider à transporter le corps de son père, ils ont répondu par un refus formel, la mettant même en joue, en nous chassant toutes les deux. Ils ont ouvert les armoires et ont bu et mangé tout ce qu'ils ont trouvé.

Chassées par les Allemands à coups de crosse, par derrière les jardins, nous nous sommes blotties, ma fille et moi, sous les arbres, derrière un mur où nous sommes restées toute la journée et toute la nuit. Nous avons assisté à l'incendie de notre maison, dans laquelle était resté le cadavre de mon mari que nous n'avons pas pu enlever. Le lendemain de l'incendie, je suis allée chercher dans les décombres et j'ai découvert quelques ossements restant après l'incinération du cadavre de mon mari, ossements que j'ai recueillis dans deux petites boîtes.

Je dois ajouter que le linge et les vêtements et autres objets que nous avions remisés dans notre cave ont été également la proie des flammes, les Allemands y étant descendus pour mettre le feu.

Après un séjour de trois jours dans les caves, l'armée française est venue nous délivrer, le mercredi suivant 26 août, et c'est à cette date que j'ai pu venir avec ma fille à Rennes, chez M. Clasquin (Charles), mon frère, commis principal à la gare, rue des Trente, n° 8.

Je n'ai rien pu sauver absolument; tout le mobilier, tout le matériel de menuiserie de mon mari, ainsi que notre maison, ont été la proie des flammes.

Lecture faite de sa déposition, le témoin y persiste et signe avec nous.

(*Suivent les signatures.*)

N° 298.

L'an mil neuf cent quatorze, le trente octobre, à Maixe (Meurthe-et-Moselle), devant nous,..., membres de la Commission instituée par décret du 23 septembre 1914, a comparu la personne ci-après nommée; elle nous a fait les déclarations suivantes :

Demoiselle X..., 23 ans, à Maixe :

· Je jure de dire la vérité, mais je tiens à ce qu'aucune publicité ne soit donnée à ma déposition.

. . . .

Après lecture, le témoin a signé avec nous.

N°s 299, 300.

L'an mil neuf cent quatorze, le trente octobre, à BAUZEMONT (Meurthe-et-Moselle), devant nous,... etc...

DÉPLANCHE (Mélanie), femme BISTER, âgée de 25 ans, gardienne du château de Bauzemont :

Je jure de dire la vérité.

Le 22 août, les Allemands sont arrivés au château et se sont emparés d'un grand nombre de lapins, de volailles, de vins et de liqueurs.

Vers le quinzième jour de l'occupation, des automobiles dans lesquelles se trouvaient plusieurs femmes d'officiers de l'état-major sont survenues ; on y a chargé de l'argenterie, des robes de soie, des chapeaux, des couvertures et des matelas, le tout volé ici, et les officiers ont quitté le château avec ce butin. Le même jour, d'autres officiers sont arrivés, ont fait des réquisitions dans le village, et sont partis après avoir tout saccagé.

Après lecture, le témoin a signé avec nous.

X..., 51 ans, lieutenant-colonel au ...^e régiment d'infanterie :

Je jure de dire la vérité.

Quand j'ai pris possession du château de Bauzemont, le 21 de ce mois, j'ai constaté qu'il avait été pillé complètement par les Allemands. Tous les meubles étaient fracturés et ouverts. Les appartements étaient dans un état de saleté indescriptible. Dans la salle de billard notamment, une grande quantité de matière fécale était étalée sur le plancher. Dans la chambre à coucher qui avait été occupée par un général de division (le commandant de la 7e division de réserve) régnait une odeur infecte. Le placard placé à la tête du lit contenait des linges de toilette et les rideaux de mousseline des fenêtres, remplis d'excréments.

Après lecture, le témoin a signé avec nous.

N°s 301, 302, 303.

L'an mil neuf cent quatorze, le cinq novembre, à BACCARAT (Meurthe-et-Moselle), devant nous,... etc..

RENAUD (Jean-Pierre), 66 ans, délégué municipal à Baccarat :

Je jure de dire la vérité.

Les Allemands sont arrivés à Baccarat le 24 août au soir. Le 25 au matin, ils ont été attaqués par le ...^e régiment d'infanterie française. Dans l'après-midi, ils ont donné aux habitants l'ordre de se réunir à la gare et, tandis que cet ordre était exécuté, ont organisé un pillage général. Ils s'emparaient des meubles, des pendules et de tout ce qu'il y avait de beau. Le pillage était dirigé par les officiers. Lorsque les habitants sont rentrés chez eux, on leur a laissé à peine une heure, puis les Allemands leur ont enjoint de partir, parce qu'on allait brûler la ville. Les Bavarois ont alors mis le feu. Le soir du 25, le centre de la ville était en flammes et, le lendemain matin, le château de M. Michaut a été incendié. Je n'ai pas vu allumer l'incendie, mais je sais, à n'en pas douter, que l'ennemi l'a allumé volontairement à l'aide de torches et de pastilles de poudre comprimée.

Après le sinistre, les Allemands ont empêché les habitants d'approcher de leurs immeubles. Ils ont même placé des sentinelles dans ce but; et quand les décombres ont été refroidis, ce sont eux-mêmes qui les ont fouillés, pour dégager les entrées des caves, ce qui leur a permis de s'approprier une grande quantité de bouteilles remplies de vin.

J'ai logé chez moi le général Fabarius, qui commandait l'artillerie du XIV° corps badois. Il m'a dit : « Je ne croyais pas qu'il y avait autant de vin fin à Baccarat. Nous avons pris plus de cent mille bouteilles ».

Après lecture, le témoin a signé avec nous.

Poulmaire (Henri), 51 ans, sous-chef de service à la Cristallerie de Baccarat :

Je jure de dire la vérité.

Pendant l'occupation allemande, le portier de la fabrique m'a plusieurs fois appelé pour que je vinsse parler à des Allemands qui demandaient à acheter des cristaux. J'ai fait chaque fois le prix du tarif, mais ils exigeaient de 50 à 75 pour 100 de rabais, « en jouant constamment avec leurs revolvers », et j'étais obligé de consentir les réductions.

L'ennemi a incendié, le 24 au soir, une partie de la Cristallerie, notamment la salle de musique, où il avait organisé une sorte de concert.

J'ai établi le nombre des maisons de la ville qui ont été brûlées. Ce nombre est de cent douze. Très peu ont été incendiées par les obus, tout le reste l'a été par la main des Bavarois.

Après lecture, le témoin a signé avec nous.

Michaut (Adrien), 61 ans, administrateur des Cristalleries de Baccarat :

Je jure de dire la vérité.

Les Allemands sont arrivés le 24 août dans la soirée. Ils ont réuni les habitants à la gare, pour pouvoir piller à leur aise. Le 25, ils ont mis le feu, maison par maison. Cent douze immeubles ont été brûlés. Quatre ou cinq au plus l'ont été par les obus, tout le reste a été incendié à la main. Des Badois qui sont venus ensuite nous ont dit : « Ce sont encore ces cochons de Bavarois, nous ne sommes pas de la même race ».

Aux cristalleries, des Allemands ont acheté des marchandises avec des réductions forcées; d'autres en ont tout simplement volé.

Après lecture, le témoin a signé avec nous.

N° 304, 305.

L'an mil neuf cent quatorze, le six novembre, à JOLIVET (Meurthe-et-Moselle), devant nous,... etc...

GASCARD (Alexandre), 60 ans, conseiller municipal remplaçant le maire absent :

Je jure de dire la vérité.

Le 25 août, une maison située dans une dépendance du village a été brûlée par les Allemands. Le propriétaire vous dira comment a éclaté l'incendie. Le 22 août, M. Alfred Villemin, âgé de 44 ans, sortait de la maison de M. Cohan avec celui-ci et M. Richard, quand les Allemands assaillirent ce dernier. Atteint d'un coup de crosse sur la tête, Richard tomba sur le sol, tandis que Cohan rentrait précipitamment chez lui. Après avoir suivi pendant un instant Richard, que des soldats emmenaient jusque devant le café Terminus, Villemin alla soigner son bétail. Vers 5 heures du soir, il sortit pour se rendre chez un de ses cousins; mais il fut alors arrêté et immédiatement fusillé. Les Allemands lancèrent son corps dans un jardin par-dessus une palissade; on le retrouva dans une mare de sang, avec une balle dans la tête.

Après lecture, le témoin a signé avec nous.

MORIN (Émile), 51 ans, rentier à Jolivet :

Je jure de dire la vérité.

Le dimanche 23, ma maison a été pillée. Les Allemands ont chargé sur des voitures tout ce qu'ils m'ont volé : argenterie, fourrures, chapeaux, linge, etc. Quarante-huit heures après, le feu a été mis chez moi. J'ai vu un Allemand se baisser et allumer un amas de fibre de bois provenant de nombreuses caisses. L'incendie a été provoqué de la même manière dans trois pièces différentes.

Après lecture, le témoin a signé avec nous.

N° 306, 307, 308.

L'an mil neuf cent quatorze, le six novembre, à BONVILLER (Meurthe-et-Moselle), devant nous,... etc.,...

JESPÉRIER (Victor), 50 ans, maire de Bonviller :

Je jure de dire la vérité.

Le 22 août et le lendemain, ainsi que le 25 du même mois, les Allemands ont mis volontairement le feu à des maisons du village. Vingt-six immeubles ont été incendiés. M. Simonin, actuellement absent, a dit qu'il avait vu un soldat traverser la rue, avec une bougie allumée à la main, pour aller mettre le feu chez M. Lambourg. Je sais aussi que les incendiaires se servaient de sortes de pétards.

Après lecture, le témoin a signé avec nous.

PAQUATTE (Xavier), 75 ans, cultivateur à Bonviller :

Je jure de dire la vérité.

Le 25 août, vers onze heures du matin, j'ai vu, tandis qu'un soldat allemand me saisissait à la gorge et me terrassait, un de ses camarades mettre le feu à ma maison, en approchant une allumette du foin qui se trouvait dans mon grenier.

Après lecture, le témoin a signé avec nous.

———

HOUILLON (Alfred), 67 ans, cultivateur à Bonviller :

Je jure de dire la vérité.

Le 22 août, je regardais tranquillement passer les Allemands dans la rue. L'un d'eux m'a ajusté et m'a tiré un coup de fusil qui m'a atteint au bras gauche. Comme vous pouvez vous en rendre compte par la vue des cicatrices, mon bras a été traversé. J'ai été soigné le lendemain par un major de l'armée ennemie.

Après lecture, le témoin a signé avec nous.

———

Nᵒˢ 309, 310, 311, 312, 313, 314, 315, 316.

L'an mil neuf cent quatorze, le trente octobre, à EINVILLE (Meurthe-et-Moselle), devant nous,... etc...

DIEUDONNÉ (Paul), 54 ans, maire de la commune d'Einville :

Je jure de dire la vérité.

Les Allemands sont arrivés ici le 22 août. Ils m'ont menacé de me fusiller, parce qu'ils accusaient faussement un conseiller municipal, M. Joseph Pierson, d'avoir tiré sur eux. Ils l'ont d'ailleurs massacré en arrivant. Ils se sont bornés à m'emmener, le 12 septembre, au moment de leur retraite, avec mon adjoint, M. Charrier, et M. Rodhein, cultivateur. Après nous avoir fait passer quinze jours à Château-Salins, trois jours à Sarreguemines, trois jours au camp des prisonniers français de Munsingen (Wurtemberg), ils nous ont enfin transférés à la prison militaire d'Ulm, et nous ont lâchés le 24 de ce mois.

Après lecture, le témoin a signé avec nous.

———

JOB (Julien), 48 ans, marchand de bestiaux à Einville :

Je jure de dire la vérité.

Le jour de leur arrivée ici, c'est-à-dire le 22 août, les Allemands ont tué d'un coup de fusil M. Joseph Pierson, conseiller municipal, sous le prétexte absolument faux qu'il avait tiré sur eux. Le corps est resté exposé dans la rue pendant trois jours. J'ai vu le cadavre le jour même de l'exécution.

Après lecture, le témoin a signé avec nous.

———

MAIRE (Jean-Joseph), 48 ans, instituteur à Einville :

Je jure de dire la vérité.

Le 22 août, j'ai vu M. Bouvier et M. Barbelin emmenés par les Allemands. On a dit depuis qu'ils avaient été fusillés. J'ignore si ce bruit est exact; en tout cas, ils n'ont pas reparu.

Après lecture, le témoin a signé avec nous.

———

DIEUDONNÉ, maire, déjà entendu :

Je jure de dire la vérité.

Je crois devoir compléter ma déposition, en vous disant ce que je sais au sujet de la disparition de MM. Bouvier, d'Einville, et Barbelin, de Coincourt. Le 22 août, alors que les Allemands me conduisaient devant un général, à Bauzemont, ainsi qu'un certain nombre de mes concitoyens qui avaient été arrêtés, Bouvier et Barbelin qui se trouvaient derrière moi ont été détachés de notre groupe. Quelques instants après, nous entendions le bruit de détonations. (Ces deux hommes avaient été arrêtés dans d'autres circonstances que nous et à un autre moment; on nous les avait adjoints à la sortie du village.) En entendant retentir les coups de fusil, une simple salve, nous nous sommes dit, en pensant à Bouvier et à Barbelin : « Voilà qu'on les fusille ».

Après lecture, le témoin a signé avec nous.

———

Le 6 novembre, étant de nouveau à EINVILLE, nous avons reçu les déclarations suivantes des personnes ci-après nommées :

DIEUDONNÉ (Paul), maire d'Einville, déjà entendu :

Je jure de dire la vérité.

Ainsi que je vous en avais manifesté l'intention, j'ai pratiqué des recherches à l'effet de retrouver les corps de nos malheureux compatriotes fusillés par les Allemands. Nous avons découvert les cadavres de Bouvier, d'Einville, et de Barbelin, de Coincourt, à l'endroit même où nous supposions qu'ils étaient enterrés. Nous les avons parfaitement reconnus. En ce qui concerne Pierrat, nos investigations sont demeurées infructueuses.

Il n'y a aucun doute que ni l'une ni l'autre des victimes n'aient nullement provoqué les Allemands. Elles ont eu le malheur de se trouver sur le passage de ceux-ci, voilà tout. Pierrat seul a été imprudent : il avait dans son sac son fusil démonté.

Après lecture, le témoin a signé avec nous.

———

Le témoin DIEUDONNÉ, dont la déposition est consignée ci-dessus, nous déclare avoir à ajouter les renseignements suivants, sous la foi du serment :

M. Thomas (Prosper), de Maixe, qui travaillait à la ferme de Remonville, incendiée par les Allemands, a été carbonisé en partie. Son cadavre a été trouvé, il y a trois jours, dans les décombres. Il sera inhumé aujourd'hui.

Après lecture, le témoin a signé avec nous.

———

PALOIS (Victorine), femme FAMOSE, 65 ans, sans profession, à Einville :

Je jure de dire la vérité.

J'ai vu arrêter Pierrat. Il sortait de chez lui avec son sac sur le dos. Les Allemands ont ouvert le sac, dans lequel se trouvait un épervier et un fusil démonté. Ils ont brisé le fusil et emmené l'homme de l'autre côté du pont. Ils ont ensuite ramené Pierrat devant chez nous. Il avait le nez presque tranché, les yeux hagards, et semblait avoir vieilli de dix ans en un quart d'heure. Un grand chef est arrivé, a parlé en allemand, et huit soldats ont emmené définitivement Pierrat. Je les ai vus revenir, dix minutes après, sans leur prisonnier. L'un d'eux a dit alors en français : « Il était mort avant! »

Après lecture, le témoin a signé avec nous.

M. DIEUDONNÉ, maire, demande à être entendu pour la quatrième fois et, après avoir juré de dire la vérité, déclare :

J'ai omis de vous dire que les Allemands m'ont obligé à réquisitionner plusieurs personnes pour enterrer les morts, pendant qu'on se battait, bien que je leur eusse objecté qu'un sérieux danger menaçait les citoyens contraints d'accomplir cette besogne. C'est ainsi que Collin, Médert et Beck ont été tous trois blessés par des balles, et que Noël a été tué par un éclat d'obus. Collin n'est pas encore rétabli, depuis plus de deux mois qu'il a été frappé.

Après lecture, le témoin a signé avec nous.

N° 317.

L'an mil neuf cent quatorze, le neuf novembre, à DOMBASLE (Meurthe-et-Moselle), devant nous,... etc...

THOUVENIN (Joséphine), femme JACQUES, 35 ans, fermière à Remonville, écart d'Einville, actuellement réfugiée à Dombasle :

Le 22 août, les Allemands ont mis le feu à notre ferme, qui est isolée dans la campagne. Je me suis sauvée avec mes enfants et quelques personnes qui se trouvaient chez nous. Je pensais que les quatre hommes allaient nous suivre après avoir fait sortir le bétail. Malheureusement il n'en a pas été ainsi, car on n'en a revu aucun. On a retrouvé les corps de deux d'entre eux, M. Victor Chaudre et M. Thomas Bée; mais mon beau-père, M. Jacques Monsery, et M. Joseph Marchal n'ont pas reparu et nous sommes sans nouvelles d'eux. Il y avait aussi à la ferme un marcaire, M. Joseph Marcq, qui, d'après ce que m'ont dit ses enfants, avait été tué d'un coup de feu, quelques instants avant l'incendie.

Après lecture, le témoin a signé avec nous.

N° 318.

Exposé de constatations médico-légales à la suite d'une exhumation de cadavres à la ferme de Remonville, près Einville (Meurthe-et-Moselle).

Einville, le 6 novembre 1914.

Le Médecin-Major de 2ᵉ classe Beudon, du 223ᵉ régiment d'infanterie, à Monsieur le Président de la Commission d'enquête sur les actes de violation du droit des gens commis par les Allemands.

J'ai l'honneur de vous rendre compte qu'en exécution d'un ordre reçu dans la matinée du 6 octobre 1914, je me suis rendu, le même jour, à treize heures, à la ferme de Remonville, près Einville, où, en présence du garde champêtre de la commune d'Einville, j'ai assisté à l'exhumation du corps du nommé Thomas (Prosper), de son vivant résidant à Maixe, reconnu et identifié par le garde champêtre et les membres de la famille présents à l'exhumation.

Des vêtements apparaissant au fond de la fosse après cette première exhumation, nous avons pu identifier un deuxième cadavre qui a été reconnu pour être celui du nommé Chaudre (Victor), de Maixe, et inhumé en même temps que le précédent, vers le 22 ou le 23 août 1914.

Au cours de ces opérations, nous avons pu faire les constatations médico-légales ci-dessous exposées :

1° Thomas (Prosper), 51 ans, de son vivant époux de Mᵐᵉ Thomas, née Rayeur, résidant à Maixe.

Identification. — Malgré l'état de décomposition du cadavre, ce dernier a été formellement reconnu et identifié, grâce à la taille, aux vêtements encore suffisamment conservés et aux objets personnels renfermés dans ces vêtements.

Constatations. — Le cadavre, dans un état de décomposition avancée, est couché sur le côté, les jambes à demi-fléchies, les membres supérieurs repliés sur le tronc. La tête, bien qu'en contact avec le cou et dans son prolongement, n'est pas adhérente à ce dernier; le cadavre étant saisi par les bras et soulevé, la tête reste au fond de la fosse. Les vêtements déchirés en plusieurs endroits, mais encore facilement reconnaissables pour la famille, sont enlevés. La peau existe encore partout, bien qu'ayant subi une sorte de dégénérescence graisseuse par suite de laquelle l'épiderme n'est plus qu'un enduit mou. Je n'ai constaté sur les membres ni sur le tronc aucune solution de continuité de la peau pouvant être due à un instrument tranchant ou à un projectile d'arme à feu. Les organes sexuels existent et ne présentent aucune trace de mutilation. Les os longs des membres ne sont pas fracturés.

Par contre, la tête, séparée du tronc, est complètement broyée. La section du cou siège très haut, presque au niveau de l'articulation de l'os occipital avec la colonne cervicale. Cette dernière a été sectionnée avant l'inhumation, la putréfaction ne pouvant, à mon avis, au bout de deux mois, aboutir à la désarticulation et à la séparation, soit de deux vertèbres, soit de l'os occipital et de la colonne cervicale. La position de la tête, faisant bien suite au cou, mais sans y adhérer, semble indiquer qu'au moment de l'inhumation, la tête a été intentionnellement placée ainsi; à moins que quelques lambeaux de parties molles, la retenant encore, et putréfiés depuis, ne l'aient entraînée dans cette position. La boîte cranienne est complètement broyée; en en recueillant les débris on arrive à reconstituer le tout. Des parcelles de cuir chevelu adhèrent encore aux fragments osseux. Les traits de fracture siègent sur les os pariétaux et l'os frontal; les parties molles de la face ont disparu, l'os maxillaire inférieur n'est pas fracturé. La mort semble avoir été due aux lésions constatées au niveau du crâne, fractures multiples pouvant avoir été produites soit par plusieurs projectiles, soit par de nombreux coups portés avec un instrument contondant ou tranchant (sabre par exemple). Je peux, en effet, affirmer que ces fractures multiples de la boîte cranienne n'ont pas été faites par le fossoyeur au moment de l'exhumation. Ce dernier a opéré en ma présence; il ne s'est pas servi de pioche, mais il a râclé la terre avec une pelle-bêche.

2° Chaudre (Victor), 58 ans, époux de Pierron (Héloïse), de son vivant résidant à Maixe.

Après avoir exhumé le corps du nommé Thomas, j'ai demandé au fossoyeur, avec l'assentiment du garde, de mettre à découvert, pour l'identifier si possible, un deuxième cadavre dont on apercevait une partie des vêtements après l'enlèvement du premier. D'autre part, une dame Pierron, veuve Chaudre, présente à l'exhumation du premier cadavre, nous disait que son mari, tué par les Allemands, le 22 août, à la ferme de Remonville, devait être inhumé dans la même fosse que Thomas, tué en même temps que lui. La couche de terre recouvrant en partie le cadavre ayant été enlevée avec précaution, Mme Chaudre reconnut les vêtements de son mari. D'autre part, ce dernier portait, le jour de sa mort, sur le genou droit, une genouillère en tissu élastique qui existait encore sur le cadavre. Un porte-monnaie, un couteau, une pipe et un mouchoir furent aussi reconnus pour avoir appartenu au défunt. Les vêtements ayant été enlevés, j'ai constaté que le cadavre était dans le même état de décomposition que le précédent, et je n'ai relevé aucune trace de violence au niveau des membres, des organes sexuels et du tronc. Mais le cadavre était complètement décapité. La section du cou siégeait très haut, au niveau de l'articulation de l'occipital avec la colonne cervicale. Sur la face antérieure du cou la section n'était pas nette; mais à la nuque la peau semblait bien avoir été sectionnée par un instrument tranchant; le degré de décomposition de la peau de la nuque était moins avancé qu'au niveau de la face antérieure du cou. La section du cou sur la face postérieure siégeait plus haut qu'en avant et empiétait même sur le cuir chevelu. Des recherches minutieuses ont été faites dans la fosse pour retrouver la tête, mais sans résultat.

Le corps du nommé Thomas a été mis en bière et transporté à Maixe. Quant à celui du nommé Chaudre, il a été remis en place, la famille n'ayant pas encore rempli les formalités nécessaires pour effectuer le transfert du corps.

Fait à Einville, le 6 novembre 1914, sous la foi du serment, sur la demande et d'après les instructions de MM. Payelle, *Premier Président de la Cour des Comptes*, Président de la Commission; Mollard, *Ministre plénipotentiaire*; Maringer, *Conseiller d'État*, et les autres membres de la Commission.

Signé : Beudon.

Vu et transmis :

Le Lieutenant-Colonel
commandant le 223ᵉ régiment d'infanterie,

Signé : Bluzet.

Nᵒˢ 319, 320, 321, 322.

L'an mil neuf cent quatorze, le six novembre, à SOMMERVILLER (Meurthe-et-Moselle), devant nous, ... , membres de la Commission instituée par décret du 23 septembre 1914, ont comparu les personnes ci-après nommées; elles nous ont fait les déclarations suivantes :

BRANDON (Eugène), âgé de 54 ans, maire de Sommerviller :

Je jure de dire la vérité.

Les Allemands sont arrivés ici le dimanche 23 août. Ils ont pillé les cafés, les épiceries et quelques maisons particulières. Leur passage a été marqué par deux meurtres, celui de M. Robert (Jules), âgé de 70 ans, et celui de M. Harau (Charles-Émile), âgé de 65 ans. Ces deux hommes ont été tués à coups de fusil. M. Harau, au moment où il a reçu la mort, était en train de manger. Quand on l'a trouvé après son décès, il tenait encore un morceau de pain à la main. Les renseignements que je vous donne résultent de mon enquête, car, au moment de l'invasion de ma commune, je me trouvais à Dombasle. Tous les habitants restés ici étaient dans les caves.

Après lecture, le témoin a signé avec nous.

————

MERCIER (Louis-Charles-Joseph), 62 ans, propriétaire à Sommerviller :

Je jure de dire la vérité.

Le dimanche 23 août, je me trouvais dans la rue avec mon voisin Robert, quand les Allemands en arrivant nous ont fait signe d'approcher. Nous nous sommes réfugiés chez moi; j'ai barricadé la porte de devant de mon habitation, et, laissant Robert dans ma grange, je suis allé fermer la porte de derrière. Au bout de quelques minutes, j'ai trouvé la porte de ma grange enfoncée et j'ai vu un Allemand, qui me tournait le dos, fouiller mon voisin blessé à mort.

Après lecture, le témoin a persisté dans sa déclaration et signé avec nous.

————

JACQUET (Eugène), 63 ans, propriétaire à Sommerviller :

Je jure de dire la vérité.

Le 23 août, vers onze heures du matin, M. Mercier m'a appelé pour me faire constater qu'on avait tué M. Robert. Je me suis rendu à son appel et j'ai vu Robert étendu sur de la paille dans la grange. Je l'ai soulevé et déshabillé en partie. J'ai alors remarqué qu'il portait au sein droit une blessure paraissant provenir d'une balle. Une autre plaie, faite certainement par la sortie du projectile, se voyait dans le dos, au-dessous de l'omoplate.

Après lecture, le témoin a signé avec nous.

————

Robert (François), 67 ans, garde champêtre à Sommerviller :

Je jure de dire la vérité.

J'ai vu les cadavres de MM. Robert et Harau, qui ont été tués par les Allemands. J'ai relevé celui d'Harau le mardi 25 août. Il avait la bouche pleine de sang; du pain et un petit couteau étaient auprès de lui. Le corps a été emporté à Dombasle par le gendre de la victime.

Après lecture, le témoin a signé avec nous.

Nᵒˢ 323, 324, 325, 326, 327.

L'an mil neuf cent quatorze, le sept novembre, à Rehainviller (Meurthe-et-Moselle), devant nous,... etc. . . . .

Maire (Edmond), 47 ans, manœuvre à Rehainviller :

Je jure de dire la vérité.

Je sais que M. l'abbé Barbot, curé de Rehainviller, et M. Noircler ont été emmenés par les Allemands, quand ceux-ci ont battu en retraite. Je n'ai pas assisté à l'arrestation ; mais, le 20 septembre, j'ai exhumé le corps de M. le Curé, qui était enterré à cinq cents mètres du village. Il était en pleine décomposition; et comme je me suis empressé de le mettre dans le cercueil, je n'ai pas pu constater ses blessures. On n'a plus revu Noircler.

Après lecture, le témoin a signé avec nous.

Genay (Alphonse), 63 ans, cultivateur à Rehainviller :

Je jure de dire la vérité.

Le 26 août, j'ai vu M. le Curé qui parlementait dans la rue avec des Allemands. Ceux-ci l'ont immédiatement empoigné et l'ont emmené avec eux.

Après lecture, le témoin a signé avec nous.

Vinot (Pierre-Joseph), 50 ans, instituteur et secrétaire de la mairie :

Je jure de dire la vérité.

Vingt-sept maisons du village ont été détruites, cinquante-six gravement endommagées, les unes par les obus, les autres par l'incendie. On n'a pas vu mettre le feu, mais on pense qu'il a été allumé volontairement, car on a trouvé partout des baguettes de matière fusante, d'une forme analogue à celle du macaroni.

Je sais que M. le Curé et M. Noircler ont été emmenés par les Allemands; M. le Curé a été trouvé enterré à cinq cents mètres du village, et j'ai dressé son acte de décès; quant à Noircler, nous recherchons encore son corps.

Après lecture le témoin a signé avec nous.

Gazin (Alfred), 58 ans, cultivateur à Rehainviller :

Je jure de dire la vérité.

De ma fenêtre j'ai vu, le 26 août, les Allemands emmener M. le Curé et M. Noircler.

Les Allemands ont dû certainement mettre le feu volontairement, car au moment où la première maison a brûlé (celle de Mme Geoffray), il n'y avait pas de bombardement.

Après lecture, le témoin a signé avec nous.

Calame (Eugénie), femme Courtois, 26 ans, brodeuse à Rehainviller :

Je jure de dire la vérité.

Je vous remets des baguettes fusantes, qu'on appelle ici des macaronis. Elles ont été trouvées par mon frère après le passage des Allemands.

Après lecture, le témoin a signé avec nous.

N° 328.

L'an mil neuf cent quatorze, le huit novembre, à Rehainviller, devant nous,... etc...

Maire (Edmond), 47 ans, manœuvre à Rehainviller :

Je jure de dire la vérité.

Hier, après votre départ, j'ai fait, avec M. Calame, des recherches pour retrouver le corps de M. Noircler. Nous l'avons découvert enterré dans les champs, à trois cents mètres du village. Il était étendu sur le ventre; la tête était sectionnée et placée à côté du reste du cadavre, à la hauteur de la hanche. Nous avons reconnu Noircler à ses vêtements.

Après lecture, le témoin a signé avec nous.

N°s 329, 330.

L'an mil neuf cent quatorze, le sept novembre, à Lamath (Meurthe-et-Moselle), devant nous,... etc.............................

Réau (Auguste), 62 ans, conseiller municipal à Lamath :

Je jure de dire la vérité.

Trois de mes concitoyens ont été emmenés comme otages le 24 août. Deux d'entre eux, MM. Midon et Pierson, sont en Bavière. L'autre, M. Regain, n'a pas donné de ses nouvelles et nous ignorons ce qu'il est devenu. M. Midon est le maire de la commune.

Un vieillard de 70 ans, M. Louis, a été fusillé par les Bavarois.

Après lecture, le témoin a signé avec nous.

Louis (Nanthilde), femme Regain, âgée de 25 ans, à Lamath :

Je jure de dire la vérité.

Le 24 août, mon père (Ernest Louis), âgé de 70 ans, était sorti devant notre porte pour satisfaire un besoin naturel. Une troupe d'Allemands a immédiatement tiré sur lui presque à bout portant, à coups de fusil. Il a reçu au moins dix balles; sa poitrine était criblée et il avait également des blessures à la tête. Cinq minutes après, les mêmes soldats sont entrés dans notre maison, ont empoigné mon mari et l'ont emmené. Comme j'essayais d'approcher, un officier m'a grossièrement écartée. Mon pauvre père et mon mari n'avaient absolument rien fait. Ce dernier est depuis longtemps très malade.

Après lecture, le témoin a signé avec nous.

Nᵒˢ 331, 332, 333.

L'an mil neuf cent quatorze, le sept novembre, à Fraimbois (Meurthe-et-Moselle), devant nous,... etc...

L'abbé Mathieu (Alfred), 48 ans, curé de Fraimbois :

Je jure de dire la vérité.

J'ai été arrêté le 29 août par les Allemands, sous le prétexte absolument faux qu'on avait tiré sur eux dans le village, et c'est au cours de ma captivité, qui a duré seize jours, que j'ai constaté les faits dont je vais vous donner connaissance.

J'ai assisté à l'exécution de deux hommes: l'un était M. Poissonnier, de Gerbéviller, et l'autre, M. Victor Meyer, conseiller municipal de Fraimbois. Le premier, un infirme tenant à peine sur ses jambes, était accusé de suivre les armées pour se livrer à l'espionnage. Le second avait été arrêté parce que sa fillette avait ramassé un fil téléphonique allemand brisé par des shrapnells français. A 6 heures du matin, le 31 août, les officiers bavarois procédèrent à un simulacre de jugement en lisant un document rédigé en allemand auquel personne ne comprit rien, et en remettant des bulletins à huit ou neuf jeunes lieutenants. Condamnés à l'unanimité, les deux malheureux furent avertis qu'ils allaient mourir, et je fus invité à leur donner les secours de la religion. Ils protestaient de leur innocence en pleurant, et je puis dire qu'ils étaient en effet tout à fait innocents. On les a obligés à s'agenouiller contre le talus de la route, sans leur avoir bandé les yeux, et un peloton de vingt-quatre hommes placé sur deux rangs a tiré à deux reprises sur eux.

Mon presbytère a été pillé par les soldats. J'ai protesté auprès de deux officiers qui se trouvaient devant ma maison; l'un d'eux a prononcé quelques mots en allemand, l'autre a haussé les épaules et tous deux se sont éloignés sans être intervenus pour me protéger. Le pillage a continué et le butin a été chargé sur des voitures régimentaires. Tout le village, du reste, a été pillé.

Le général Danner, à qui je me suis plaint du pillage et de l'incendie de mon rucher, n'a su que me répondre : « Que voulez-vous, Monsieur le Curé? C'est la guerre. »

J'ai fait connaître aussi au général Clauss, commandant la division bavaroise, que ma cave avait été dévalisée. Il n'a même pas daigné me répondre.

Après lecture, le témoin a signé avec nous.

Boulanger (Louis), 52 ans, maire de Fraimbois :

Je jure de dire la vérité.

Je sais qu'un de mes administrés, M. Meyer, et un habitant de Gerbéviller, M. Poissonnier, ont été fusillés par les Bavarois, sur le territoire de ma commune. Ils n'avaient absolument rien fait pour encourir un pareil sort. J'ai été arrêté trois fois et menacé d'être, moi aussi, fusillé.

Le village a été pillé et deux maisons ont été incendiées.

Après lecture, le témoin a signé avec nous.

Vosgien (Hubert), 58 ans, cultivateur à Fraimbois :

Je jure de dire la vérité.

J'ai vu, à la fin d'août ou au commencement de septembre, des Allemands qui, après avoir enfoncé à coups de crosse les fenêtres et les portes de la maison Faltot, ont pénétré dans cet immeuble. Quand ils sont sortis, quelques instants après, la maison était en feu. Ils se sont mis à rire en regardant la fumée et se sont opposés à ce qu'on procédât au sauvetage des meubles.

Le même jour, j'ai vu des soldats tirer sur des poules dans les jardins. Une patrouille qui passait à ce moment m'a arrêté sous le prétexte que c'était moi qui avais tiré. J'ai été traduit en conseil de guerre, mais j'ai eu la chance d'être acquitté.

Après lecture, le témoin a signé avec nous.

N° 334.

L'an mil neuf cent quatorze, le sept novembre, à Mont (Meurthe-et-Moselle), devant nous,... etc...

Albert (Marie-Amélie), femme Albert, 47 ans, propriétaire à Mont :

Je jure de dire la vérité.

Trois maisons, dont la nôtre, ont été brûlées dans le village par les Allemands, qui y ont mis volontairement le feu, le 24 août au matin. Nous étions réfugiés dans notre cave, quand nous avons entendu les soldats pénétrer chez nous. Aussitôt ils ont allumé l'incendie. De l'avis général, ils se sont servis de pétrole; l'odeur qui se dégageait ne laissait, en effet, pas de doutes à cet égard. Il paraît que les Allemands ont déclaré qu'ordre leur était donné de brûler trois maisons dans la commune.

Après lecture, le témoin a signé avec nous.

Nᵒˢ 335, 336, 337, 338, 339.

L'an mil neuf cent quatorze, le huit novembre, à Hériménil (Meurthe-et-Moselle), devant nous,.... etc...

Paquotte (Émile), 48 ans, maire d'Hériménil :

Je jure de dire la vérité.

Je n'étais pas ici lors de l'occupation de ma commune par les Allemands. Ils sont arrivés le 24 août, et partis le 12 septembre. D'après ce que m'ont dit mes administrés, l'ennemi a brûlé volontairement vingt-deux maisons. A ce moment il n'y avait pas de bombardement.

Six personnes ont été fusillées; ce sont Mᵐᵉ Winger, âgée de 23 ans, sa bonne, Mˡˡᵉ Louise Georges, âgée de 18 ans, et ses deux domestiques, Albert Coller et Ernest Georges, âgés tous deux de 18 ans, M. Boquel, âgé de 35 ans, et un vieillard de 77 ans, M. Florentin. Ce dernier a été trouvé dans sa maison, où il avait été tué à coups de fusil. On suppose que la surdité dont il était atteint a causé la fureur de ses meurtriers.

Dubois, âgé de 70 ans, a été emmené comme otage. Nous n'avons aucune nouvelle de lui.

J'ajoute que le village a été complètement mis à sac. Pour pouvoir piller à loisir, les Allemands ont, huit jours environ après leur arrivée, enfermé les habitants dans l'église et les y ont maintenus pendant quatre jours. Durant cette captivité, le village a été bombardé par les Français. Plusieurs obus sont tombés sur l'église. L'un d'eux a tué vingt-quatre personnes.

Après lecture, le témoin a signé avec nous.

———————

Krauth (Eugénie), femme Combeau, 56 ans, rentière à Hériménil :

Je jure de dire la vérité.

A la fin du mois d'août, j'ai assisté à l'assassinat de Mᵐᵉ Winger, de sa bonne et de ses deux domestiques. J'étais à l'église où les Allemands m'avaient contrainte à me rendre, comme tous les habitants de la commune, en me disant que les personnes qui n'obtempéreraient pas immédiatement à leur ordre seraient fusillées. Je me trouvais auprès de la porte restée ouverte et je faisais face à la maison de Mᵐᵉ Winger. J'ai vu cette jeune femme apparaître sur le seuil de sa porte et je l'ai entendue dire : « Mes enfants! » A peine avait-elle commencé à descendre les quatre marches de son perron, qu'un capitaine portant monocle criait : « Feuer! » Une fusillade retentit; Mᵐᵉ Winger s'abattit, sa bonne tomba derrière elle. Je n'en vis pas davantage, mais j'entendis Coller pousser un cri affreux. Les Allemands ont laissé les cadavres dans la rue pendant deux jours.

Mᵐᵉ Winger était mère de deux petits enfants. Son mari est mobilisé.

A un certain moment, je suis sortie de l'église malgré l'opposition des Allemands, dans le dessein d'aller chercher du lait pour les petits enfants qui étaient enfermés avec nous. Quand j'ai voulu rentrer, je me suis heurtée au capitaine. Celui-ci hurla plutôt qu'il ne cria : « Ich wollte nicht dass man die Thür aufmache : ich wollte dass die Franzosen ihre eigenen Leute erschössen ». Ce qui signifie : « Je ne veux pas qu'on ouvre les portes de l'église. Je veux que les Français tuent eux-mêmes leur propre peuple ». (*Sic.*)

Je n'ai aucun doute sur les paroles qui ont été prononcées par cet officier, car je parle très couramment la langue allemande, étant alsacienne.

Ma maison a été brûlée après avoir été entièrement pillée. J'ai constaté qu'on y avait partout répandu du pétrole. Les Allemands ont pioché le sol de ma cave et y ont déterré une somme de six cents francs en or que j'y avais cachée.

Après lecture, le témoin a signé avec nous.

CORNU (Élisabeth), veuve BOQUEL, 35 ans, demeurant à Hériménil :

Je jure de dire la vérité.

Le 29 août, les Allemands ont ordonné aux habitants de se rendre dans l'église. Ignorant que c'était un ordre formel, nous sommes restés, mon mari et moi, dans notre cave. Le lendemain, à six heures du matin, des soldats étant entrés chez nous nous obligèrent à sortir, en nous faisant entendre que nous allions être fusillés, et nous emmenèrent du côté de l'église. En passant, ils nous firent voir les cadavres de Mme Winger et de ses domestiques. Je fus poussée dans l'église et, cinq minutes après, j'entendis trois coups de fusil. C'était mon mari qu'on tuait.

Après lecture, le témoin a signé avec nous.

GUISE (Adèle), née JACQUEMAIN, 23 ans, demeurant à Hériménil :

Je jure de dire la vérité.

Depuis que mon mari est mobilisé, je suis venue habiter ici chez mon père. Malgré l'ordre donné par les Allemands, je suis restée dans la cave de mes parents, quand les habitants ont été réunis dans l'église. Par le larmier, j'ai vu Mme Winger et sa bonne que plusieurs Allemands tenaient par le bras et faisaient sortir de leur maison. Ceux-ci se sont précipitamment retirés et ont fait feu. Mme Winger est tombée en criant : « Oh ! mes enfants ! »

Après lecture, le témoin a signé avec nous.

Madame KRAUTH, femme COMBEAU, déjà entendue, vient nous déclarer que, d'après ce que lui a dit Mme Dardinier, actuellement absente, les soldats et l'officier qui ont enfermé les habitants dans l'église et fusillé Mme Winger appartenaient au 9e régiment bavarois.

Après lecture, elle a signé avec nous.

Nᵒˢ 340, 341.

L'an mil neuf cent quatorze, le huit novembre, à Hériménil (Meurthe-et-Moselle), devant nous,... etc...

Matton (Jeanne), 17 ans, demeurant à Hériménil :

Je jure de dire la vérité.

J'étais chez Mᵐᵉ Winger le jour où elle a été fusillée. Les Allemands prétendaient faussement qu'il y avait un fil téléphonique dans la cave. J'ai vu tomber Mᵐᵉ Winger et sa bonne. Pour moi, j'ai eu l'épaule éraflée par une balle, et je me suis sauvée à l'église, tandis qu'on continuait à tirer sur moi.

Après lecture, le témoin a signé avec nous.

———

Maillet (Constant), 43 ans, journalier à Hériménil :

Je jure de dire la vérité.

Tout au commencement de septembre, un Allemand est venu me chercher à l'église pour me conduire chez M. Florentin. J'ai trouvé celui-ci mort et étendu sur un tas de bois. Il avait au moins quatre ou cinq blessures à la poitrine. L'Allemand qui m'avait amené m'a donné l'ordre de l'enterrer.

Après lecture, le témoin a signé avec nous.

———

Nᵒ 342.

L'an mil neuf cent quatorze, le huit novembre, à Hudiviller (Meurthe-et-Moselle), devant nous,... etc...

Simonin (Charles), 15 ans et demi, demeurant à Hudiviller :

Je jure de dire la vérité.

Le 23 août, je revenais de Dombasle quand les Allemands, après m'avoir mis en joue, m'ont arrêté. Ils m'ont roué de coups, puis un sous-officier a ordonné à un soldat de m'emmener. Chemin faisant, j'aperçus mon père qui se trouvait à une cinquantaine de mètres de moi. Comme il m'appelait, l'Allemand qui me conduisait m'attacha avec une ficelle à un poteau télégraphique et fit ensuite feu sur mon père, qui tomba en vomissant le sang. J'ai pu me débarrasser de mes liens et je me suis sauvé, tandis que mon gardien me tirait plusieurs coups de fusil. Une balle a déchiré ma veste.

Mon père, qui s'appelait Charles comme moi, est mort presque sur-le-champ.

Après lecture, le témoin a signé avec nous.

———

N°ˢ 343, 344, 345.

L'an mil neuf cent quatorze, le neuf novembre, à Magnières (Meurthe-et-Moselle), devant nous,... etc...

Xoil (Joseph), 44 ans, adjoint au maire de Magnières :

Je jure de dire la vérité.

Les Allemands sont arrivés ici le 24 août. Ils ont complètement pillé le village. Vingt-sept maisons ont été brûlées ; le plus grand nombre a été incendié par les obus. Nous sommes sans nouvelles de quatre convoyeurs qui ne sont pas rentrés. Le maire, M. Thiébaut, emmené comme otage, est à Ingolstadt.

Après lecture, le témoin a signé avec nous.

Chanal (Charles), 61 ans, cultivateur à Magnières :

Je jure de dire la vérité.

J'ai vu trois Allemands, accompagnés d'un gradé, mettre le feu à la maison Viriet. Ils se sont servis de leurs fusils d'où, à chaque coup tiré, sortaient des flammes de la longueur de l'avant-bras. Les détonations n'étaient pas du tout les mêmes que celles des cartouches ordinaires. Après avoir allumé l'incendie, ils ont jeté quelque chose qui activait le feu.

Après lecture, le témoin a signé avec nous.

Laurent (Jules), 65 ans, épicier à Magnières :

Je jure de dire la vérité.

Un jour, pendant l'occupation, un Allemand armé d'un fusil est entré chez moi. Il a obligé la jeune X..., de Domèvre-sur-Vezouze, qui était réfugiée dans une maison avec sa famille, à le suivre dans une chambre contiguë à celle dans laquelle je me trouvais. Il a poussé la porte sans toutefois la fermer, et a violé la fillette malgré ses cris et ses plaintes. Quelques instants auparavant, il avait déjà pratiqué sur elle des attouchements obscènes, en ma présence. Dix minutes après, ce misérable est venu de nouveau s'emparer de la pauvre petite et a abusé d'elle pour la seconde fois. Cette enfant, qui n'est âgée que de douze ans était absolument terrorisée. Le soldat était si menaçant que je n'ai pas osé intervenir.

Après lecture, le témoin a signé avec nous.

N°s 346, 347, 348, 349.

L'an mil neuf cent quatorze, le neuf novembre, à Croismare (Meurthe-et-Moselle), devant nous,... etc..

Vuillemin (Émile), âgé de 56 ans, maire de Croismare :

Je jure de dire la vérité.

Le 25 août, quand les Allemands ont été obligés de battre en retraite, furieux de leur échec, ils ont, sans aucun motif, tiré sur les personnes qu'ils rencontraient. Un officier de uhlans a tué d'un coup de revolver à bout portant M. Kriegel (Jean), âgé de 59 ans, qui revenait des champs où il était allé arracher des pommes de terre, et a ensuite, d'un coup de revolver, également tiré à bout portant, blessé à l'épaule M. Ernest Matton. Le même officier a envoyé à M. Barbier une balle qui lui a traversé les deux pouces et enlevé la moitié d'un doigt. Peu d'instants auparavant, tandis que les soldats tiraient de tous côtés, la petite Lasseroy (Marie), âgée de 8 ans, a été atteinte à un œil. Elle est actuellement en traitement dans un hôpital de Nancy.

Deux maisons ont été incendiées. Un officier allemand m'a déclaré qu'on y avait volontairement mis le feu parce que le propriétaire avait tiré sur un cavalier. Le prétexte était absolument faux. Les Allemands, pour faire croire qu'ils ont été l'objet d'une agression, ont l'habitude de faire tirer des coups de fusil par leurs propres soldats. D'ailleurs, la maison dont il s'agit était inhabitée. Le pillage dans la commune a été presque général.

Après lecture, le témoin a signé avec nous.

Matton (Ernest), 55 ans, cultivateur à Croismare :

Je jure de dire la vérité.

Le 25 août, vers cinq heures et demie du soir, je revenais des champs avec M. Barbier, quand un officier de uhlans, celui qui venait de tuer M. Kriegel, nous cria : « halte ! » et s'approcha de nous, à cheval. Il nous fit placer contre un talus. Nous pensions qu'il voulait nous mettre à l'abri, car les Allemands tiraient dans la direction du village, mais il se mit à charger son revolver. Ayant laissé tomber des cartouches, il nous ordonna de les ramasser. Nous obéîmes et, en lui remettant une cartouche, je lui dis : « Ne nous faites pas de mal, nous venons de travailler dans les champs ». Il répondit : « Nicht pardon, cochon de Franzose, kaput ! » et fit feu. Voyant son geste, je m'effaçai brusquement et, au lieu d'être atteint en pleine poitrine, je le fus à l'épaule droite. La balle, me traversant le dos, alla se loger sous l'omoplate gauche. Je tombai, et l'officier, faisant feu de nouveau, envoya à M. Barbier un projectile qui lui traversa les deux pouces et lui laboura l'index gauche.

Après lecture, le témoin a signé avec nous.

BARBIER (Émile), 5o ans, journalier à Croismare :

Je jure de dire la vérité.

L'officier de uhlans qui, sans aucune provocation, a tiré sur M. Matton, m'a, aussitôt après, envoyé une balle de revolver qui, en me traversant les deux pouces et en m'atteignant en outre à l'index gauche, m'a fait les blessures dont vous voyez les cicatrices. Nous venions, M. Matton et moi, de lui ramasser, sur son ordre, les cartouches qu'il avait laissées tomber. J'ai entendu cet officier dire à M. Matton : « Nicht pardon, cochon de Franzose, kaput ! »

Après lecture, le témoin a signé avec nous.

———

COLIN (Eugène), 58 ans, curé de Croismare :

Je jure de dire la vérité.

J'ai administré les derniers sacrements à M. Kriegel. Il ne pouvait plus parler. J'ai constaté qu'il avait le cou plein de sang.

Dans la nuit du 26 au 27 août, un soldat allemand a tiré dans la rue des coups de fusil. Un officier m'a dit alors : « Monsieur le Curé, en voilà assez pour vous faire fusiller ainsi que le bourgmestre et pour faire brûler une ferme. Tenez, en voici une qui brûle. » C'était le café de la gare qui était en flammes. J'ai répondu : « Monsieur l'officier, vous êtes trop intelligent pour ne pas reconnaître le bruit sec de votre fusil. Pour moi, je le reconnais. » Il n'a pas insisté.

Après lecture, le témoin a signé avec nous.

———

Nᵒˢ 350, 351, 352, 353.

L'an mil neuf cent quatorze, le dix novembre, à RÉMÉRÉVILLE (Meurthe-et-Moselle), devant nous,... etc......................................

LAMBELIN (Jules), 70 ans, propriétaire à Réméréville :

Je jure de dire la vérité.

Les Allemands ont incendié, le 7 septembre, une partie du village. Un sous-officier m'a dit qu'on mettrait le feu dans toutes les maisons, parce qu'on avait tiré du clocher sur les troupes. Ce prétexte était faux. Quelques immeubles seulement ont échappé aux flammes.

Après lecture, le témoin a signé avec nous.

———

MOUGINET (Émile), 65 ans, maire de Réméréville :

Je jure de dire la vérité.

Les Allemands ont mis le feu volontairement à notre village. Cent six maisons ont été détruites. Un général a déclaré à des gens de Hoéville, notamment à Mᵐᵉ Firmin Zabel, que, ne pouvant pas garder Réméréville, il le brûlerait. Toute la commune a été pillée avant d'être incendiée.

Après lecture, le témoin a signé avec nous.

———

Maire (Charles), 73 ans, journalier à Réméréville :

Je jure de dire la vérité.

Le 7 septembre, j'ai vu une escouade d'Allemands mettre le feu aux maisons de la grande rue. Des tubes lancés par leurs fusils allumaient l'incendie sur les toits.

Après lecture, le témoin a signé avec nous.

Denis (Paul), 62 ans, curé de Réméréville :

Je jure de dire la vérité.

Avant d'incendier notre village, les Allemands l'ont bombardé. Le 5 septembre, ils ont dirigé le feu de leurs pièces sur une ambulance. Le drapeau de la Croix-Rouge se voyait tellement bien que des officiers français nous ont fait observer qu'il pouvait servir de point de repère.

Après lecture, le témoin a signé avec nous.

Nos 354, 355.

L'an mil neuf cent quatorze, le dix novembre, à Drouville (Meurthe-et-Moselle), devant nous,.... etc...

Chamant (Joseph), 54 ans, adjoint au maire de Drouville :

Je jure de dire la vérité.

Les Allemands sont arrivés ici le 22 août, sont repartis le 25 du même mois, et sont revenus le 5 septembre, pour rester jusqu'au 12. Pendant toute la durée de leurs séjours, ils ont pillé la commune. Le 5 septembre, ils ont mis volontairement le feu au village et ont ainsi brûlé trente-cinq maisons. Dix autres immeubles ont été détruits, ainsi que l'église, par le bombardement.

Après lecture, le témoin a signé avec nous.

Laurent (Auguste), 53 ans, manœuvre à Drouville :

Je jure de dire la vérité.

Le 5 septembre, vers huit heures du soir, les Allemands ont ouvert la porte de la cave dans laquelle nous étions réfugiés, deux de mes concitoyens et moi, à la mairie, et ont tiré des coups de fusil dans notre direction. Nous sommes alors sortis par une porte de derrière. A ce moment, nous avons vu des soldats mettre le feu aux maisons, avec des torches. Ils ont abandonné devant chez moi un bidon contenant environ 25 ou 30 litres de pétrole.

Après lecture, le témoin a signé avec nous.

N° 356.

L'an mil neuf cent quatorze, le dix novembre, à Courbesseaux (Meurthe-et-Moselle), devant nous,... etc...

Alix (Charles), 55 ans, propriétaire à Courbesseaux :

Je jure de dire la vérité.

Le 5 septembre, j'ai vu les Allemands incendier plusieurs maisons de Courbesseaux, avec une bougie allumée. Chez moi, ils ont mis le feu dans un tas de luzerne, sur le grenier. J'ai essayé d'éteindre la flamme; mais ils m'ont tiré quatre coups de fusil et j'ai été obligé de me sauver. Dix-neuf immeubles, dont la mairie, ont été brûlés « à la main ». J'ajoute que tout le village a été pillé.

Après lecture, le témoin a signé avec nous.

N° 357.

L'an mil neuf cent quatorze, le dix novembre, à Réméréville (Meurthe-et-Moselle), devant nous,... etc...

Jacques (Joseph), 66 ans, ancien instituteur, demeurant à Erbéviller (Meurthe-et-Moselle) :

Je jure de dire la vérité.

Le 23 août, à huit heures du matin, les Allemands, qui occupaient depuis la veille le village d'Erbéviller, ont rassemblé tous les hommes devant la mairie. Un capitaine de la garde saxonne nous a dit alors : « Un homme de ce village a tiré sur nos sentinelles et en a tué une. Vous serez tous fusillés. » Il a ajouté : « Je vous donne une heure pour réfléchir. Dans une heure je vous interrogerai tous séparément, et personne que moi ne saura ce que vous aurez dit. Si quelqu'un sait ou soupçonne qui a tiré, il peut me le dire en toute confiance. Maintenant, vous allez aller en prison. » En effet, on nous enferma dans une grange. Une heure après, on nous a conduits séparément devant ce capitaine, un lieutenant et un secrétaire, pour nous interroger. Nous avons répondu, ce qui était vrai, que personne n'avait tiré.

Enfin, dans la soirée, le même capitaine a fait venir ma femme auprès de lui et lui a dit textuellement : « Je ne suis pas certain que ce soient ces hommes qui aient tiré. Ils seront libres demain matin, si vous pouvez me verser dans quelques instants mille francs. » Ma femme donna la somme et, sur sa demande, en obtint le reçu. J'ai chez moi la copie de cette pièce, l'original en a été remis aux autorités de la commune.

Après lecture, le témoin a signé avec nous.

N° 358.

Document transmis à la Commission par M. Jacques, ancien instituteur à Erbéviller (Meurthe-et-Moselle).

Erbéviller, 23 août 1914.

QUITTANCE.

Pour pénitence d'être suspect d'avoir tiré sur des sentinelles allemandes dans la nuit du 22/23 août, j'ai reçu de la commune Erbéviller 1,000 francs (mille francs).

Signé : Baron........ *(illisible)*,
Haupt garde Reit. Regim.

Pour copie conforme :
Le Maire,
Signé : E. MOUGINET.

N°ˢ 359, 360.

L'an mil neuf cent quatorze, le huit novembre, à VITRIMONT (Meurthe-et-Moselle), devant nous,......, membres de la Commission instituée par décret du 23 septembre 1914, ont comparu les personnes ci-après nommées; elles nous ont fait les déclarations suivantes :

HENRY (Charles), 64 ans, adjoint au maire de Vitrimont :

Je jure de dire la vérité.

Les Allemands sont arrivés à Vitrimont le 22 août. Immédiatement ils ont ⌐pillé le village.

Le 24, dans la soirée, M. Durand (Édouard), âgé de 69 ans, a été tué par eux, devant chez lui, vers huit heures et demie ou neuf heures du soir. Personne n'a assisté au meurtre. Le lendemain, un commandant de cavalerie m'a dit : « C'est fusillé un homme à l'autre bout du village. C'est faire enterrer de suite. » Quand je suis arrivé, on commençait à ensevelir le corps. Je n'ai pas vu les blessures.

A leur second passage, vers le 2 septembre, les Allemands ont mis le feu à trente-deux maisons; on ne sait pas comment.

Après lecture, le témoin a signé avec nous.

DURAND (Adèle), veuve THIESSELIN, 63 ans, demeurant à Vitrimont :

Je jure de dire la vérité.

J'ai vu le cadavre de mon cousin Durand. Il portait une blessure au flanc droit. J'ignore les circonstances dans lesquelles mon parent a trouvé la mort.

Après lecture, le témoin a signé avec nous.

N° 361.

L'an mil neuf cent quatorze, le neuf novembre, à Moyen (Meurthe-et-Moselle), devant nous,... etc...

Neige (Émile-Joseph), 62 ans, délégué dans les fonctions de maire à Moyen :

Je jure de dire la vérité.

Les Allemands du xxiᵉ corps (général von Korn) sont arrivés ici le 24 août. Ils se sont livrés pendant plusieurs jours à un pillage général. Le 26, vers dix heures du matin, d'après ce que m'a dit le maire, actuellement prisonnier à Ingolstadt, un capitaine a assisté, d'une fenêtre de la maison Thorail, au chargement du butin sur une voiture automobile. Le fait m'a été confirmé par Mᵐᵉ Thorail.

Le curé Vincent a été emmené en même temps que le maire, M. Roze, et se trouvait avec lui à Ingolstadt il y a quelques jours.

Je ne sais où il est actuellement.

Après lecture, le témoin a signé avec nous.

N° 362.

L'an mil neuf cent quatorze, le trois décembre, à Paris, devant nous,... etc........

Joannès (Lucie), femme Tharal, demeurant à Moyen, actuellement en résidence à Paris, rue Joubert, n° 9 :

Je jure de dire la vérité.

Au commencement du mois de septembre, peu de temps après l'arrivée des Allemands à Moyen, ceux-ci ont requis les femmes et les jeunes filles de la commune, d'aller enlever les médailles des soldats tués au cours de la bataille qui avait eu lieu aux environs. Dans la soirée, ils les emmenèrent, les firent marcher pendant plusieurs heures, pour finalement les conduire à quinze cents mètres du village. A cet endroit, ils les obligèrent, non pas à recueillir des médailles, mais à transporter les cadavres jusqu'aux fosses qui étaient creusées par les hommes du pays. Des jeunes filles de quatorze ans ont été employées à cette besogne. Les morts qui ont été enterrés à ce moment étaient tous des Français. Les Allemands avaient déjà inhumé ou enlevé les cadavres de leurs soldats.

Après lecture, le témoin a signé avec nous.

Nᵒˢ 363, 364, 365.

L'an mil neuf cent quatorze, le sept novembre, à Lunéville, devant nous,... etc.....

Masson (Étienne), 68 ans, cultivateur à Emberménil, réfugié à Lunéville :

Je jure de dire la vérité.

Les Allemands sont venus plusieurs fois dans notre commune, qui se trouve entre leurs lignes et les lignes françaises.

Le 18 octobre, ils ont emmené les hommes de 14 à 50 ans. Quatorze de nos concitoyens ont été forcés de les suivre; nous sommes sans nouvelles d'eux.

Avant-hier 5 novembre, une date que je n'oublierai jamais, des hommes du 4° régiment bavarois sont entrés chez nous et ont emmené ma belle-fille qui était dans un état de grossesse très visible. Ils ont en même temps rassemblé devant l'église tous les habitants du village, et un officier a dit : « Quelle est la personne qui nous a trahis ? » Ma belle-fille s'est avancée et a déclaré que c'était elle qui, quelques jours auparavant, avait répondu de bonne foi à des soldats qui l'interrogeaient alors, qu'elle ignorait s'il y avait un détachement français dans la commune. Les Allemands l'ont saisie, l'ont fait asseoir sur un banc avec Louis Dîme, âgé de 24 ans. Mme Vautrin, qui parle allemand, a demandé grâce pour la jeune femme, en faveur de laquelle toute la population a également intercédé. Ils ont répondu : « Un homme et une femme doivent être fusillés; tel est l'ordre du colonel. Que voulez-vous ? C'est la guerre. » Puis huit soldats sur deux rangs ont fait à douze mètres feu sur les deux malheureux, à trois reprises, en présence de tous les habitants.

Les Allemands ont ensuite mis le feu à ma maison. Celle de M. Blanchin avait été incendiée quelques instants auparavant.

Après lecture, le témoin a signé avec nous.

Guise (Olympe), veuve Grandvalet, 56 ans, sans profession, à Emberménil, réfugiée à Lunéville :

Je jure de dire la vérité.

Le 5 novembre courant, j'ai, comme tous les habitants d'Emberménil, assisté à l'exécution par les Allemands de Mme Masson et de Louis Dîme. La jeune femme, en déclarant que quelques jours auparavant c'était elle qui avait dit à des soldats qu'elle ne savait pas s'il y avait des troupes françaises dans le village, a affirmé qu'elle était de bonne foi et que, par conséquent, elle était innocente. Malgré nos supplications, les Allemands, l'ayant fait asseoir sur un banc à côté de Louis Dîme, l'ont fusillée sous nos yeux ainsi que ce dernier.

Après lecture, le témoin a signé avec nous.

Nous n'avons pas cru devoir consigner *in extenso* les déclarations de Mme Petenot (Marie-Louise), femme Marin, de M. Pierson (Auguste) et de M. Bridey (Honoré), tous d'Emberménil, réfugiés à Lunéville, qui ont assisté à l'exécution de Mme Masson et de M. Louis Dîme, et qui ont confirmé, sans y ajouter aucun détail nouveau, les dépositions qui précèdent.

(*Suivent les signatures.*)

N° 366.

L'an mil neuf cent quatorze, le sept novembre, à Lunéville, devant nous,... etc.....

Antoine (Marie), femme Millot, âgée de 55 ans, demeurant à Domèvre-sur-Vezouze, réfugiée à Lunéville :

Je jure de dire la vérité.

Lorsque les Allemands sont venus pour la seconde fois à Domèvre, c'était, si je ne me trompe, le 24 août. J'étais dans la maison des époux Claude, mon neveu et ma nièce, avec d'autres personnes. Le jeune Claude, âgée de 17 ans, qui se trouvait près de la rampe de l'escalier, dit à sa mère qu'il voyait dans la rue des Allemands qui le mettaient en joue; puis il fit trois pas en avant pour se garer. Mais à ce moment, il fut atteint de trois balles, une au ventre, une autre à la cuisse et la troisième à la fesse. Il est mort trois jours plus tard, après avoir dit à sa mère : « Je puis bien mourir pour la patrie. »

Je sais que les Allemands ont également tué, le même jour, deux autres personnes : M. Adolphe Claude, âgé de 75 ans, et M. Auguste Claude. Ce dernier n'était pas parent du précédent, non plus que de mon jeune neveu.

J'ajoute qu'ils ont emmené M. Breton, boulanger, et M. Labort, maréchal ferrant, et qu'on n'a jamais revu ces deux hommes.

Enfin, dans Domèvre, où cent trente-six maisons ont été incendiées, j'ai vu les ennemis mettre le feu en tirant des coups de fusil dans les granges et sous les toits. Ces coups de fusil produisaient des détonations assez faibles, analogues à celles des pétards.

Après lecture, le témoin a signé avec nous.

N° 367.

L'an mil neuf cent quatorze, le trente octobre, à Nancy, devant nous,... etc.........

Véron (Émile-Henri), 48 ans, ancien instituteur à Audun-le-Roman, actuellement à Saint-Nicolas-du-Port :

Je jure de dire la vérité.

Le 21 août, vers cinq heures et demie du soir, les Allemands qui occupaient depuis le 4 août le village d'Audun-le-Roman, se mirent sans motif à tirer sur les maisons, à coups de fusil et de mitrailleuse. Aucun soldat français n'était encore venu à Audun. Il ne pouvait donc être question de combat. Quatre femmes ont été blessées : Mlle Marie Roux, Mlle Tréfel, Mme Zapolli et Mme Giglio. Mlle Tréfel était en train de donner à boire à un soldat allemand. Trois hommes ont été tués : M. Martin (Théophile), cultivateur, âgé de 70 ans, dont la maison a été brûlée, a été emmené hors de chez lui et fusillé dans la rue, en présence de sa femme et de ses enfants; M. Chary (Auguste), âgé de 55 ans, chef cantonnier, fuyait devant l'incendie, en tenant sa femme par la main, quand il a été tué à coups de fusil. J'ai vu son cadavre qui était criblé de blessures. M. Somen (Ernest), ancien maire, a reçu cinq coups de revolver pendant qu'il était en train de fermer la porte de sa remise.

J'ai vu l'ennemi mettre le feu au café Matte, avec du pétrole. Mme Matte étant sortie ayant à la main un petit sac qui contenait ses économies, environ 2,000 francs, a été dévalisée par un officier allemand qui lui a arraché son sac. J'ai vu le geste.

Le lendemain, j'ai entretenu le maire de ce que j'avais constaté. C'est le dernier entretien que j'aie eu avec lui. Il a monté la grande rue pour se rendre compte; mais il a dû être pris par une patrouille et je n'ai plus entendu parler de lui.

Le 4 août, les Allemands avaient fait lire publiquement par l'appariteur une proclamation dont j'ai la copie et qui commence ainsi : « Sur ordre du commandant Schleswing, demeurant à la mairie, il est ordonné ce qui suit : dans le cas de rébellion, tout le village sera mis en feu. Tout est préparé... »

Après lecture, le témoin a signé avec nous.

N°s 368, 369.

L'an mil neuf cent quatorze, le sept novembre, à LUNÉVILLE, devant nous,... etc......

SIMON (Marcel), 15 ans, à Arracourt, actuellement réfugié à Lunéville :

Je jure de dire la vérité.

Il y a eu mercredi trois semaines, j'étais dans les champs, où passaient des patrouilles de fantassins allemands. A un certain moment, des coups de fusil ont éclaté et j'ai entendu quelqu'un crier et gémir. Je me suis alors sauvé derrière un mur; puis je suis rentré à la maison. Peu après, Mme Hamont m'a dit que son père, M. Maillard, avait été blessé dans les champs, et m'a demandé de l'accompagner pour rapporter la victime à la maison. Je me suis empressé de déférer à cette prière, et j'ai trouvé M. Maillard, dont une balle avait traversé le corps de part en part. Il est mort dans la même journée.

Après lecture, le témoin a signé avec nous.

MATHIS (Marie), femme VILLAUME, âgée de 47 ans, à Arracourt, réfugiée à Lunéville :

Je jure de dire la vérité.

Il y a eu jeudi trois semaines, les Allemands ont brûlé à Arracourt cinq maisons, dont la mienne. Mon père, âgé de 86 ans, était resté dans son lit; j'ai pu heureusement le sauver. Au moment où le feu a pris, j'étais cachée dans une cave. Les voisins m'ont dit que les incendiaires étaient sortis de chez moi portant une gerbe de blé, étaient allés dans la maison voisine, puis revenus dans la mienne, toujours avec la gerbe, et que le feu avait pris aussitôt.

Après lecture, le témoin a signé avec nous.

N° 370.

L'an mil neuf cent quatorze, le trente octobre, à NANCY, devant nous,... etc.........

DUBOIS (Alphonse), 58 ans, retraité des Douanes, à Brin-sur-Seille :

Je jure de dire la vérité.

Le 3 septembre, j'ai vu les Allemands mettre le feu aux maisons de M. Schreiner et de la veuve Guérin, à Brin-sur-Seille. J'étais à une trentaine de mètres d'eux, derrière mes persiennes. Ils jetaient des rondelles noires dans les maisons, puis tiraient des coups de fusil qui ne faisaient pas plus de bruit qu'un coup de fouet. L'incendie éclatait aussitôt. Le village a été presque complètement détruit; il ne reste qu'une dizaine de maisons. Pour expliquer de tels actes, les ennemis qui, en réalité, n'avaient eu aucunement à se plaindre des habitants, prétendirent que nous avions tiré sur eux.

Après lecture, le témoin a signé avec nous.

N° 371.

L'an mil neuf cent quatorze, le vingt-huit octobre, à NANCY, devant nous,... etc......

Dame X..., 32 ans, demeurant à Raucourt (Meurthe-et-Moselle), réfugiée à Nancy :

Je jure de dire la vérité.

Mardi 20 octobre courant, j'étais en train de faire le pain, quand un fantassin allemand entra chez moi. Il s'empara du café qui chauffait, le versa dans son bidon, puis me saisissant brutalement, me jeta sur mon lit. Je me suis bien débattue; mais, la baïonnette sur la poitrine, « il a bien fallu y passer ». Cette scène a eu lieu devant mon petit garçon, âgé de trois ans et demi, qui a été également menacé. Mon mari est mobilisé.

Après lecture, le témoin a signé avec nous.

OISE.

N°s 372, 373.

L'an mil neuf cent quatorze, le vingt-sept novembre, à Monchy-Humières (Oise), devant nous,..... membres de la Commission instituée par décret du 23 septembre 1914, ont comparu les personnes ci-après nommées ; elles nous ont fait les déclarations suivantes :

Paris (Albert), 35 ans, instituteur et secrétaire de mairie à Monchy-Humières :

Je jure de dire la vérité.

Le 31 août, quand les Allemands arrivèrent à Monchy, un de leurs officiers ayant cru entendre prononcer le mot « Prussien » dans un groupe composé d'une quarantaine de personnes, fit sortir des rangs trois dragons et leur ordonna de tirer. Un jeune garçon de quinze ans, Gaston Dupuis, atteint au dos, fut tué ; M. Grandvalet eut le bras traversé par une balle, et une petite fille de quatre ans, appartenant à une famille de réfugiés originaire de Verdun, fut légèrement blessée à la naissance du cou.

Après lecture, le témoin a signé avec nous.

Grandvalet (Athanase), 63 ans, manouvrier à Baugy :

Je jure de dire la vérité.

Le 31 août, je m'étais joint à un groupe d'habitants de la commune, qui regardaient passer les Allemands. A un certain moment, sur l'ordre d'un officier, trois soldats sont sortis des rangs, se sont mis à genoux, et ont tiré sur nous. J'ai fait demi-tour pour me sauver, et j'ai reçu une balle qui est entrée par l'omoplate droite et sortie sous la clavicule. J'ai vu tomber devant moi le jeune Dupuis, qui a été tué. Ma blessure, que je vous fais constater sur votre demande, me fait encore beaucoup souffrir.

Après lecture, le témoin a déclaré ne pouvoir signer, à raison de sa blessure qui ne lui permet pas d'écrire.

N°s 374, 375.

L'an mil neuf cent quatorze, le vingt-quatre novembre, à Ravenel (Oise), devant nous,.... etc...

Charbonnier (Frédéric), 36 ans, manouvrier à Ravenel :

Je jure de dire la vérité.

Le 1er septembre, les Allemands qui sont passés à Ravenel s'y sont livrés au pillage. J'ai vu piller plusieurs maisons et magasins, et j'ai constaté dans la soirée qu'une voiture bâchée était remplie de marchandises de toute espèce, volées par l'ennemi.

Après lecture, le témoin a signé avec nous.

BOULANGER (Eugène), 5o ans, charretier à Ravenel :

Je jure de dire la vérité.

Le 13 septembre, dans la matinée, j'étais en train de labourer à trois cents mètres environ de la route de Ravenel à Montigny, quand j'entendis tirer des coups de feu d'une automobile qui passait sur cette route et dans laquelle se trouvaient des Allemands. M'étant rendu à l'endroit d'où étaient partis ces coups de feu, j'y ai trouvé mon neveu, Edouard Villette, âgé de 3o ans, étendu sur le sol, avec le ventre ouvert. Les Allemands, d'après ce qu'il m'a dit, avaient en passant tiré sur lui sans motif, alors qu'il venait de Montigny à bicyclette. Il était alors descendu de sa machine et avait tenté de se sauver dans les champs, mais la fusillade avait continué et il était tombé, grièvement blessé. Mon neveu est mort le même jour, vers trois heures du soir. Il laisse une veuve et deux enfants.

Après lecture, le témoin a signé avec nous.

Nᵒˢ 376, 377.

L'an mil neuf cent quatorze, le vingt-trois novembre, à NÉRY (Oise), devant nous,... etc...

LEVOL (Léon), 51 ans, administrateur-directeur de la sucrerie, maire de Néry :

Je jure de dire la vérité.

Le 1ᵉʳ septembre, vers cinq heures et demie du matin, les Allemands ont ouvert le feu sur l'artillerie anglaise qui se trouvait en batterie au lieudit le Bout de la Ville. J'étais à la sucrerie avec mon personnel, vingt-cinq personnes, parmi lesquelles des femmes et des enfants. L'ennemi nous a tous emmenés sur la ligne de feu, tandis qu'une fusillade s'engageait entre les cavaleries anglaise et allemande. Il se servait de nous pour se protéger, en nous faisant marcher parallèlement à lui, alors que le feu le prenait en flanc. Pendant tout le temps du combat, c'est-à-dire pendant trois heures et demie, nous avons dû rester dans cette situation. Mon contremaître, M. Courtois, a reçu une balle au bras; Mᵐᵉ Jansenne a été atteinte aux reins d'un projectile qui est sorti par le bas-ventre; elle est morte de sa blessure, quarante-huit heures après. A dix heures du soir, les Allemands, revenus en force, ont occupé le village et y sont restés jusqu'au lendemain. Ils s'y sont livrés à un pillage général, après avoir enfoncé les portes, et ils ont brûlé une maison.

Après lecture, le témoin a signé avec nous.

COURTOIS (Émilien dit Jules), 4o ans, contremaître à la sucrerie de Néry :

Je jure de dire la vérité.

Le 1ᵉʳ septembre, j'ai été, ainsi que vingt-quatre autres personnes, emmené par les Allemands et placé entre leur feu et celui des Anglais. J'ai eu l'avant-bras gauche traversé par une balle. Comme vous pouvez le constater, les cicatrices sont encore visibles. Mᵐᵉ Jansenne a reçu, dans les mêmes circonstances, une blessure qui a causé sa mort.

Après lecture, le témoin a signé avec nous.

N° 378.

L'an mil neuf cent quinze, le dix février, à PARIS, devant nous,... etc............

PAGE (Maurice), 38 ans, docteur en médecine à Bellevue, médecin aide-major de 1ʳᵉ classe :

Je jure de dire la vérité.

Au commencement du mois de septembre, en passant devant la sucrerie de Néry, j'ai été appelé à donner des soins au contremaître Courtois qui avait reçu une balle au bras. D'après ce qu'il m'a raconté, il avait été emmené par les Allemands pendant un combat avec des troupes anglaises et exposé au feu des combattants ainsi que d'autres personnes du village. Les Allemands s'étaient servis de ces malheureux comme boucliers. On m'a dit aussi qu'une femme avait été tuée dans ces conditions.

Après lecture, le témoin a signé avec nous.

Nᵒˢ 379, 380, 381, 382.

L'an mil neuf cent quatorze, le vingt novembre, à SENLIS (Oise), devant nous,... etc. ....

DE PARSEVAL (Gaston-Marie-Louis), 44 ans, adjoint au maire de Senlis :

Je jure de dire la vérité.

Les Allemands sont arrivés à Senlis le 2 septembre. Il y avait ici des soldats français qui, en se retirant, ont échangé avec eux des coups de fusil. Furieux d'avoir trouvé une résistance, l'ennemi, prétendant que des civils avaient tiré sur lui, a mis volontairement le feu dans deux quartiers de la ville. Cent cinq maisons ont été brûlées ce jour-là et le lendemain.

Le 2, vers trois heures de l'après-midi, le maire, M. Odent, a été arrêté à l'hôtel de ville sous le même prétexte, contre lequel il a protesté. Devant l'hôtel du Grand-Cerf, le secrétaire de mairie qui l'avait rejoint lui a proposé d'aller chercher les adjoints. Il s'y est opposé en disant : « N'en faites rien, ce sera assez d'une victime ». Il a été fusillé sur le territoire de la commune de Chamant, ainsi que six autres de nos concitoyens : MM. Rigault (Arthur), Aubert, Pommier, Barbier, Cottrau et Dewert.

J'ai assisté à son exhumation, le 12 septembre. Il était sous une quinzaine de centimètres de terre ; ses pieds n'en étaient pas recouverts. Dix personnes de la ville ont été tuées dans des circonstances que j'ignore. Ce sont MM. Simon, Ecker, Chéry, Mégret, Gaudet, Leblond, Levasseur, Chambellant, Rigault (Louis-André) et Momus.

J'ai entendu dire que des habitants pris comme otages ont été obligés de marcher devant les troupes allemandes pour les garantir des balles françaises.

Après lecture, le témoin a signé avec nous.

Budin (Émile), 59 ans, horticulteur à Senlis :

Je jure de dire la vérité.

Le 2 et le 3 septembre, je suis passé presque continuellement dans les rues pour surveiller les propriétés dont j'avais la garde. J'ai vu les Allemands mettre le feu à plusieurs maisons. Ils arrivaient en colonne et, au coup de sifflet d'un officier, certains d'entre eux sortaient des rangs pour enfoncer les devantures et les portes avec des haches. D'autres venaient ensuite et allumaient l'incendie; des patrouilles survenant enfin regardaient si le feu prenait bien et tiraient dans les immeubles où la flamme ne s'élevait pas assez vite. En se livrant à ces opérations, tous poussaient des cris sauvages. Les incendiaires se servaient de tubes, de fusées et de grenades pour mettre le feu.

Après lecture, le témoin a signé avec nous.

Boullet (Alexandre), 63 ans, paveur à Senlis :

Je jure de dire la vérité.

J'ai été pris comme otage, le 2 septembre, avec cinq autres personnes. Les Allemands nous faisaient descendre et remonter la rue de la République en nous plaçant au milieu de la chaussée pour nous exposer aux balles françaises, tandis qu'eux-mêmes se dissimulaient le long des murs. A ce moment, quelques soldats de notre armée tiraient sur l'ennemi dans Senlis. Aucun civil ne prenait part au combat. On nous a ensuite emmenés au hameau du Poteau où nous avons rencontré le maire, M. Odent, qui était prisonnier, et avec celui-ci on nous a conduits à Chamant. En route, des soldats ont brutalisé le maire, lui arrachant ses gants pour les lui lancer au visage et le frappant violemment à la tête avec sa canne. A Chamant, deux officiers commandaient les hommes qui nous gardaient. Un troisième étant arrivé s'est approché de M. Odent et, à deux reprises, lui a reproché d'avoir tiré ou fait tirer sur les troupes allemandes, puis l'a averti, malgré ses protestations d'innocence, qu'il allait être fusillé. Notre concitoyen a alors demandé la permission de nous faire ses adieux. On la lui a accordée, et il est venu nous serrer les mains en nous disant : « Je vais être fusillé. Je vous dis adieu ». Aussitôt on l'a conduit à une dizaine de mètres de nous, et on a ordonné à deux soldats de tirer sur lui. Il est tombé sans pousser un cri. On l'a enterré immédiatement. Je n'ai pas vu exécuter les autres personnes qu'on a massacrées à Chamant. Elles devaient être déjà mortes quand nous sommes arrivés. Nous avons été gardés à vue jusqu'au lendemain à dix heures du matin, puis on nous a emmenés sur la route de Crépy, où l'officier qui avait interrogé M. Odent nous a fait rendre la liberté.

Après lecture, le témoin a signé avec nous.

Decrevs (Benoît), 52 ans, domestique à Senlis :

Le 2 septembre, des Allemands m'arrêtèrent dans la rue vers quatre heures du soir et m'emmenèrent avenue de Compiègne, où on m'adjoignit MM. Boullet, Quentin-Lacroix et une autre personne dont j'ignore le nom. De là, on nous conduisit au Poteau. J'y trouvai M. Odent, maire de Senlis, qui était comme moi prisonnier. Les Allemands nous transférèrent ensuite sur le territoire de Chamant. A cet endroit, M. Odent comparut devant trois officiers; l'un d'eux l'interrogea. Je n'ai pas entendu les paroles qui furent alors échangées, mais le maire, quand l'interrogatoire fut terminé, vint nous serrer la main. Il me dit : « Adieu, mon pauvre Benoît, nous ne nous reverrons plus, je vais être fusillé ». Puis il me remit deux mille et quelques cents francs en billets de banque et cinquante francs en pièces de cinq francs, en me priant de transmettre cette somme à sa famille. Aussitôt après, il s'avança très courageusement vers les officiers qui se trouvaient à sept ou huit mètres de nous. Ceux-ci donnèrent un ordre à deux soldats et deux coups de feu retentirent. Il était environ onze heures du soir.

Le lendemain on me renvoya chez moi.

Après lecture, le témoin a signé avec nous.

N° 383.

L'an mil neuf cent quinze, le huit février, à SENLIS, devant nous,... etc............

Je me nomme CALAIS (Eugène); je suis âgé de 50 ans; je suis secrétaire de mairie à Senlis :

Je jure de dire la vérité.

Le 2 septembre, vers trois heures et demie de l'après-midi, je crois, on m'a prévenu que les Allemands qui venaient d'arriver à Senlis étaient à l'hôtel de ville et que le maire, M. Odent, me demandait. Comme j'étais à proximité, j'ai pu accourir immédiatement. Le maire était entouré d'un groupe d'officiers. L'un d'eux, le plus élevé en grade sans doute, lui disait : « On a tiré sur nos hommes » et, comme M. Odent protestait, il a répété : « On a tiré sur nos hommes ». J'ai alors proposé à M. Odent d'aller chercher les adjoints; mais il s'y est opposé en disant : « C'est assez d'une victime ». Changeant de conversation, l'officier a déclaré qu'il exigeait un dîner de quarante couverts et a requis le Maire de l'accompagner à l'hôtel du Grand-Cerf que celui-ci lui avait indiqué. Je suis allé avec eux jusque-là. Comme le personnel de l'hôtel était absent, c'est le patron du restaurant Debressy qui est venu préparer le repas. En arrivant au Grand-Cerf, l'Allemand a dit en s'adressant au Maire : « Je veux que la ville soit éclairée ce soir, il faut que mes hommes puissent circuler ». M. Odent m'a alors donné l'ordre de prendre les mesures nécessaires pour assurer l'éclairage et je me suis rendu à l'usine à gaz. A ce moment, aucun coup de feu n'avait encore été tiré. Il s'est écoulé environ dix minutes avant qu'une fusillade éclatât entre les troupes allemandes qui étaient dans la rue de la République et des soldats français qui, je l'ai su depuis, se trouvaient dans le quartier de l'hôpital.

J'ai considéré M. Odent comme étant en état d'arrestation dès qu'il a quitté la porte de l'hôtel de ville.

Après lecture, le témoin a signé avec nous.

N° 384.

L'an mil neuf cent quatorze, le vingt novembre, à SENLIS, devant nous,.... etc.......

MINOUFLET (Gaston), 21 ans, maçon à Senlis :

Je jure de dire la vérité.

Le 2 septembre, j'ai été arrêté sans motif dans la rue, en même temps que Leymarie et un autre individu dont je ne sais pas le nom. Les Allemands nous ont crié : « Haut les mains ! » puis ils nous ont fouillés et nous ont pris ce que nous avions dans nos poches. Ils m'ont ainsi volé vingt francs. Ils nous ont conduits près de l'hôpital avec le sieur Levasseur, qu'ils avaient arrêté après nous, et nous ont exposés aux balles françaises. J'ai vu immédiatement Leymarie tomber, mortellement atteint, et comme je le déposais contre un mur, j'ai reçu une balle au-dessus du genou. Levasseur a été tué ensuite. A ce moment, un officier étant survenu, m'a fait relever, m'a ordonné de lui montrer ma blessure, puis m'a tiré à bout portant une balle dans l'épaule. Notre quatrième compagnon a été également blessé par un Allemand.

Après lecture, le témoin a signé avec nous.

N° 385.

L'an mil neuf cent quatorze, le vingt novembre, à SENLIS, devant nous,.... etc......

WIEGER (Dorothée), femme DAUCHY, 34 ans, concierge de l'institution Saint-Vincent, à Senlis :

Je jure de dire la vérité.

Le 2 septembre, à proximité de chez moi, je servais d'interprète entre M. Dupuis et les Allemands. Ceux-ci m'ont entraînée. Ma fillette Claire, âgée de 5 ans, m'ayant vue au milieu d'eux est accourue. J'ai demandé l'autorisation de la ramener à la maison. Les Allemands ont refusé en me disant : « Si on ne tire pas sur nous, on vous relâchera ». Ils nous ont alors fait marcher sur le milieu de la chaussée, tandis qu'eux-mêmes suivaient les bords. A un certain moment on a tiré d'une lucarne ; j'ai vu une tête noire. La maison a été immédiatement criblée de balles. En face de l'hôpital, tandis que nous marchions toujours au milieu des troupes, les Marocains ont engagé une fusillade. Les Allemands ont riposté, et mon enfant a reçu une balle dans la cuisse. Elle n'est pas encore rétablie.

Après lecture, le témoin a signé avec nous.

N° 386.

L'an mil neuf cent quatorze, le vingt novembre, à CHANTILLY (Oise), devant nous,...
etc. . . . .

WAGNER (Michel), âgé de 51 ans, garçon de café à Chantilly :

Je jure de dire la vérité.

Le 2 septembre, vers trois heures et demie du soir, des soldats allemands pénétrèrent chez M. Simon, débitant de boissons et de tabac à Senlis, au service de qui j'étais alors employé. On leur donna tout ce qu'ils demandèrent. D'ailleurs ils ne se gênèrent pas pour prendre eux-mêmes ce qui leur convenait et pour briser ou détériorer le reste. A un certain moment, ils nous empoignèrent par un bras, M. Simon et moi, et nous poussèrent dans la rue. Là, mon patron leva la main pour indiquer sans doute que la maison était à lui, mais à peine avait-il esquissé ce geste qu'un Allemand faisait feu sur lui. Simon tomba, atteint au côté, cria : « Ah ! » et expira sur-le-champ.

Je fus alors emmené jusqu'auprès de l'hôpital, avec quelques autres personnes de la population civile, et, comme les troupes noires tiraient sur les Allemands, ceux-ci nous exposèrent aux balles, en nous forçant à marcher au milieu de la chaussée. On m'a fait passer la nuit à Chamant et, le lendemain, on m'a rendu la liberté. Pendant ma captivité, j'ai reçu d'innombrables coups de crosse, de poing et de pied. Pendant que nous étions auprès de l'hôpital, j'ai vu un officier allemand qui s'amusait avec un bâton à martyriser un fantassin français blessé. Il le frappait à coups redoublés sur le visage, en l'invectivant.

Tandis qu'on m'emmenait, j'ai constaté que les Allemands incendiaient les maisons.

J'ajoute que, d'après ce que j'ai appris, le beau-père de M. Simon, qui était resté à la maison après le meurtre de son gendre, a été blessé par les ennemis, et qu'il est mort à l'hôpital Lariboisière.

Après lecture, le témoin a signé avec nous.

N°ˢ 387, 388, 389, 390, 391, 392.

L'an mil neuf cent quatorze, le vingt novembre, à SENLIS (Oise), devant nous, . . . etc.

NAUTIER (Julia), femme GILLET, 34 ans, demeurant à Senlis :

Je jure de dire la vérité.

Le 2 septembre, vers trois ou quatre heures de l'après-midi, j'ai vu un groupe d'Allemands entourer et empoigner M. Jandin, ouvrier boulanger. On l'a emmené en le bousculant parce qu'il ne marchait pas assez vite. J'ai su depuis qu'il avait été fusillé à Villers-Saint-Frambourg. J'ignore le motif de son arrestation.

Après lecture, le témoin a signé avec nous.

Labesse (Hortense), veuve Mégret, 40 ans, sans profession, à Senlis :

Je jure de dire la vérité.

Le 2 septembre, vers deux heures de l'après-midi, des Allemands ont enfoncé notre porte. Mon mari, Mégret (Gabriel), s'est avancé et je l'ai suivi à dix mètres environ. Il a dit aux Allemands qu'il allait leur donner tout ce qu'ils voudraient et leur a débouché au moins dix bouteilles de vin. Je m'étais arrêtée dans notre remise quand j'ai vu des Allemands se diriger de mon côté; je suis descendue dans le lavoir. Je n'y suis pas restée plus de dix minutes. Quand je suis remontée, j'ai trouvé dans l'escalier le corps de mon mari qui venait d'être assassiné. Il portait à la poitrine une blessure produite par une arme à feu; la balle l'avait traversé de part en part.

Les Allemands étaient partis en emmenant notre voiture et notre cheval. La maison était complètement pillée.

Après lecture, le témoin a signé avec nous.

Vilcocq (Louis), 54 ans, carrossier à Senlis :

Je jure de dire la vérité.

Le 2 septembre, dans l'après-midi, je suis allé, avec MM. Chambellant, Gaudet et Ramu, voir l'incendie du magasin à fourrage. Je suis revenu le premier. En route, j'ai rencontré quatre uhlans qui m'ont appelé; je me suis alors sauvé dans le faubourg Saint-Martin, où, ayant trouvé une porte ouverte, j'ai pu me réfugier dans un grenier. Pendant que je m'enfuyais, les uhlans m'ont tiré huit coups de feu sans m'atteindre. Dans la soirée, j'ai vu sur un trottoir le cadavre de Gaudet.

Après lecture, le témoin a signé avec nous.

Ramu (Joseph), 56 ans, scieur à la mécanique à Senlis :

Je jure de dire la vérité.

Le 2 septembre, je suis allé avec Vilcocq, Chambellant et Gaudet, regarder l'incendie du magasin à fourrage. Vilcocq nous a quittés au bout de quelques instants. A un certain moment, comme on tirait autour de nous, nous avons cherché refuge dans l'embrasure d'un petit mur. Les Allemands nous ont envoyé au moins cent balles sans nous atteindre. Nous avons pu alors pénétrer dans l'écurie d'une maison à deux issues et nous y cacher. Quand la fusillade a cessé, nous sommes sortis par la porte de derrière; mais les ennemis, nous ayant aperçus, se sont mis de nouveau à tirer sur nous. Gaudet a été tué raide, j'ai été très légèrement blessé à la main; enfin, Chambellant a eu trois doigts de la main droite coupés et a reçu une balle au-dessous de l'aîne. Il est mort de sa blessure à l'hôpital au bout de huit jours.

J'ai vu les Allemands mettre le feu à deux maisons du faubourg Saint-Martin. Ils se servaient de pompes rotatives pour arroser les toits d'un liquide inflammable.

Après lecture, le témoin signé avec nous.

DUPUIS (Jules), 58 ans, comptable à Senlis :

Je jure de dire la vérité.

Le 2 septembre, vers trois heures et demie du soir, sortant de l'hôpital et portant les insignes de la Croix-Rouge, j'ai rencontré des Allemands auxquels, sur l'ordre d'un officier, j'ai donné de l'eau. Quelques instants après, comme une fusillade éclatait à l'extrémité de la ville, un officier fit mettre à quatre hommes baïonnette au canon. Je fus alors saisi, bousculé, frappé et emmené dans la direction de Pontarmé, avec Mme Pierre Dauchy et sa fillette, âgée de 5 ans. En route, on nous adjoignit M. Maurice, ainsi que M. et Mme Pinchaux. Les Allemands nous intimèrent l'ordre de tenir le milieu de la chaussée. A l'intersection de la rue de la République et de la rue de Paris, nous nous sommes trouvés pris entre deux feux. M. Pinchaux a été blessé par une balle allemande.

Après lecture, le témoin a signé avec nous.

GAUDILLON (Philippe-Augustin), âgé de 61 ans, ingénieur-constructeur et conseiller municipal à Senlis, chevalier de la Légion d'honneur :

Je jure de dire la vérité.

Il était resté peu de monde, surtout parmi la classe aisée, à Senlis, lors de l'arrivée des Allemands. Ceux-ci se sont livrés à un pillage général. Non contents d'emporter un butin considérable, ils s'attachaient à exciter de mauvais instincts chez une partie très misérable de la population, en appelant des femmes au pillage et en leur faisant une part de ce qu'ils enlevaient.

J'ai assisté à l'exhumation du cadavre de M. Odent à Chamant. Il était dans un tel état de décomposition qu'on ne pouvait pas constater les blessures reçues par notre malheureux maire.

Après lecture, le témoin a signé avec nous.

N°s 393, 394.

L'an mil neuf cent quatorze, le vingt novembre, à SENLIS (Oise), devant nous, ... etc.

LANDRU (Marie), veuve BARBIER, 62 ans, sans profession, à Senlis :

Je jure de dire la vérité.

Le 2 septembre, mon mari est sorti de chez nous vers trois heures et demie de l'après-midi pour donner à manger aux chevaux de M. Herbet, son patron. Il n'est pas revenu. Onze jours après, sur les indications qui m'ont été fournies, je suis allée reconnaître son corps à Chamant. On l'avait placé sous quelques centimètres de terre. J'ai vu auprès de lui plusieurs autres cadavres. Je n'ai pas cherché à constater les blessures de mon mari. J'ignore pourquoi les Allemands l'ont fusillé. C'était un homme extrêmement doux et inoffensif.

Après lecture, le témoin a signé avec nous.

BEAUFORT (Gustave), 66 ans, surveillant des travaux de la ville de Senlis :

Je jure de dire la vérité.

Le 12 septembre, dans la matinée, je me suis rendu à Chamant pour faire procéder à l'exhumation de M. Odent, sur l'invitation des adjoints. J'ai également fait exhumer les corps de six autres personnes qui avaient été fusillées par les Allemands. Ces corps étaient ceux de MM. Pommier, Barbier, Aubert, Cottrau, Rigault (Arthur) et Dewert. Tous ont été parfaitement identifiés et reconnus par des membres de leur famille. Ils étaient à deux cents mètres environ du cadavre de M. Odent, recouverts d'une mince couche de terre et de paille, dans un champ appartenant à Mme de Forest. Plusieurs portaient des plaies à la poitrine, d'autres des blessures à la tête.

Après lecture, le témoin a signé avec nous.

N° 395.

L'an mil neuf cent quinze, le huit février, à SENLIS (Oise), devant nous, ... etc......

Sœur LOSSEAU, supérieure de l'hôpital Saint-Lazare, à Senlis :

Je jure de dire la vérité.

Nous n'avons eu à nous plaindre, à l'hôpital de Senlis, que d'un seul fait de la part des Allemands. Dès l'arrivée des troupes ennemies, pendant le combat, un officier de uhlans, en entrant chez nous, a tué d'un coup de revolver un hospitalisé civil qui était presque idiot. Cet officier était légèrement blessé. Il paraissait très surexcité. Je me suis avancée et me suis efforcée de le calmer. On l'a pansé ; un major français s'est expliqué avec lui et lui a fait constater que des blessés allemands étaient soignés à l'hôpital. Après avoir passé une demi-heure environ étendu sur un lit, l'officier allemand s'est retiré. L'hospitalisé qu'il a tué s'appelait Momus.

Après lecture, le témoin a signé avec nous.

N°s 396, 397.

L'an mil neuf cent quatorze, le vingt-trois novembre, à VILLERS-SAINT-FRAMBOURG (Oise), devant nous, ... etc...

CARRON (Philibert), 53 ans, maire de Villers-Saint-Frambourg :

Je jure de dire la vérité.

Les Allemands sont arrivés ici le 2 septembre, à neuf heures du soir. Ils ont enlevé des chevaux, tué des bestiaux, volé des bicyclettes et vidé presque toutes les caves. Ils ont tué à Villers-Saint-Frambourg le nommé Jandin, de Senlis, qu'ils avaient amené avec eux. Ce malheureux a été attaché, les mains derrière le dos, à un poteau de pâture et lardé de coups de baïonnette. Ses blessures n'ont sûrement pas été faites par des balles; il avait le ventre ouvert, et un mur qui se trouvait derrière lui ne portait aucune trace de projectiles. C'est le 49ᵉ régiment d'infanterie poméranien qui a occupé le village.

Mᵐᵉ X..... a été violée par un soldat.

Après lecture, le témoin a signé avec nous.

———————

Dame X....., âgée de 27 ans, journalière à Villers-Saint-Frambourg :

Je jure de dire la vérité.

Dans la nuit du 2 au 3 septembre, un soldat du corps d'artillerie qui était campé à proximité de Villers-Saint-Frambourg s'est introduit chez nous. Il a commencé par prendre ce qui se trouvait à sa portée comme boissons et comme comestibles, puis il a chargé son fusil. Il a obligé mon mari, en le menaçant, à monter à l'étage supérieur. Ensuite, il m'a portée sur un lit et m'a violée. Il s'en est allé après avoir commis cet attentat et je me suis sauvée chez des voisins. La précaution était utile, car il est arrivé chez moi de nombreux soldats, sans doute envoyés par le premier. Ils ont brisé deux vitres pour se venger de ne m'avoir pas trouvée et ont enlevé mon porc, mes poules et mes lapins, ainsi que des instruments de cuisine.

Après lecture, le témoin a signé avec nous.

———————

Nᵒˢ 398, 399, 400, 401, 402.

L'an mil neuf cent quatorze, le vingt et un novembre, à Creil (Oise), devant nous, ... etc..

Guillot (Henri), 32 ans, négociant à Creil, rue Gambetta, nᵒ 19 :

Je jure de dire la vérité.

Le 3 septembre, des Allemands sont entrés chez moi en brisant la devanture de mon magasin. Après m'avoir fait sortir à coups de pied, ils me conduisirent auprès d'un capitaine qui me demanda de lui indiquer les personnes les plus riches et les plus considérées de mon quartier. Je répondis que j'habitais Creil depuis peu de temps et qu'il m'était impossible de le renseigner, mais que mon voisin, M. Demonts, pourrait peut-être leur donner les indications qu'ils réclamaient. On alla chercher celui-ci, et avec lui on fit une tournée dans le quartier. Les Allemands pénétrèrent dans toutes les maisons en enfonçant les portes et s'y livrèrent à un pillage toléré par les officiers. Quand ils trouvaient quelques objets de valeur, des montres par exemple, ils venaient les faire voir au capitaine et celui-ci les autorisait à garder ce butin.

J'ai été emmené hors de la ville avec un grand nombre de mes compatriotes, une centaine environ. Nos gardiens nous ont alors obligés à couper un champ de maïs, puis, pendant deux jours, nous ont fait creuser des tranchées pour fortifier leurs positions et faciliter leurs opérations militaires, nous contraignant ainsi à travailler contre notre pays. Nous sommes restés prisonniers pendant sept jours, et à aucun moment les [Allemands ne nous donnèrent un morceau de pain. Heureusement pour nous, des femmes de Creil parvinrent à nous ravitailler un peu.

Après lecture, le témoin a signé avec nous.

GEORGE (Ernest-Augustin), 59 ans, adjoint au maire de Creil :

Je jure de dire la vérité.

Les Allemands sont arrivés à Creil le 2 septembre, et l'occupation a duré jusqu'au 9 du même mois. Le pillage a été général et quarante-trois maisons ont été brûlées par l'ennemi à l'aide de grenades et de fusées. Les Allemands ont allégué pour excuser ces excès que des civils avaient tiré sur eux. J'affirme que ce prétexte est absolument faux : aucun de nos concitoyens ne s'est livré au moindre acte d'hostilité. Si des coups de fusil ont été tirés, ils l'ont été au moment de l'arrivée des troupes allemandes par des soldats du génie français qui faisaient sauter un pont.

Quatre-vingts ou cent personnes ont été emmenées comme otages et gardées jusqu'au 9 septembre. Pendant leur captivité, elles ont été contraintes de travailler aux tranchées allemandes. Les sieurs Brêche (Alexandre) et Parent ont été fusillés. Un jeune homme nommé Odmer, qui venait de Liancourt, a été également tué ici. Les Allemands l'avaient forcé à porter un sac de riz. Comme il était très fatigué ayant été maltraité, il se débarrassa de son fardeau en arrivant sur la place de l'Église et essaya de se sauver. Deux soldats tirèrent sur lui et l'abattirent. Un nommé Lebœuf qui avait été amené avec Odmer avait été blessé en route. Il est mort à Creil quelques jours après. Brêche a été fusillé chez Mᵐᵉ Égasse; Alexandre a été tué au carrefour de la rue Gambetta et de la rue Carnot. Quant à Parent, il a été atteint d'un coup de feu pendant qu'il se sauvait dans la rue Victor-Hugo.

Après lecture, le témoin a signé avec nous.

GODART (Charles-Louis), 48 ans, restaurateur à Creil, rue Gambetta, n° 5 :

Je jure de dire la vérité,

Le 2 septembre, les Allemands ont complètement pillé ma maison. Le 3, ils m'ont pris comme otage et m'ont emmené avec M. Guillot et M. Demonts le long de la rue Gambetta. En route, un officier nous questionnait sur la situation de fortune des plus aisés de nos concitoyens; il envoyait ses hommes dans les maisons en faisant briser les portes et ordonnait le pillage. Chez Briquet, quincaillier, avenue de la Gare, on a enlevé une grande quantité de pelles et de pioches qu'on a placées sur une voiture, et nous avons été obligés de traîner nous-mêmes cette voiture jusque dans les champs, où on nous a forcés à couper du maïs et à creuser des tranchées avec un grand nombre d'autres habitants de Creil. Avant ma captivité, j'ai vu les Allemands incendier des maisons dans la rue Gambetta. Ils tiraient des coups de fusil dans la direction des toits et arrosaient les murs avec de l'essence transportée en bidons sur des camions. J'ai vu aussi un uhlan tuer M. Parent qui revenait tranquillement de déjeuner; il a tiré sur sa victime à une distance de sept ou huit pas; le malheureux, atteint en pleine poitrine, est tombé raide. Quatre ou cinq uhlans se sont précipités alors sur lui et l'ont fouillé.

Après lecture, le témoin a signé avec nous.

Leclerc (François), 59 ans, entrepreneur de pompes funèbres à Creil :

Je jure de dire la vérité.

Le 2 septembre, je vis passer le nommé Odmer, de Liancourt, qui, escorté de deux soldats allemands, portait un sac assez lourd. A un certain moment, il se débarrassa de son sac et, comme un de ses gardiens remettait son fusil à l'autre, il profita de cette circonstance pour essayer de se sauver. Les deux Allemands ont alors tiré sur lui. Il est tombé et on lui a donné à terre le coup de grâce.

Après lecture, le témoin a signé avec nous.

Le même jour, étant à Nogent-sur-Oise, nous avons entendu M. Fortin (Louis), âgé de 56 ans, retraité des chemins de fer à Nogent-sur-Oise :

Je jure de dire la vérité.

Le 3 septembre au matin, j'ai vu, rue Gambetta, à une cinquantaine de mètres de la limite des territoires de Creil et de Nogent et en face de la rue Carnot, le cadavre de M. Alexandre, étendu à terre ; il avait le crâne défoncé. La blessure avait certainement été produite par des coups de hache ou par des coups de crosse.

Après lecture, le témoin a signé avec nous.

Nos 403, 404.

L'an mil neuf cent quatorze, le vingt et un novembre, à Creil (Oise), devant nous, . . . etc. . . . .

Vromman (Emma), veuve Brêche, 43 ans, débitante de boissons à Creil, quai d'Amont, n° 86 :

Je jure de dire la vérité.

Le 2 septembre, vers sept heures du soir, des Allemands déjà ivres sont venus boire chez nous. Comme ils trouvaient que mon mari ne les servait pas assez vite, ils se sont mis à tout bousculer en poussant des cris féroces. Je me suis alors sauvée, et comme ma maison était pleine de Prussiens, je n'ai pu rentrer qu'au bout de deux jours. J'ai appris que mon pauvre mari avait été emmené chez Mme Égasse et qu'il y avait été fusillé. Il n'avait fait en ma présence aucune résistance. Je l'avais entendu dire en riant aux Allemands qui réclamaient à boire avec insistance : « Bon Dieu de bon Dieu, je vais vous donner à boire. »

Après lecture, le témoin a signé avec nous.

BAËGY, veuve ÉGASSE (Marie), 56 ans, quai d'Amont, à Creil :

Je jure de dire la vérité.

Le 2 septembre, vers sept heures du soir, des Allemands amenèrent chez nous M. Brêche. Celui-ci me dit : « On va me fusiller. » Presque aussitôt, un officier l'interrogea, l'accusant d'avoir tiré ; et Brêche répondit : « Vous me prenez pour un autre ». Comme je m'efforçais d'intercéder pour ce malheureux, l'officier m'ordonna de monter au premier étage. A peine étais-je arrivée dans la cuisine qu'une détonation retentissait dans la cour. Je regardai par la fenêtre et je vis Brêche étendu sur le sol. Quelques instants après, j'exprimai à l'officier le chagrin que m'avait causé un pareil spectacle. Il me répondit : « Un homme mort, nous n'y faisons pas attention, on en voit tant ! D'ailleurs, partout où on tire sur nous, nous tuons et nous brûlons. » Il ajouta que Brêche était stupide.

Après lecture, le témoin a signé avec nous.

<hr>

Nᵒˢ 405, 406.

L'an mil neuf cent quatorze, le vingt et un novembre, à NOGENT-SUR-OISE (Oise), devant nous,... etc...

FORTIN (Albert), 61 ans, retraité des chemins de fer à Nogent-sur-Oise :

Je jure de dire la vérité.

Le 2 septembre, à deux heures de l'après-midi, les Allemands sont entrés chez moi en brisant les portes et les fenêtres. Ils ont cassé divers objets mobiliers et m'ont emmené en me brutalisant. Ils m'ont entraîné jusqu'à Creil et jusqu'à la côte de Chantilly. A dix heures du soir, ils m'ont rendu la liberté. Pendant le trajet, je les ai vus, à Nogent et à Creil, pénétrer dans les maisons pour piller ; dès qu'ils en sortaient, l'incendie éclatait. Ici, huit maisons environ ont été **brûlées**.

Après lecture, le témoin a signé avec nous.

<hr>

BRICOGNE (Augustin), 43 ans, chauffeur-mécanicien à Nogent-sur-Oise :

Je jure de dire la vérité.

Le 2 septembre, les Allemands sont entrés chez moi en enfonçant les volets. Ils m'ont pris ma bicyclette et deux montres en argent, puis ils ont répandu du pétrole sur un ballot de vêtements et y ont mis le feu avant de se retirer. J'ai pu éteindre l'incendie après leur départ. Le lendemain, vers trois heures et demie du soir, j'ai été pris comme otage et conduit avec beaucoup d'autres personnes sur le territoire de Creil. On nous a gardés pendant plusieurs jours et nous avons été forcés de travailler aux tranchées allemandes.

Après lecture, le témoin a signé avec nous.

N° 407.

L'an mil neuf cent quatorze, le 23 novembre, à CRÉPY-EN-VALOIS (Oise), devant nous, . . . etc. . . . .

JOSSEAUX, maréchal des logis de gendarmerie en retraite faisant fonctions de commissaire de police à Crépy-en-Valois :

Je jure de dire la vérité.

Le gros de l'armée du général von Kluck est arrivé ici le 2 septembre, et le défilé a duré quatre jours. Dès le premier jour, la ville a été indignement pillée sous les yeux des officiers. Les bijouteries principalement ont été mises à sac. Dans la maison où, ainsi qu'en faisaient foi les inscriptions, logeait un général commandant avec une douzaine d'officiers d'état-major, des vols importants ont été commis. Il y a été pris notamment des bijoux et du linge fin. Presque tous les coffres-forts de Crépy-en-Valois ont été éventrés. Deux maisons ont été incendiées; mais je ne puis dire si l'incendie a été allumé volontairement ou accidentellement. En tout cas, lorsque le feu a pris, je suis allé en prévenir les officiers qui dînaient à l'hôtel des Trois-Pigeons. Ils n'ont pas paru s'en soucier.

Après lecture, le témoin a signé avec nous.

N° 408.

L'an mil neuf cent quatorze, le vingt-trois novembre, à BARON (Oise), devant nous, . . . etc. . . . .

ROBERT (François-Jules), âgé de 41 ans, notaire à Baron :

Je jure de dire la vérité.

Le 3 septembre, quand les Allemands se sont présentés dans sa propriété, M. Albéric Magnard a tiré sur eux, comme il avait, d'ailleurs, déclaré qu'il le ferait. Il en a tué un et en a blessé un autre à coups de revolver. Immédiatement cerné, et voyant qu'il ne pourrait s'échapper, il s'est suicidé à l'aide de son arme.

Après avoir d'abord menacé de brûler le village à titre de représailles et de fusiller les habitants qui tenteraient de se sauver, les ennemis se sont contentés de mettre avec une voiture de paille le feu à la maison de M. Magnard. J'étais présent quand l'incendie a été allumé, et j'ai entendu la détonation du coup de revolver par lequel M. Albéric Magnard a mis fin à ses jours.

La commune a été pillée, sous la direction des officiers ou tout au moins de leur consentement. L'un de ceux-ci m'a contraint à ouvrir mon coffre-fort et s'est emparé devant moi d'une somme de 8,300 francs que ce meuble contenait. Comme je refusais d'abord de céder à son injonction, il a ordonné à deux de ses hommes de charger leurs armes, et j'ai dû m'exécuter.

J'ai vu un officier qui portait aux doigts neuf bagues de femme et à chaque bras trois bracelets. Ces bagues et ces bracelets représentaient une valeur considérable. Deux soldats m'ont d'ailleurs déclaré que quand ils apportaient à leurs chefs un bijou quelconque, ils touchaient une prime de quatre marks.

Au cours du pillage et pendant que j'étais occupé à satisfaire aux réquisitions, mon argenterie, mes bijoux, ceux de ma femme et mon linge de corps ont été enlevés. Les Allemands ont laissé des chemises sales en compensation. Ma cave a été entièrement vidée par des officiers; ils m'ont pris quatorze cent soixante et onze bouteilles de vin fin.

La troupe qui a incendié la maison de M. Magnard portait sur les manches le mot « Gibraltar ». L'officier qui avait les doigts chargés de bagues et les bras ornés de bracelets appartenait au même corps.

Après lecture, le témoin a signé avec nous.

N° 409.

L'an mil neuf cent quinze, le vingt-huit janvier, nous, membres de la Commission, nous étant rendus à Baron (Oise), avons entendu de nouveau M. Robert (François-Jules), notaire audit lieu, qui nous a fait les déclarations suivantes :

Je jure de dire la vérité.

Sur votre désir, je vais préciser encore les faits relatés dans ma déposition du 23 novembre dernier.

C'est à neuf heures trois quarts du matin que les Allemands se sont présentés chez moi et m'ont dit qu'il y avait un franc-tireur dans la commune. Il s'agissait de M. Magnard, qui venait de tuer un hussard et d'en blesser un autre. Ils m'ont déclaré que le village allait être brûlé en représailles, et que les habitants qui tenteraient de se sauver seraient fusillés. Je leur ai fait observer que tous ne pouvaient être rendus responsables de l'acte d'un seul, et que si mes concitoyens devaient être massacrés, j'en éprouverais de cruels remords, leur ayant déconseillé de quitter la commune. J'ai ajouté : « S'il vous faut une victime, je m'offre ». Après s'être concertés, les ennemis ont modifié leur sentence. A midi moins vingt, m'emmenant avec eux, ils sont allés mettre le feu à la villa Magnard. C'est à ce moment, quand la fumée commençait à monter, que nous avons entendu une détonation à l'intérieur de la maison, où aucun Allemand ne se trouvait. Un officier m'a dit alors : « Il prend le meilleur parti ».

Le beau-fils de M. Magnard, le jeune Creton, qui s'était fait passer pour le jardinier, avait été arrêté au fond de la propriété et attaché ensuite à un arbre, à proximité de la maison. Il m'a dit le lendemain soir avoir entendu comme moi la détonation.

Après lecture le témoin a signé avec nous.

N° 410.

L'an mil neuf cent quinze, le six février, à Paris, devant nous,... etc.............

Creton (René), âgé de 23 ans, sans profession, demeurant à Paris, 2, avenue Saint-Philibert :

Je jure de dire la vérité.

Le 3 septembre, je revenais des étangs par le fond de notre propriété de Baron, quand j'ai aperçu sur la terrasse de la villa une centaine d'Allemands environ. Ils m'ont interpellé en me demandant s'il y avait quelqu'un dans la maison. J'ai répondu affirmativement. Il était alors neuf heures du matin. Après m'avoir attaché à un arbre, ces hommes, s'étant approchés de l'habitation, ont fait trois sommations, en criant : « Komm heraus ! Einmal, zweimal, dreimal ». Puis un coup de fusil est parti. A ce moment mon beau-père, M. Magnard, a tiré à travers les persiennes d'une fenêtre du premier étage deux coups de revolver, et deux hommes sont tombés à cinq mètres de moi, dans le jardin. Les soldats ont alors tiré un feu de salve sur la maison. On est allé ensuite chercher un général. Celui-ci en arrivant a ordonné qu'on mît le feu à la villa. L'incendie a été allumé par la cuisine, avec des gerbes de blé et des grenades ; et des Allemands s'étant introduits dans le cabinet de travail, y ont pris un certain nombre d'objets, notamment des ivoires et une pendule de valeur.

Je ne suis resté attaché que dix minutes environ, m'étant fait passer pour un jardinier.

Tandis que la maison brûlait, j'ai entendu une détonation, et mon impression sur le moment a été que mon beau-père s'était suicidé. Ce n'est d'ailleurs qu'une hypothèse. M. Magnard s'est-il donné la mort volontairement ? A-t-il été tué par les balles allemandes ? A-t-il été brûlé ? Je l'ignore. Mon beau-père avait déclaré qu'il avait quatre balles pour les ennemis et une pour lui. Ma mère m'a dit que, dans le revolver qui a été retrouvé, il y avait trois douilles percutées.

Après lecture, le témoin a signé avec nous.

N° 411.

L'an mil neuf cent quatorze, le vingt-trois novembre, à Baron (Oise), devant nous . . . etc. . . . .

Dame X . . . , âgée de 32 ans, sans profession, à Baron :

Je jure de dire la vérité.

. . . . Mon mari est mobilisé depuis le 9 août, ...

Le 3 septembre, vers dix heures du matin, deux soldats allemands étant entrés à . . . . . . , me firent ouvrir toutes les portes, puis m'obligèrent à monter au premier étage. En arrivant dans une chambre, l'un d'eux me mit le canon de son revolver sur la tempe, me poussa violemment contre le mur et me viola. Le second me saisit ensuite, me jeta sur le lit et abusa de moi à son tour, tandis que son camarade pillait l'armoire. Avant de monter au premier étage, mes agresseurs avaient, sous la menace du revolver, écarté deux personnes qui se trouvaient auprès de moi et qui auraient pu me protéger.

Après lecture, le témoin a signé avec nous.

N°s 412, 413.

L'an mil neuf cent quatorze, le vingt-quatre novembre, à Mesnil-sur-Bulles (Oise), devant nous,... etc...

Dubois (Maximilien), 54 ans, maire de Mesnil-sur-Bulles :

Je jure de dire la vérité.

Dans la soirée du 4 septembre, trois Allemands, deux en voiture et le troisième à bicyclette, se rendirent chez M. Queste (Gustave), adjoint. Celui-ci, ne pouvant les comprendre, envoya chercher son cousin, M. Queste, professeur au lycée d'Amiens, qui se trouvait dans la commune. Après avoir servi d'interprète, M. Queste se retira chez lui. Deux des Allemands couchèrent chez l'adjoint; l'autre alla rôder dans le village et, en passant devant la maison du professeur, tira un coup de fusil. M. Queste sortit alors pour se rendre compte de ce qui se passait. Au moment où il rentrait, il reçut de l'Allemand deux coups de feu; le premier lui cassa un bras et le second, l'atteignant au cœur, le tua net.

Après lecture, le témoin a signé avec nous.

Queste (Amédée), 52 ans, cultivateur à Mesnil :

Je jure de dire la vérité.

Le 2 septembre, une patrouille de uhlans entra chez moi vers midi. Ces cavaliers ont fracturé la porte d'entrée, ont fouillé les armoires ainsi que la commode, et m'ont volé deux montres en argent avec leurs chaines, un bracelet en argent, une bague et une chaine en or. Ils m'ont pris également une somme d'environ soixante francs.

Après lecture, le témoin a signé avec nous.

N°s 414, 415.

L'an mil neuf cent quatorze, le vingt-quatre novembre, à Nourard-le-Franc (Oise), devant nous,... etc..

Dumont (Georges), âgé de 47 ans, maire de Nourard :

Je jure de dire la vérité.

Le 3 septembre, à six heures du soir, sept maisons ont été brûlées ici. D'après mes renseignements, car je n'étais pas à Nourard ce jour-là, l'incendie a été allumé volontairement par trois Allemands dont deux étaient en voiture et l'autre à bicyclette. Mme Bouton, qui a vu mettre le feu en face de chez elle, pourra vous donner des indications plus précises.

Après lecture, le témoin a signé avec nous.

Drouart (Maria), veuve Bouton, 69 ans, à Nourard :

Je jure de dire la vérité.

Le 3 septembre, vers six heures du soir, j'ai vu trois Allemands mettre le feu à deux maisons et à une grange pleine de blé, en face de chez moi. Ils se sont servis de sortes de torches qu'ils ont prises dans la voiture sur laquelle ils étaient arrivés. Une bicyclette était attachée sur cette voiture.

Après lecture, le témoin a signé avec nous.

N°s 416, 417, 418.

L'an mil neuf cent quatorze, le vingt-sept novembre, à Choisy-au-Bac (Oise), devant nous,.... etc...

Dufrier (Théophile), 50 ans, instituteur et secrétaire de la mairie à Choisy-au-Bac :

Je jure de dire la vérité.

Le 1er et le 2 septembre, les Allemands, qui étaient à Choisy-au-Bac depuis le 31 août, ont incendié volontairement un quart des maisons du village, sous le prétexte absolument mensonger qu'on avait tiré sur eux. Avant de mettre le feu, ils s'étaient livrés à un pillage général, sous les yeux des officiers. Deux médecins militaires portant le brassard de la Croix-Rouge ont pillé eux-mêmes la maison de Mme Binder. Le butin a été emporté dans des voitures volées ici.

Quarante-cinq maisons ont été détruites dans l'agglomération principale; dans les hameaux, il y a eu du pillage, mais pas d'incendie. Un officier allemand, qui était en train de prendre les armes déposées à la mairie, m'a dit qu'on n'avait voulu brûler qu'un seul immeuble et que le vent avait fait le reste. J'ai entendu dire que, pour mettre le feu, l'ennemi s'était servi de grenades.

Le sieur Morel, ouvrier menuisier, qui, pendant l'incendie, s'était réfugié dans son jardin, y a été découvert par un soldat. Celui-ci a tiré sur lui et l'a blessé à l'aine. Morel est mort le lendemain.

Le 8 septembre, les Allemands ont arrêté quatre jeunes gens de la commune, les nommés Leclère (Marcel), âgé de 20 ans, Leclère (René), âgé de 18 ans, Grevet (Raymond), âgé de 19 ans, et Haniquet (Georges), âgé de 17 ans. Ils les ont emmenés le 13, au moment de leur retraite. Grevet a pu s'échapper. Il est revenu à Choisy, mais il en est aussitôt reparti. Nous avons appris que René Leclère avait été fusillé à Besmé (Aisne), alors qu'il tentait de s'évader. Quant aux deux autres, on n'en a pas de nouvelles.

Après lecture, le témoin a signé avec nous.

Vikoski (Lucien), 57 ans, menuisier à Choisy-au-Bac :

Je jure de dire la vérité.

C'est moi qui ai mis M. Morel en bière. Il portait au flanc gauche une blessure affreuse.

Après lecture, le témoin a signé avec nous.

Boucher (Marie), veuve Morel, 48 ans, à Choisy-au-Bac :

Je jure de dire la vérité.

Le 8 septembre, nous venions de rentrer de Compiègne, mon mari, mon fils et moi, quand, vers huit heures du soir, mon mari est sorti dans le jardin. Il fut aperçu par une patrouille allemande qui passait dans la rue. Un soldat tira sur lui et l'atteignit au rein gauche; la balle sortit par l'aine. J'ai reçu Morel dans mes bras au moment où il tombait. « Oh! Marie, s'écria-t-il, je suis tué ». Je l'ai transporté sur son lit, et il est mort le lendemain.

Après lecture, le témoin a signé avec nous.

N° 419.

L'an mil neuf cent quatorze, le vingt-quatre novembre, à Compiègne (Oise), devant nous, ... etc..

de Seroux (François-Henri), 70 ans, adjoint au maire de Compiègne, faisant fonctions de maire :

Je jure de dire la vérité.

Les Allemands sont arrivés à Compiègne le 31 août, et en sont partis le 12 septembre. Ils ont pillé un certain nombre de magasins d'alimentation et plusieurs maisons bourgeoises, notamment celle de M. le Comte d'Orsetti, place du Château. Chez M. d'Orsetti ils ont, pendant plusieurs jours, enlevé de nombreux objets de valeur, qu'ils ont transportés dans la cour du château, pour les faire charger sur des voitures. Plusieurs vols ont été également commis au château. La propriété d'Orsetti était inhabitée au moment où le pillage a eu lieu.

J'ai reçu un rapport du secrétaire de la mairie relativement aux déprédations qui ont été commises dans la ville. Je vous en enverrai une copie.

Après lecture, le témoin a signé avec nous.

N°s 420, 421.

L'an mil neuf cent quatorze, le vingt-sept novembre, à Compiègne (Oise), devant nous, ... etc..

Mourey (Gabriel), conservateur du Musée de Compiègne, chevalier de la Légion d'honneur :

Je jure de dire la vérité.

Le pillage que j'ai vu à Compiègne a duré du 10 au 12 septembre. La maison d'Orsetti qui fait face au palais a été mise à sac, notamment par des sous-officiers, au vu et au su des officiers. L'argenterie, les bijoux, les objets précieux ont été enlevés; en même temps, les pillards se livraient à une véritable orgie. Le butin était amené en partie dans la cour du château, vérifié, enregistré, emballé et chargé dans deux tapissières sur lesquelles on a placé le drapeau de la Croix-Rouge.

Des officiers ont mis dans leurs poches plusieurs des objets qu'on était venu leur montrer. Pendant que ces scènes se passaient, le capitaine Schrœder, qui a fait fonction de commandant de place, a été prié à plusieurs reprises de venir y mettre ordre. Il paraît qu'il a fini par s'y décider, mais qu'après avoir jeté un coup d'œil à l'intérieur de la maison d'Orsetti, il s'est retiré en disant : « C'est la guerre. D'ailleurs, je n'ai pas le temps. »

Le château de Compiègne a été relativement épargné. Le général von der Marwitz m'a même remis une note destinée à le protéger en en interdisant l'entrée. Quelques objets pourtant ont été dérobés; je vous en remets la liste.

Après lecture, le témoin a signé avec nous.

M. Mourey ajoute :

Ma femme a vu, le 12 septembre, sur la place devant nos fenêtres, les Allemands placer le drapeau de la Croix-Rouge sur une tapissière qu'ils avaient remplie de bouteilles de champagne volées dans la ville.

Après lecture, le témoin a signé avec nous.

N° 422.

CONSERVATION DU PALAIS DE COMPIÈGNE.

Liste des objets dont le Conservateur et le brigadier ont pu constater la disparition pendant l'occupation du palais de Compiègne par les Allemands, du 1er au 12 septembre 1914.

NUMÉROS à L'INVENTAIRE.	DÉSIGNATION DES OBJETS DISPARUS.
"	16. — Seize grandes pièces, dont huit en corail et huit en lave, faisant partie de l'Échiquier de Napoléon Ier (N° A. 244).
"	1. — Un sujet en bronze doré et ciselé (Atalante) surmontant la pendule N° A. 595.
"	1. — Un binet en bronze ciselé et doré faisant partie d'un candélabre en biscuit de Sèvres, N° A. 713.
"	1. — Une trousse ciselée or et acier renfermant : poignard, couteau et fourchette, faisant partie de la panoplie N° A. 59.
"	1. — Un poignard de la panoplie N° A. 60.
"	1. — Un yatagan de la panoplie N° A. 62.
"	1. — Un dirck ciselé, argenté, garni en pierreries renfermant : poignard de chasse, couteau et fourchette, de la panoplie N° A. 63.
"	2. — Deux stylets ciselés de la panoplie N° A. 64.
"	3. — Trois poignards à lames gravées et dorées de la panoplie N° A. 65.
889	1. — Un flambeau en bronze ciselé et doré.
985	2. — Deux flambeaux en bronze ciselé et doré.
4,000	4. — Quatre couvertures en laine.
5,975	2. — Deux couvertures en laine.
5,997	2. — Deux couvertures en laine.

Compiègne, le 19 septembre 1914.

Le Conservateur du Palais,
Signé : MOUREY.

N° 423.

L'an mil neuf cent quatorze, le vingt-quatre novembre, à COMPIÈGNE (Oise), devant nous, membres de la Commission instituée par décret du 23 septembre 1914, a comparu la personne ci-après nommée; elle nous a fait les déclarations suivantes :

Dame X..., 38 ans, à Compiègne :

Je jure de dire la vérité, et je consens à vous faire la déclaration des faits dont j'ai été victime, mais je serais désolée si ma déposition devait être publiée.

....
....
....
....

Après lecture, le témoin a signé avec nous.

N°ˢ 424, 425, 426, 427.

L'an mil neuf cent quatorze, le vingt-trois novembre, à TRUMILLY (Oise), devant nous, ..., etc..

FERRY (Constant), 56 ans, maire de Trumilly :

Je jure de dire la vérité.

Les Allemands sont arrivés à Trumilly le 2 septembre. Le 3, ils ont pillé la commune et ont emporté leur butin dans des caissons d'artillerie et dans des voitures.

Après lecture, le témoin a signé avec nous.

CORNILLET (Gilbert), 49 ans, cultivateur à Trumilly :

Je jure de dire la vérité.

Les Allemands m'ont pris de nombreux objets dans ma ferme. Un soldat cycliste m'a menacé de son fusil, quand j'étais chez un de mes voisins, puis il m'a fouillé et m'a volé environ 400 francs en or. Il a dévalisé ensuite mon voisin, M. Huet, ainsi que les personnes présentes.

Un officier a logé chez moi; après son départ, j'ai constaté la disparition d'une somme d'environ 150 francs que j'avais placée dans une armoire de sa chambre.

Après lecture, le témoin a signé avec nous.

Collas (Eugène), 70 ans, rentier à Trumilly :

Je jure de dire la vérité.

Le 2 ou le 3 septembre, un soldat allemand est entré chez nous, après m'avoir fouillé dans la rue et m'avoir volé une trentaine de francs. Il a bu et mangé; puis, avant de s'en aller, il a tiré un coup de fusil dans la maison.

Après lecture, le témoin a signé avec nous.

M. Ferry (Constant), maire, déjà entendu, ajoute à sa déposition, sous la foi du serment déjà prêté :

Je sais que les Allemands ont volé à Mme Huet, actuellement absente, une assez grande quantité de bijoux, dont la valeur serait d'une dizaine de mille francs, d'après les déclarations de la victime du vol.

Après lecture, le témoin a signé avec nous.

N° 428.

L'an mil neuf cent quatorze, le sept décembre, à Paris, devant nous, ... etc........

Havy (Hélène), âgé de 25 ans, épouse Huet, demeurant à Trumilly :

Je jure de dire la vérité.

Le 1er septembre, j'avais chez moi une partie de l'état-major du 19e régiment de dragons de Hanovre et un certain nombre de soldats. Notre maison a été pillée sous mes yeux, du consentement des officiers. Un sous-officier s'est emparé, devant moi, d'un coffret dans lequel, en prévision de mon départ, j'avais placé tous mes bijoux, d'une valeur approximative de dix mille francs. Je suis allée me plaindre au colonel, il s'est borné à me répondre en souriant : « Je regrette, Madame, c'est la guerre ».

Je ne connais pas le nom de ce colonel, mais je me rappelle avoir eu à loger en même temps que lui le commandant Pillet de Narbonne et le lieutenant Troost.

Le 4 septembre, les premières troupes étant parties, des traînards sont restés dans le pays. L'un d'eux, qui m'a fait voir sa médaille, a volé à mes domestiques 115 francs, à moi-même 300 francs et à un de nos voisins, M. Cornillet, 400 francs. Ce soldat appartenait au 91e régiment d'infanterie et se nomme Ahne.

Après lecture, le témoin a signé avec nous.

N° 429.

L'an mil neuf cent quatorze, le vingt-trois novembre, à Trumilly (Oise), devant nous, ... etc..

Dame X....., 29 ans, à Trumilly :

Je jure de dire la vérité.

Le 3 septembre, vers dix heures du matin, le soldat qui a volé M. Cornillet et Mme Huet est entré chez moi, son fusil à la main, et en me menaçant de son arme, il m'a contrainte à me livrer à lui. Il est revenu le soir et m'a obligée, sous la même menace, à passer la nuit avec lui. Ce soldat était un cycliste. Quand ces faits se sont passés, mon mari, qui est mobilisé, était à son régiment.

Après lecture, le témoin a signé avec nous.

N°s 430, 431.

L'an mil neuf cent quatorze, le vingt-sept novembre, à Marquéglise (Oise), devant nous, ... etc..

Bricogne (Fernand), 30 ans, instituteur et secrétaire de mairie à Marquéglise :

Je jure de dire la vérité.

Les Allemands sont venus à deux reprises à Marquéglise. Lors de leur second passage, le 16 septembre, ils ont fusillé sur le territoire de la commune quatre personnes qu'ils avaient amenées enchaînées. Ces personnes étaient : MM. Eugène Gabet et Octave Charlet, originaires de Saint-Quentin, et deux Belges inconnus qui venaient de Jemmapes. Ce dernier détail a été donné par Charlet qui n'avait été que blessé de deux balles et qui n'a pas été achevé parce qu'il a fait le mort. Nous ne savons ce que Charlet est devenu.

Huit personnes ont été emmenées comme otages, notamment M. le Maire et M. le Curé. Toutes sont revenues. Nous n'avons pas de nouvelles de mon beau-père, M. d'Hardivilliers, qui a été arrêté deux jours après les autres.

Après lecture, le témoin a signé avec nous.

Boulet (Eugène-Célestin), 48 ans, curé de Marquéglise :

Je jure de dire la vérité.

Le samedi 19 septembre, ayant été informé qu'on avait trouvé dans les champs trois hommes tués, je me suis rendu à l'endroit qu'on m'avait indiqué. J'ai vu trois cadavres dont la tête était traversée par des balles. Je venais de faire les démarches nécessaires pour assurer leur inhumation, quand j'ai été avisé qu'un blessé venait d'être découvert à peu de distance et qu'on l'avait transporté chez M. le Maire. J'ai aidé à donner des soins à ce blessé qui était le nommé Charlet (Octave). Il m'a raconté qu'il était parti de Paris, quelques jours auparavant, pour se rendre à Saint-Quentin, avec son ami Eugène Gabet, dans le but de répondre à l'appel de leur classe. En route, les deux amis avaient rencontré deux Belges allant à Jemmapes, leur pays. Ceux-ci les avaient invités à monter dans leur voiture. A Ressons, l'équipage avait été arrêté par les Allemands, qui s'étaient emparés des quatre voyageurs et les avaient emmenés jusque sur le territoire de Marquéglise. Là, un officier supérieur avait interrogé les prisonniers. En apprenant que deux d'entre eux étaient Belges, il avait dit que les Belges étaient « de sales gens », et avait immédiatement fait feu de son revolver sur les quatre jeunes gens. Trois avaient été tués net. Charlet s'étant baissé au moment où l'officier avait tiré sur lui, avait été seulement atteint à l'épaule droite et superficiellement à la nuque. Je l'ai fait conduire à l'hôpital de Compiègne; il y est mort le lendemain.

Après lecture, le témoin a signé avec nous.

AISNE.

N°ˢ 432, 433, 434.

L'an mil neuf cent quatorze, le vingt-neuf novembre, à Connigis (Aisne), devant nous, ..., membres de la Commission instituée par décret du 23 septembre 1914, ont comparu les personnes ci-après nommées; elles nous ont fait les déclarations suivantes :

Dame X..., 27 ans, demeurant à Connigis :

Je jure de dire la vérité.

Le 8 septembre, vers neuf heures du soir, deux Allemands sont venus chez mes beaux-parents, avec lesquels je demeurais depuis le départ de mon mari, qui est mobilisé. L'un d'eux a maintenu mon beau-père; l'autre, après m'avoir menacée de son fusil et m'avoir mis son revolver sur la tempe, m'a jetée sur un lit et m'a violée en présence de ma belle-mère. Il est allé ensuite garder mon beau-père, tandis que son camarade venait à son tour abuser de moi. Tous deux m'ont fait subir, en outre, des violences odieuses dont je ne veux pas faire le récit, et à la suite desquelles j'ai été blessée.

Après lecture, le témoin a signé avec nous.

Dame X..., 58 ans, demeurant à Connigis :

Je jure de dire la vérité.

Le 8 septembre, vers neuf heures du soir, deux Allemands se sont présentés chez nous. Tous deux m'ont menacée et m'ont mis leur fusil sur la poitrine; aussi m'a-t-il été impossible d'intervenir, pendant que chacun d'eux, tour à tour, violait ma belle-fille et se livrait sur elle à des pratiques abominables. Tandis que l'un de ces soldats outrageait la femme de mon fils, l'autre maintenait mon mari dehors.

Après lecture, le témoin a signé avec nous.

X..., 61 ans, propriétaire à Connigis :

Je jure de dire la vérité.

Le 8 septembre, vers neuf heures du soir, deux Allemands sont venus chez nous. Ils m'ont successivement maintenu à terre devant la porte, et je sais qu'ils ont l'un et l'autre violé ma belle-fille.

Après lecture, le témoin a signé avec nous.

N°s 435, 436.

L'an mil neuf cent quatorze, le vingt-neuf novembre, à Brumetz (Aisne), devant nous,
..., etc...

Legret (Gaston), 37 ans, adjoint au maire de Brumetz :

Je jure de dire la vérité.

Les Allemands ont occupé Brumetz du 3 au 10 septembre. Le village a été entièrement pillé par eux. Le 4, ils ont incendié avec des pétards la maison du débitant de tabac, M. Guérin, qui était absent et dont la boutique était fermée. Le 7 au matin, ils ont brûlé le château du capitaine d'état-major de Maleissye-Melun. Cet officier appartient à l'état-major du 6° corps d'armée. Comme vous l'avez constaté, il ne reste de l'édifice que les murs. Il a été mis à sac avant d'être incendié.

Le sieur Gille (Ernest), manœuvre, a été tué, le 2 septembre, veille de l'entrée des ennemis dans la commune. Il a été frappé au cours d'un combat entre des cavaliers allemands et des territoriaux français.

Après lecture, le témoin a signé avec nous.

————

Les sieurs Legret (Pierre), rentier, et Lefranc (Julien), cantonnier, ont confirmé la déposition ci-dessus, après avoir juré de dire la vérité, et ils ont signé après lecture de ladite déposition.

————

N°s 437, 438, 439.

L'an mil neuf cent quatorze, le vingt-neuf novembre, à Chierry (Aisne), devant nous,
... etc..

Rivoal (Marie), âgée de 31 ans, femme Barreau, jardinière au château de Varolles, commune de Chierry :

Je jure de dire la vérité.

Le vendredi 4 septembre, en revenant de Château-Thierry où je m'étais réfugiée la veille, lors de l'arrivée des Allemands, j'ai constaté que tout le premier étage du château de Varolles, dont je suis la gardienne et la jardinière, était incendié, et que le rez-de-chaussée commençait à brûler. J'ai vu les Allemands attiser le feu avec du pétrole, dont ils arrosaient le château, et faire usage de torches pour propager la flamme. Je les ai vus également piller la cave. Il y avait là des officiers.

Après lecture, le témoin a signé avec nous.

————

Tournier (Marguerite), femme Decreuse, âgée de 30 ans, concierge du château de Sparre, commune de Chierry :

Je jure de dire la vérité.

Le 3 septembre, j'ai quitté le château de Sparre. Quand je suis revenue au mois d'octobre, j'ai constaté qu'il avait été pillé. Des tableaux avaient été enlevés de leurs cadres et emportés, les tapisseries de la salle à manger avaient été lacérées à coups de sabre. Les glaces sont brisées. Toute la cave a été mise à sac.

Après lecture, le témoin a signé avec nous.

Rahir (Edmond), 62 ans, maire de Chierry :

Je jure de dire la vérité.

La commune de Chierry a été largement pillée pendant l'occupation allemande. Les ennemis ont dévalisé les châteaux et les maisons. Rien que chez M. Oudin, au château de Sparre, les dégâts sont évalués à vingt mille francs. M. Chauve, propriétaire du château de Varolles qui a été incendié, estime ses pertes à la somme de cent dix mille francs.

Après lecture, le témoin a signé avec nous.

Nᵒˢ 440, 441, 442.

L'an mil neuf cent quatorze, le premier décembre, à Jaulgonne (Aisne), devant nous, ..., etc..

Telliez (Ernest), âgé de 49 ans, maire de Jaulgonne :

Je jure de dire la vérité.

Ma commune a été occupée par les Allemands du 3 au 10 septembre, principalement par des troupes de la garde prussienne. Les caves ont été pillées, et, dans les maisons, il a été enlevé surtout une grande quantité de linge. Le montant des vols est estimé à deux cent cinquante mille francs environ. L'ennemi a brûlé volontairement une maison, sous prétexte que le propriétaire avait tiré sur des soldats. Or cet homme, qui est un vieillard, était caché dans sa cave et se serait bien gardé de se livrer à une agression quelconque.

Deux habitants ont été tués. Le sieur Rempenault, âgé de 87 ans, a été trouvé mort dans les champs : il avait été frappé d'une balle. Le sieur Blanchard-Collard, âgé de 61 ans, retraité de la Compagnie de l'Est, a reçu la mort dans les circonstances suivantes : Le 3 septembre, je l'ai vu causer avec un chasseur à pied français, à peu de distance de ma maison. Les Allemands qui arrivaient ont tiré de nombreux coups de fusil sur le chasseur, qui a pu se sauver à bicyclette sans être blessé; mais Blanchard a été empoigné et emmené. On a trouvé son corps le surlendemain, à deux cents mètres du pont. Le cadavre portait au flanc une blessure faite par une baïonnette et au front une plaie produite par une balle.

Après lecture, le témoin a signé avec nous.

M. Telliez ajoute :

Je vous remets une note qui a été déposée entre mes mains par le jeune Virgile Gérard, actuellement absent. Elle est relative à la mort de M. Blanchard-Collard.

Après lecture, le témoin a signé avec nous.

Langlois (Ulysse), 56 ans, menuisier à Jaulgonne.

Je jure de dire la vérité.

C'est auprès de ma maison que M. Blanchard-Collard a été tué. Ayant entendu ses gémissements, j'ai regardé par une ouverture de mon grenier ce qui se passait. J'ai vu Blanchard étendu à terre. Un chef allemand s'est approché de lui, un revolver à la main, et lui a adressé des paroles que je n'ai pas comprises; puis une détonation a retenti, et les gémissements ont cessé. J'ai constaté plus tard, car c'est moi qui ai enseveli la victime, que le corps portait deux blessures, l'une au ventre par laquelle les intestins s'échappaient, et l'autre à la tête.

Après lecture, le témoin a signé avec nous.

N° 443.

Note remise à la Commission par M. le Maire de Jaulgonne.

Le 3 septembre 1914, j'ai vu emmener par des soldats de la garde prussienne le sieur Blanchard-Collard. Ils suivaient le chemin du bas; il pouvait être six heures du soir. Ils l'ont conduit jusqu'au pont suspendu de la Marne et gardé comme otage, accoté à la maison du gardien du pont.

Le lendemain matin, de la fenêtre de notre maison, j'ai vu le sieur Blanchard encadré par des soldats allemands remonter par la route du Pont. Une discussion assez vive avait lieu entre eux. Comme M. Blanchard voulait s'esquiver, l'un d'eux lui donna un coup de baïonnette au côté gauche et, comme il râlait très fort, ils l'ont achevé d'un coup de revolver au front.

Déposition certifiée sincère et véritable par le soussigné, les jour, mois et an susdits.

Signé : Virgile Gérard.

N° 444.

L'an mil neuf cent quatorze, le premier décembre, au Charmel (Aisne), devant nous,..., membres de la Commission instituée par décret du 23 septembre 1914, a comparu la personne ci-après; elle nous a fait les déclarations suivantes :

Pannier (Ignace-Bélisaire), 64 ans, maire du Charmel :

Je jure de dire la vérité.

Dès leur arrivée au Charmel, le 3 septembre, les Allemands se sont introduits dans les habitations, enfonçant les portes et pillant les caves. Ils n'ont pas laissé une bouteille de vin. Chez l'instituteur ils ont pris la caisse de la mutualité scolaire qui contenait 240 francs. Les maisons abandonnées ont été surtout mises à sac. On y a enlevé de l'argent, des montres, des boucles d'oreille, du linge, etc.

Le château de Mme de Rougé, qui est situé à 800 mètres du village, a été incendié. On a vu le feu vers onze heures du soir. Les Allemands ont brûlé volontairement cet édifice, qui était très important. La flamme s'est propagée avec une rapidité foudroyante; mais personne n'a vu allumer l'incendie, car au moment du sinistre, le château était inhabité.

Après lecture, le témoin a signé avec nous.

N° 445.

L'an mil neuf cent quatorze, le premier décembre, au Charmel, devant nous,... etc.

Dame X..., 21 ans, au Charmel :

Je jure de dire la vérité.

Le 3 septembre, je me trouvais chez Mme Y.... Un soldat allemand s'y étant présenté, me demanda de lui donner du sucre. Comme je me disposais à lui obéir, il me coucha sur une table, en me serrant la gorge et me viola.

Après lecture, le témoin a signé avec nous.

N° 446.

L'an mil neuf cent quatorze, le premier décembre, à Coincy-l'Abbaye (Aisne), devant nous,... etc...

Cesson (Clément), 60 ans, adjoint au maire de Coincy-l'Abbaye :

Je jure de dire la vérité.

Les Allemands sont passés ici le 3 et le 4 septembre, allant vers le sud, et sont repassés le 10 et le 11, au moment de leur retraite. Ils ont pillé principalement les caves du bourg et les maisons abandonnées.

Dans la nuit du 3 au 4, quelques-uns d'entre eux se sont livrés, sur plusieurs femmes de la commune, à des tentatives inconvenantes; mais aucune de ces femmes n'a été violée.

Après lecture, le témoin a signé avec nous.

N°s 447, 448.

L'an mil neuf cent quatorze, le premier décembre, à Bézu-Saint-Germain (Aisne), devant nous,... etc...

Demoiselle X..., 13 ans, dommestique à ...., commune de Bézu-Saint-Germain :

Un soir, deux Allemands sont venus à........ L'un d'eux est entré pendant la nuit dans ma chambre. Il m'a mis ma couverture sur la bouche, s'est étendu sur moi,...........
.... J'ai beaucoup saigné.

Après lecture, le témoin a signé avec nous.

Demoiselle Y..., 27 ans, demeurant à...................., commune de Bézu-Saint-Germain :

Je jure de dire la vérité.

Vers le 8 septembre, deux Allemands sont venus chez nous, à six heures du soir. C'étaient des cyclistes. Après avoir ordonné à tout le monde d'aller se coucher et nous avoir défendu de bouger sous peine de mort, ils sont restés dans une salle du rez-de-chaussée. Je me suis retirée dans ma chambre. Ils m'y ont enfermée et ont enlevé la clef. Entre neuf heures et dix heures, j'ai entendu notre petite domestique..., pousser un grand cri. Prise de terreur, je me suis enfuie par la fenêtre et me suis réfugiée chez M. Corret. Celui-ci fut d'avis d'en référer immédiatement à deux officiers qui logeaient chez lui. L'un de ces officiers est descendu, et juste à ce moment les deux cyclistes sont arrivés devant la porte. J'ai désigné ces hommes à leur chef; il les a fait conduire au quartier général; mais quand, le lendemain, j'y suis allée avec la jeune bonne pour les reconnaître, le coupable avait disparu. Lorsque ensuite je suis rentrée à la ferme, j'ai constaté que le lit de... était plein de sang.

Après lecture, le témoin a signé avec nous.

Nos 449, 450, 451, 452.

L'an mil neuf cent quatorze, le trente novembre, à Crézancy (Aisne), devant nous, ..., etc...

Lambert (Georges), 57 ans, cultivateur à Crézancy, hameau de Parroy :

Je jure de dire la vérité.

Le 3 septembre, j'ai vu des Allemands qui venaient de faire sortir le jeune Lesaint (Georges), âgé de 18 ans, et le traînaient dans la rue; puis j'ai entendu une détonation, et Lesaint est tombé aux pieds d'un officier qui tenait son revolver à la main.

Le soir, un autre officier m'a demandé si Lesaint était soldat, et m'a dit que ce jeune homme avait été tué parce qu'on l'avait pris pour un militaire. L'officier a ajouté : « Il s'est fait tuer bêtement, car il a éteint la chandelle et il a essayé de se sauver. » Il a dit encore, parlant de son camarade : « Il a tiré trop vite. » J'ai su ensuite que la chandelle qui éclairait la chambre dans laquelle a été arrêté Lesaint avait été non pas éteinte par celui-ci, mais emportée par un soldat qui avait voulu s'en servir pour visiter la maison.

J'ajoute que l'officier qui m'a parlé m'a dit à la fin de notre conversation que si Lesaint n'était pas soldat, « il était pour en faire un ».

Après lecture, le témoin a signé avec nous.

Morel (Alexanre), 53 ans, adjoint au maire de Crézan :

Je jure de dire la vérité.

Le 3 septembre, les Allemands sont arrivés à Crézancy et ils y sont restés pendant sept jours. Ils ont beaucoup pillé. La maison d'une riche propriétaire, Mme Delhomme, qui habite en ce moment à Paris et qui n'était pas ici au moment de l'invasion, a été mise à sac. Sa cave a été entièrement vidée. Elle contenait une grande quantité de vins fins du plus grand prix. Des objets d'art, des tableaux, des ivoires ont été enlevés. L'ennemi a brisé ce qu'il n'a pu emporter. Les dégâts ont été évalués par un expert, M. Pérol, président d'honneur de la chambre syndicale de l'ameublement, à la somme de 123,844 francs.

Le 4 au matin, M. Dupont, gérant du familistère, a été arrêté parce qu'il avait protesté un peu violemment contre le pillage de son magasin. Il a été amené auprès de moi quand j'étais entre les mains des Allemands au hameau de Parroy. Le malheureux a été horriblement martyrisé. Les soldats lui avaient enfoncé jusqu'au menton un bonnet de police et lui avaient lié les mains derrière le dos. Dans cet état, ils le contraignaient à monter une pente très raide, et chaque fois qu'il tombait, on le rouait de coups et on le piquait avec des baïonnettes. J'ai su qu'il avait été fusillé à Charly. On y a retrouvé son cadavre.

Après lecture, le témoin a signé avec nous.

Le quatre décembre, étant à Nogent-l'Artaud, nous avons entendu le sieur Bourgeois (Fernand), âgé de 32 ans, ouvrier opticien à Saulchery. Il a déclaré :

Je jure de dire la vérité.

Ayant été emmené par les Allemands, je me suis trouvé, le 6 septembre, avec M. Dupont, de Crézancy, qui était également prisonnier. Il m'a raconté qu'il avait été arrêté pour avoir essayé de protéger sa caisse contre la cupidité d'un soldat en train de la dévaliser. Pendant que nous étions ensemble, il n'a pas subi de mauvais traitements. J'ai été mis en liberté à Nogent-l'Artaud. Quant à Dupont, il a été contraint de suivre la colonne ennemie dans la direction de Charly.

Après lecture, le témoin a signé avec nous.

Le même jour, à Charly-sur-Marne, nous avons entendu M. Maison (Félix-Pierre), âgé de 58 ans, maire de la commune. Il a déclaré :

Je jure de dire la vérité.

Le 6 septembre, les Allemands ont amené ici un convoi de prisonniers militaires dans lequel se trouvait un civil, le sieur Dupont, de Crézancy. Le 8 au matin, en se retirant, ils ont voulu contraindre ce dernier à marcher avec les autres. Comme il ne voulait ou ne pouvait avancer, on le tenait sous les bras et on le bourrait de coups. Je l'ai vu passer en cet état.

A un kilomètre de Charly, on a trouvé son cadavre, qui portait, à la région du cœur, une plaie faite par un coup de lance ou par un coup de baïonnette.

Notre ville a été pillée en grande partie par l'ennemi.

Après lecture, le témoin a signé avec nous.

N° 453.

L'an mil neuf cent quatorze, le vingt-neuf novembre, à CONNIGIS (Aisne), devant nous,...
etc. ....

GROSJEAN (Albert), 49 ans, cultivateur à Crézancy :

Je jure de dire la vérité.

Le 4 septembre, dans la matinée, des Allemands sont venus me chercher pour me faire enterrer M. Plateau, de Connigis, qui avait été tué la veille, sur le territoire de Crézancy, près du hameau de Parroy. J'ignore s'il a été fusillé ou tué dans la bataille. J'ai constaté, en tout cas, qu'il avait reçu quatre balles dans la tête et que son épaule droite était fracassée.

Après lecture, le témoin a signé avec nous.

N°ˢ 454, 455, 456.

L'an mil neuf cent quatorze, le quatre décembre, à CHÂTEAU-THIERRY (Aisne), devant nous,.... etc. ....

BETANCOURT (Adolphe), 61 ans, adjoint faisant fonctions de maire à Château-Thierry :

Je jure de dire la vérité.

La ville de Château-Thierry, qui a été occupée par les Allemands du 2 au 9 septembre, a été complètement pillée. L'opération se faisait sous les yeux des officiers, et des voitures emportaient le butin. Des soldats français qui ont fait des prisonniers ont trouvé sur ceux-ci des bijoux volés ici. On a découvert également, dans les cantines de médecins allemands, des effets d'habillement provenant du pillage des magasins. Cette découverte a été faite au moment où ces médecins, qui étaient restés à Château-Thierry après le départ de leur armée, ont été compris dans un échange de prisonniers.

Une jeune femme et sa nièce, que vous entendrez tout à l'heure, ont été violées. Deux de nos concitoyens, François, ancien facteur, et un jeune homme de dix-huit ans, Vériot, ont été emmenés par l'ennemi, pour conduire des voitures. Ils n'ont pas reparu.

Après lecture, le témoin a signé avec nous.

Dame X....., 26 ans, à....., commune de Verdilly :

Je jure de dire la vérité.

Quand les Allemands se sont repliés, un groupe d'environ vingt-cinq soldats d'artillerie lourde est entré chez moi, pendant la nuit. Mon mari a été ligoté; je me suis sauvée par la fenêtre et me suis réfugiée chez un voisin. Quatre soldats m'y ont suivie et, après avoir me-

14...

nacé le propriétaire de la maison, se sont jetés sur moi. L'un d'eux m'a maintenue, pendant que les trois autres me violaient successivement.

Vous allez entendre ma nièce qui a été, à Château-Thierry, victime d'un attentat du même genre.

Après lecture, le témoin a signé avec nous.

Demoiselle X..., âgée de 14 ans, ouvrière à Château-Thierry :

Le 5 septembre, un Allemand m'ayant rencontrée dans la rue, au moment où j'allais chercher du pain pour mes parents, m'a saisie par un poignet et m'a entraînée dans le magasin de M. Richon, marchand de chaussures. Il m'a ensuite fait monter dans une chambre où deux de ses camarades nous ont suivis. On m'a alors couchée sur un lit et successivement deux de ces hommes s'étant étendus sur moi m'ont violée. Le troisième se disposait à faire de même, mais il s'est laissé toucher par mes supplications. Mes agresseurs m'avaient défendu de crier, en me menaçant de mort. L'un d'eux avait même tiré sa baïonnette.

Après lecture, le témoin a signé avec nous.

N°ˢ 457, 458, 459, 460.

L'an mil neuf cent quatorze, le quatre décembre, à Hartennes-et-Taux (Aisne), devant nous,... etc................ ....

Durand (François-Henry), 53 ans, maire de Hartennes-et-Taux :

Je jure de dire la vérité.

Les Allemands ont occupé ma commune pendant neuf jours à partir du 2 septembre. Ils s'y sont livrés à un pillage général, enlevant des objets de literie, le vin, les bijoux.

Au hameau de Taux, trois habitants ont été asphyxiés dans une cave où ils s'étaient réfugiés. Les ennemis ont amoncelé du foin à l'entrée de cette cave, y ont mis le feu, et ont ainsi enfumé ces trois personnes qui étaient MM. Bréhant (Eugène), Courcy (Léon-Stephan) et Toussaint (Auguste-Joseph).

A Hartennes, une femme a été violée; mais elle refuse absolument de déposer sur l'attentat dont elle a été victime. Le fait étant de notoriété publique et m'ayant été révélé par la victime même, je crois devoir vous le signaler.

Après lecture, le témoin a signé avec nous.

Neveux (Léontine), veuve Bréhant, 42 ans, demeurant au hameau de Taux, commune de Hartennes-et-Taux :

Je jure de dire la vérité.

Le 2 septembre, un obus étant tombé dans notre jardin, mon mari m'a quittée en me disant qu'il allait se cacher avec M. Courcy dans une cave dépendant d'une ferme voisine, mais isolée de cette ferme. J'ai su qu'il y avait été asphyxié.

Après lecture, le témoin a signé avec nous.

Bréhant (Louis-Désiré), 5o ans, scieur de long au hameau de Taux :

Je jure de dire la vérité.

Le 2 septembre, des Allemands m'ont emmené jusqu'à la cave isolée qui dépend de la ferme de M. Forzy. Je les ai vus alimenter le feu qu'ils avaient déjà mis dans du foin amoncelé aux ouvertures, et j'ai entendu tousser les malheureux qui étaient dans cette cave. Au bout de vingt minutes environ, quand le feu fut éteint, je reçus l'ordre d'aller chercher les cadavres. J'en retirai deux et tombai moi-même presque asphyxié. D'après ce que j'ai compris, les Allemands avaient cru que les personnes réfugiées dans la cave de M. Forzy étaient des soldats français.

Après lecture, le témoin a signé avec nous.

———

Manscourt (Auguste), 52 ans, cultivateur au hameau de Taux :

Je jure de dire la vérité.

Sur l'ordre des Allemands, j'ai retiré de la cave dépendant de la ferme Forzy le cadavre de l'un des trois hommes qui y avaient été asphyxiés. Les deux autres étaient déjà étendus à l'entrée et des soldats essayaient de les ranimer, ainsi que M. Bréhant (Louis-Désiré) qui était sans connaissance. Les Allemands paraissaient surpris d'avoir constaté que leurs victimes n'étaient pas des soldats.

Après lecture, le témoin a signé avec nous.

FAITS D'ORDRE MILITAIRE.

N° 461.

L'an mil neuf cent quatorze, le vingt-cinq octobre, à Bar-le-Duc, devant nous,.... membres de la Commission instituée par décret du 23 septembre 1914, a comparu la personne ci-après nommée ; elle nous a fait les déclarations suivantes :

Ferry (Oscar-Joseph), médecin principal de 1re classe, chef du service de santé des étapes de la troisième armée :

· Je jure de dire la vérité.

Je déclare avoir recueilli officiellement les dépositions de plusieurs blessés français qui ont été victimes de graves sévices de la part des Allemands. Je tiens ces dépositions pour absolument exactes, car elles m'ont été faites avec les apparences de la plus grande sincérité. Voici les plus importantes :

Le sergent Lemerre, du . . .° régiment d'infanterie, a été blessé le 6 septembre, d'un éclat d'obus à une jambe. Pendant huit jours, des ambulanciers allemands qui le voyaient parfaitement l'ont laissé sur le terrain. Le quatrième jour, sur l'ordre d'un officier allemand qui tenait à la main son revolver, il a été blessé de nouveau d'un coup de fusil par un soldat. Comme il demandait grâce, ce soldat lui fit comprendre qu'il avait tiré sur l'ordre de son chef. Cela s'est passé à Rembercourt.

Lemerre a vu sur le champ de bataille des brancardiers tirer sur des blessés ; il a constaté notamment un fait de ce genre à proximité de lui.

Le soldat Dreyfus, du . . .° régiment d'infanterie, ayant été blessé à Sommaisne, le 10 septembre, se retirait du champ de bataille, quand il rencontra trois soldats allemands. Comme il parlait allemand, il leur dit qu'il venait d'être blessé. Ces hommes lui répondirent que ce n'était pas une raison pour ne pas recevoir une nouvelle balle, et il reçut aussitôt, à bout portant, une balle dans l'orbite.

Beaucoup d'autres blessés sont restés pendant plusieurs jours sur le champ de bataille, sans avoir été ni pansés, ni alimentés, ni recueillis par les ambulanciers allemands, les brancardiers s'occupant seulement des blessés de leur armée.

Après lecture, le témoin a signé avec nous.

Nos 462, 463, 464.

L'an mil neuf cent quatorze, le six novembre, à Bonviller (Meurthe-et-Moselle), devant nous,.... etc............................

Houillon (Joseph), 70 ans, propriétaire-cultivateur à la Petite-Rochelle, commune de Bonviller :

Je jure de dire la vérité.

Le 22 août, des blessés français s'étaient réfugiés chez moi, quand les Allemands sont arrivés. Un officier ennemi, après m'avoir demandé pourquoi j'avais laissé entrer ces Français, a commandé quatre hommes pour achever ceux qui se trouvaient dans ma grange. J'ai assisté à l'exécution qui a eu lieu sous les yeux de l'officier; les quatre Allemands ont tiré à chacun des neuf blessés une balle dans l'oreille. Comme ma femme demandait grâce pour ces malheureux, l'officier lui a enjoint de se taire, en lui mettant son revolver sur la poitrine. J'ai vu tout cela de mes yeux, je le jure.

Après lecture, le témoin a signé avec nous.

HOUILLON (Charles), 60 ans, cultivateur à Bonviller :

Je jure de dire la vérité.

Le 22 août, j'ai vu dans la rue, à Bonviller, un soldat allemand achever un blessé français d'un coup de crosse sur la tête. La cervelle a sauté.

Après lecture, le témoin a signé avec nous.

JESPÉRIER (Victor), 50 ans, maire de Bonviller :

Je jure de dire la vérité.

Dès le lendemain du jour où des blessés français ont été achevés à Bonviller et à la Rochelle, j'en ai été informé. J'étais à ce moment prisonnier des Allemands. Leurs soldats portaient sur le couvre-casque le n° 6 en rouge.

J'ai transmis à l'autorité militaire les médailles des soldats qui ont été inhumés par nos soins; les blessés de la Rochelle ont été enterrés par les ennemis.

Après lecture, le témoin a signé avec nous.

N° 465.

L'an mil neuf cent quatorze, le dix novembre, à RÉMÉRÉVILLE (Meurthe-et-Moselle), devant nous, ... etc...

DENIS (Paul), 62 ans, curé de Réméréville :

Je jure de dire la vérité.

Le 25 août, jour où l'on s'est battu sur le territoire de la commune de Réméréville, on m'a amené vers neuf heures du soir le lieutenant Toussaint, sorti le 30 juillet dernier de l'École forestière avec le numéro 1. Ce jeune officier, tombé blessé sur le champ de bataille, avait reçu des coups de baïonnette de tous les Allemands qui étaient passés auprès de lui. Il en était criblé des pieds à la tête. Quand je l'ai vu, il ne pouvait plus parler; c'est son camarade, le sous-lieutenant Palu, aujourd'hui gravement malade, qui m'a raconté le traitement odieux dont M. Toussaint avait été victime. Il paraît que M. Palu en a fait également le récit au directeur de l'École forestière.

J'ai relevé sur le champ de bataille de nombreux blessés. Tous m'ont dit que les Allemands les auraient achevés comme beaucoup d'autres, s'ils n'avaient pas fait semblant d'être morts.

Après lecture, le témoin a signé avec nous.

N°s 466, 467, 468, 469.

L'an mil neuf cent quatorze, le huit novembre, à l'hôpital de Nancy, devant nous, . . . etc,

Voyer (Firmin), soldat au . . .^e régiment d'infanterie, 2e compagnie :

Je jure de dire la vérité.

Le 26 août, en avant de la forêt de Champenoux, j'ai été blessé par cinq projectiles. Comme j'étais étendu sur le ventre, au moment où les Allemands ont avancé, l'un d'eux m'a retourné avec la crosse de son fusil, puis m'en a porté trois coups au côté. D'autres, en passant auprès de moi, m'ont donné des coups de crosse et des coups de pied. Enfin, l'un d'entre eux m'a frappé au visage, à l'aide d'un instrument que je n'ai pas pu distinguer, mais qui devait être une paire de ciseaux, car je n'ai reçu qu'un seul coup et j'ai été blessé de chaque côté, à trois ou quatre centimètres au-dessous des yeux, comme vous pouvez le constater. Le lendemain, à onze heures du matin, j'ai été relevé par mes camarades du . .^e.

Après lecture, le témoin a signé avec nous.

Sterne (Adrien), 42 ans, aide-major à l'hôpital militaire de Nancy :

Je jure de dire la vérité.

Le soldat Voyer est arrivé ici, atteint notamment d'une plaie par balle de la moelle épinière, ayant déterminé une paralysie des membres inférieurs. Il portait en outre au visage deux plaies situées symétriquement à trois ou quatre centimètres au-dessous des yeux.

Après lecture, le témoin a signé avec nous.

Chevalier (Marguerite), épouse de M. le docteur Weiss, professeur à la Faculté de médecine, infirmière à l'hôpital militaire de Nancy :

Je jure de dire la vérité.

Dans le courant du mois d'août, j'ai eu à donner mes soins à un hussard français du . . .^e régiment. Dès son arrivée, il m'a fait la déclaration suivante :

Étant tombé de cheval au cours d'un engagement et s'étant fracturé la jambe, il était étendu et engagé sous sa monture, quand il fut assailli par des uhlans. L'un d'eux lui prit sa carabine et lui en déchargea à bout portant un coup dans l'œil. J'ai constaté que l'œil était crevé et que le blessé avait un côté de la face horriblement tuméfié. J'ajoute que les uhlans avaient volé la montre et le porte-monnaie de ce pauvre soldat.

Le blessé se nomme Chenevay (Henri). Il a quitté l'hôpital.

Après lecture, le témoin a signé avec nous.

Le neuf novembre, à Nancy, nous avons entendu M. le docteur Weiss (Georges-Théodore), professeur à la Faculté de médecine de Nancy, médecin principal de l'hôpital militaire de cette ville :

Je jure de dire la vérité.

Environ sept soldats français que j'ai soignés m'ont déclaré avoir vu les Allemands achever nos blessés, et avoir fait les morts pour ne pas être achevés eux-mêmes. Plusieurs d'entre eux ont reçu des coups de crosse que leur portaient des soldats ennemis pour reconnaître s'ils étaient encore vivants.

J'ai la conviction que les blessures faciales de Voyer, dont vous avez reçu hier la déposition à l'hôpital, ont été faites avec une paire de ciseaux. Les blessures étaient profondes, et le coup n'avait pu que viser les yeux.

J'ai soigné le hussard Chenevay. Il m'a fait les mêmes déclarations qu'à madame Weiss. J'ai été obligé de lui enlever l'œil.

J'ai également donné mes soins à un soldat allemand blessé au ventre d'un coup de revolver. Il a raconté au docteur Rohmer que son officier avait tiré sur lui parce qu'il avait refusé d'achever les blessés français. Un autre, qui avait transporté dans un village voisin du champ de bataille des blessés de notre armée, m'a dit que, sur l'ordre d'un officier, on lui avait tiré un coup de fusil dans le dos, pour ce motif. Il portait, en effet, au côté, une blessure faite par un coup de feu tiré à bout portant.

Après lecture, le témoin a signé avec nous.

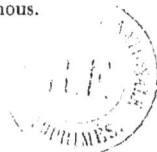

N° 470.

L'an mil neuf cent quatorze, le six novembre, à SOMMERVILLER (Meurthe-et-Moselle), devant nous, ... etc..

MILLET (Pierre), 36 ans, médecin-major de 2e classe au . . .e régiment colonial :

Je jure de dire la vérité.

Le 25 août, en suivant le régiment à Einvaux, je me suis, à un certain moment, occupé de faire un pansement au soldat Tixier, qui venait d'être blessé. Ayant entendu des balles siffler, je me suis retourné et j'ai vu à trois cents mètres des Allemands qui étaient sur le talus du chemin de fer et qui tiraient sur nous. C'étaient, je crois, des cavaliers pied à terre. Je leur présentais le côté gauche, et mon brassard était visible pour eux. D'ailleurs, l'homme que je pansais était étendu sur un brancard. Le feu n'a cessé que quand le pansement a été terminé. J'étais avec l'infirmier Courbon et le brancardier Gourlier quand ces faits se sont passés. Aucun de nous n'a été atteint.

Après lecture, le témoin a signé avec nous.

N° 471.

L'an mil neuf cent quatorze, le six novembre, à SOMMERVILLER (Meurthe-et-Moselle), devant nous, ... etc..

PERRAUD (Henri), 33 ans, capitaine au . . .e régiment colonial, chevalier de la Légion d'honneur :

Je jure de dire la vérité.

Le 25 août dans la matinée, près d'Einvaux, au cours d'un combat, j'ai constaté que tous les soldats d'une section allemande portaient des pantalons rouges. J'ai fait immédiatement cesser le feu d'une section de mitrailleuses qui avait pris ces hommes pour objectif; mais à la cessation de notre feu, ces Allemands se sont mis de nouveau à tirer sur nous.

Après lecture, le témoin a signé avec nous.

DOCUMENTS PHOTOGRAPHIQUES

Les documents photographiques qui suivent sont extraits de la collection annexée au rapport. Tous, sauf quatre, ont été établis par un fonctionnaire du Service géographique de l'Armée mis à la disposition de la Commission par M. le Ministre de la Guerre.

Les vues n°s 16, 18, 19 et 20 ont été prises par le capitaine Déglise, de l'état-major du général de Castelnau, en présence de M. Mirman, préfet de Meurthe-et-Moselle.

COURTACON (Seine-et-Marne).

AUVE (Marne).

ÈTREPY (Marne).

HUIRON (Marne).

SERMAIZE (Marne).

SERMAIZE (Marne).

SUIPPES (Marne).

CHATEAU DE BAYE (Marne).

REVIGNY (Meuse).

SOMMEILLES (Meuse).

CLERMONT-EN-ARGONNE (Meuse).

NOMENY (Meurthe-et-Moselle).

16.

NOMENY (Meurthe-et-Moselle).

LUNÉVILLE — PLACE DES CARMES.

LUNÉVILLE. — FAUBOURG D'EINVILLE.

GERBÉVILLER (Meurthe-et-Moselle).

GERBÉVILLER (Meurthe-et-Moselle).

GERBÉVILLER. — Cadavres de civils fusillés au lieu dit LA PRÊLE.

GERBÉVILLER. — Cadavres de civils fusillés au lieu dit LA PRÈLE.

GERBÉVILLER. — Cadavres de civils fusillés au lieu dit LA PRÈLE.

CIBOIRE DE L'ÉGLISE PAROISSIALE DE GERBÉVILLER.

BACCARAT (Meurthe-et-Moselle).

RÉNÉRÉVILLE (Meurthe-et-Moselle).

SENLIS.

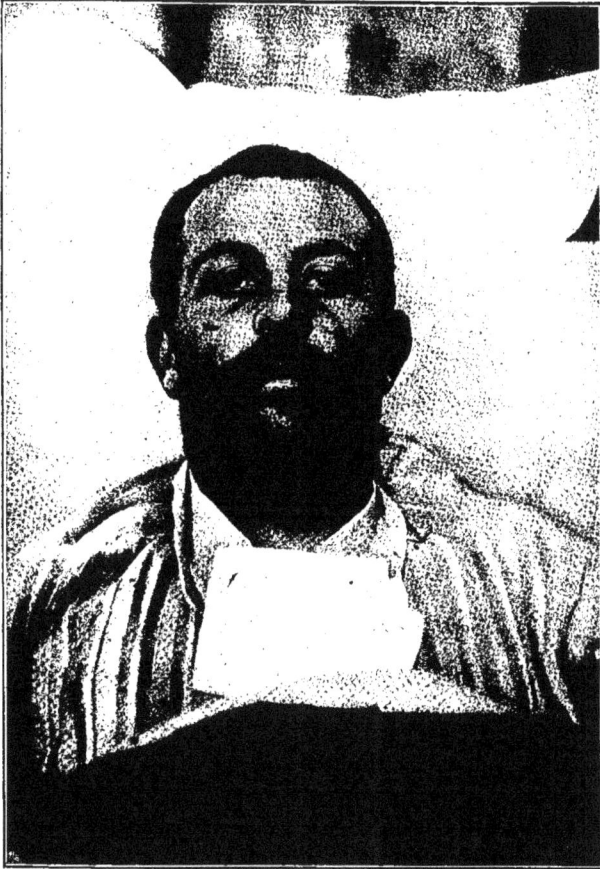

Soldat VOYER (v. p. 44 et 220).

TABLE ALPHABÉTIQUE

DES COMMUNES CITÉES

DANS LE RAPPORT DU 17 DÉCEMBRE 1914

ET

DANS LES PROCÈS-VERBAUX D'ENQUÊTE

ET DOCUMENTS DIVERS

TABLE DES MATIÈRES.

www.ingramcontent.com/pod-product-compliance
Lightning Source LLC
Chambersburg PA
CBHW070805270326
41927CB00010B/2292